你将来的样子

编剧导演入行经验谈

盛千珊 主编

作家出版社

编者按：

　　本书是专为有志于影视行业的年轻朋友准备的访谈书，他们或者尚未入行，或者刚入行不久，现有的经验尚不够丰富，对自己的职业前景多少心存疑虑。他们对影视行业的前沿理论与核心课题固然关切，但更迫切的需求恐怕是尽早找到自己的站位，以便少走弯路，规划出最合理的职业发展路径。此外，榜样的作用是至关重要的。

　　我们的采访问题一律征集自符合上述条件的年轻朋友。受访者则无一不是行业内外公认的精英代表。作为业界标杆，这些受访者的访谈传记不在少数，但他们成功之前特别是起步之初的经历往往鲜为人知，可正是这部分经历，对我们的年轻朋友来说格外具备参考价值。

　　本书采访了三十一位业内顶尖的编剧、导演，他们当中一定有你的前辈、老师和偶像，正是他们的作品召唤着你，影响着你，乃至令你萌生与之同道的梦想。能够请他们与年轻的朋友们对话，赤诚分享各自的成长经验，帮助后来人更好地制定自我职业规划，正是本书的初心所在。

　　感谢各位受访的老师，祝福年轻的读者朋友，希望能够借由此书与每一位朋友共勉，愿我们永怀赤子之心，理想皆可实现。

目 录

【受访者按姓氏笔画排序】

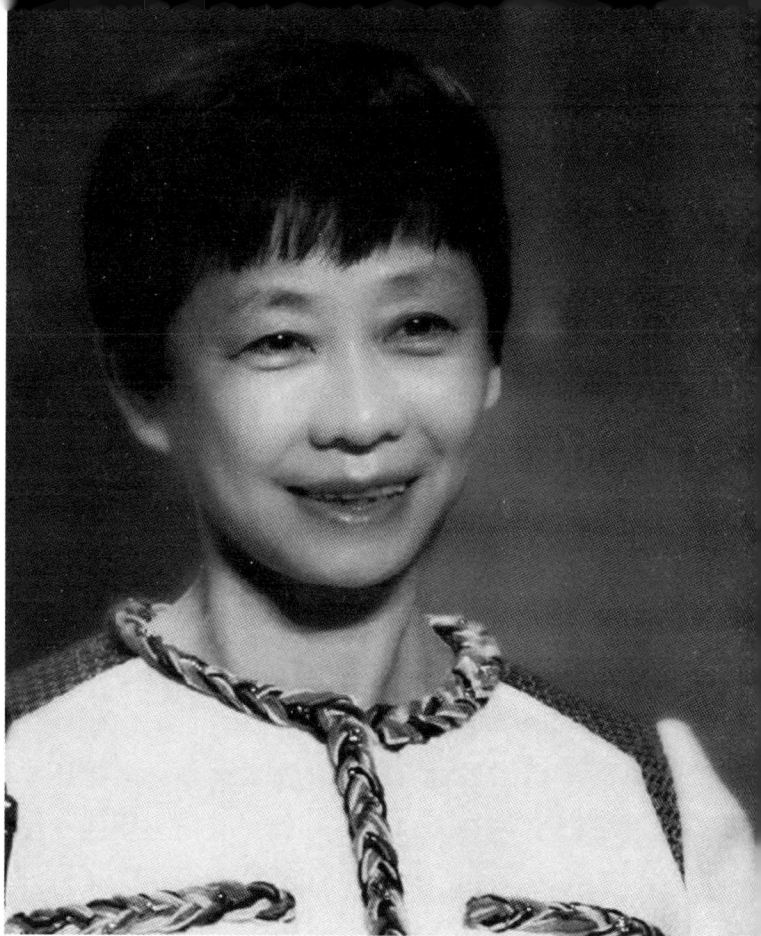

王小平

作品：电影《刮痧》《图兰朵》；电视剧《北京人在纽约》《甄嬛传》《芈月传》等。

简介：作家、编剧。原人民文学出版社编辑，后赴美留学，曾在法国《费加罗报》供职，与郑晓龙共同创作《北京人在纽约》，著有长篇小说《白色圣诞》《孽缘》《刮痧》《红色童话》。

记　者：您平时的写作是怎么安排的？

王小平：忙碌是我每天的生活状态，手头上有好多项目要做。查资料等基础工作都是自己亲自动手，我喜欢亲力亲为。我已经养成了一种习惯，每天都要写点儿东西，经常会潜意识里对自己讲"写几行，再多写几行"这样的话。写作是一种生存状态，养成了每天都写几行的状态后，某天不写东西的话，就会有一种负罪感，好像是对不起谁的感觉，写了之后心里就踏实了。

记　者：您现在还会给自己设定固定的工作量吗？

王小平：如果有固定合约，比如和某剧组项目签约，我会按照合同进度安排每天必须要完成的工作量。我从不拖稿，决不会让制片方因为我的交稿时间不确定而焦虑。特别急的稿子，有 deadline（最后期限）的话，我无论如何都会想方设法写出来。郑晓龙的说法就是，我是一个有强迫症的人。这也不好，自己真的很辛苦。如果没有这种固定日期的交稿压力，我会安排得有弹性一些。状态好的话，就多写一点儿，状态不好，就少写点儿。

记　者：您平时的创作状态是怎样的？

王小平：我是写小说出身的，小说创作的灵活度很大，今天状态好的话可能会写很多。第二天回过头来修改，可能会把之前写的东西全部推翻，重新再写。所以从字数上是看不出写小说的进度。剧本和小说是完全不同的两套创作方法。剧本开写后，要想办法进入一种状态，要尽力一直顺着写下去。即使第二天回过头来看已经写完的部分剧本，也不要因为冲动而做全部推翻的事。因为剧本开写之前，编剧心中已经有了一个整体结构，把每一集写得差不多了，再回头看是否需要调整，这样会比较客观。电影剧本更是如此，一鼓作气很重要。因为剧本是需要反复打磨、多次修改，所以第一稿剧本一定要先一鼓作气写下来，不要来回迟疑。

比如创作《图兰朵》的电影剧本，我都记不清楚修改了多少遍，改了不下二十稿，拿出初稿来对照，修改的地方可谓天翻地覆。所以我不建议电影剧本边写边修改，完稿比修改更重要。电视剧剧本的话，我会大致地按照自己的写作规律设置一个多少天完成一集的粗线条的计划。

我个人的写作感悟是，小说和电视剧、电影、舞台剧剧本这几个种类有很大的区别，小说创作和剧本创作完全是不同类型，有不同的创作规律，要区分开来。

记　　者：遇到过别人来修改自己剧本的情况吗？

王小平：还真的没有。电影剧本《刮痧》有四位编剧。第一稿和最后一稿都是我写的。我经手的所有的电视剧剧本，若是与人合作，定稿也都是我最后上手。记得曾有一位著名的好莱坞编剧说过：一个好剧本要强大到像一艘打不沉的军舰，剧本本身的完整性没有给修改留下空间。不管想要改变哪一个地方，从哪一个角度改变哪个细节，甚至哪一句台词，整个剧本都不允许这么做。也就是说，这个剧本的完善性、完美性达到了别人无法改动的地步。所以编剧要对自己的剧本有尽善尽美的要求。如果能达到这个状态，别人想改都难。

另一方面，编剧要有一个开放的心态，不要怕修改自己的剧本，也不要担心听到别人对剧本提出的修改意见。因为在团队作业中，其他人会以不同的方式思考，提供给你更多的可能性。编剧应该有勇于探索、乐于尝试的态度，不要太急于否定别人。兼听则明，要善于从别人的意见中吸取营养。

记　者：是什么机缘使您由小说创作转行剧本创作的呢？

王小平：当时北影厂有一位很优秀的女导演董克娜，是她把我带入了电影圈。"文革"前最早的一批女性题材电影大都是她拍的，像《昆仑山上一棵草》《女飞行员》等电影都非常好。1985年，她拿到我发表在《作家》杂志上的一篇中篇小说找到了我，她当时想改编成电影，找我执笔。我不到二十岁就开始写小说，那个时候已经写了十年左右。我写了四稿剧本后，还是不清楚电影剧本的写作奥妙。她看到我的稿子后总说一句话："故事挺好的，不能拍！"我当时想，故事这么好，怎么会不能拍呢？然后她说："你呀，得能让我看得到镜头。"我想："看见镜头是你导演的事情，和我编剧有什么关系呢，我怎么做啊？！"我再写一稿后，她还是说这样的话。后来她拉了一个中外电影的单子给我，建议我多看片子，是她带我去看的斯皮尔伯格的《紫色》。我用心琢磨后又写了一稿，她看了吐口说："有些是可以拍的了，但是还要改。"这个过程我都快疯了。但是她教会了我去认知影视剧的镜头，渐渐懂得如何将小说的语言转换成能拍摄的电影语言，把"不能拍"变成了"能拍"。

如今，我常对向我请教的编剧传授一句话："凡是电影镜头、摄像机不能表现的画面，一律不要写。"其实这样一句简单的话，却是我自己花了多年的时间悟出来的。比如心理描写、环境描述不要写，形容词尽量不要多写，还有一些情节、动作的反应，留给演员和导演去二度创作，不要提示太多而形成干扰。有很多东西是镜头没有办法确定下来的，都要慎重去写。这就和小说形成了很大的区别，潜意识、心理描写都是在剧本中不能写出来的。这就是"不能拍"的根源。

"不能拍"到"能拍"的跨度，是从新手到成熟编剧的一个跨度。现在的年轻人很幸运，有人可以明确地提示他们如此这般便可成功，而我们那个时候都需要自己去悟。懂行的导演一眼就能看出来一个完成的剧本能拍出的长度，字数再多，没有"能拍"的内容便是废物。虽然有的人洋洋洒洒写了一万多字一集的电视剧剧本，但能拎出来的，能供拍摄的字数只不过几千字而已。要考虑完成度的问题，也就是真正能变成影视镜头的文字，这个就是行业内所说的干货。

记　者：聊聊大家最熟悉的《甄嬛传》的创作经历吧。

王小平：我当过小说编辑，本身又写小说，所以有时会到网上去看一些网文，希望发现一些好的作者。流潋紫2006年在博客上连载自己的小说，我看了之后感觉文笔不错，而且人物关系可以发展成电视剧，于是就告诉了郑晓龙。公司的人去买下版权，那时《甄嬛传》的故事还不太完整，后面回宫戏等内容还都没有写。但是我感觉三姐妹命运的设置还是有很大的创作空间，有赶超《金枝欲孽》的可能性。

真正改编电视剧是在2009年，我当时在美国，提出的修改意见是，要把架空的东西落实，这种架空题材的小说要落地。每一个镜头要现实化，服化道要知道对应哪个年代去设计，礼仪更是要清楚按照什么年代去安排，演员也要知道是哪个时间段的话语风格。架空的话，没有依托，不着边际，会给其他的工作带来很大的困难。

《甄嬛传》的成功不是偶然，它体现了我们每一个创作人员的用心和以细节取胜的工作态度。这也是我给年轻编剧的建议——好编剧要以细节取胜。故事、桥段想找出别人没有用过的，可能性很小，故事永远都是前人用过的。唯一能区别你与别人的，一定是出彩的、别人没有想到的细节。出彩的地方一定是让人感觉，这个细节怎么能设置得这么好，某一句台词怎么那么精彩，从这一个个的细节见到一个好编剧的功力。

所以我常说，故事不是问题，真正的编剧的功力是如何能把故事精心地展现出来。故事大纲给一百位编剧来写，能形成一百个不同的剧本，功力的高低和人物的差异全在剧本的细节上。也有很多人质疑，那你怎么不说好编剧是写人物？我的回答是，好编剧是写人物，这个是肯定的。可是人物是如何体现出来的？人物是通过细节展现出来的，是一个一个情节写出来的。一个好的作品是各个部门在细节上完成的。演员是一句话一句话、一个动作一个动作地展现出来，服装是每个扣子、每个珠子精心设计而来的，化妆是眉毛要按照每场戏的人物安排来决定是向上挑还是向下垂，以及设置口红的颜色，等等。

好编剧以细节取胜，我说的这个经验如果新编剧能静下心来好好消化一下，就入门了。这个都是经验之谈。

记　者：您如何看现在IP改编的玄幻和仙侠类的作品？

王小平：我很担心其落地性问题。虚幻的作品没有对应的年代感，会给服化道带来很大的困难，而使得创作部门无从下手。《甄嬛传》中我们把原小说架空的朝代找到了清朝这个点，大家才有了抓手。服装要如何做，演员要根据哪个朝代的礼仪，找到的是哪个年代的感觉，就连喝茶的杯子都需要落到实处。整个创作团队在年代的选择上花了好长时间，我们当时寻找"华妃"与"皇上"等人的一组人物关系，在唐宋没有找到，后来发现年羹尧的经历比较合适，再加上关于雍正的后宫情况的记载比较少，这也提供了一些创作空间。

《甄嬛传》拍完之后，郑晓龙说要谢谢我。因为我当时在美国，无法跟组。但是总会遇见这样的情况，凌晨接到来自剧组要求修改剧本的电话，某场戏要马上修改，几个小时后就要拍。我这里就得立刻起床动笔修改，改好后马上传回国内。往往这个时候，纽约的天都已经蒙蒙亮了。郑导在现场的时候很严格，说哪场戏不合适，就必须要马上修改。他是一个绝对不可以凑合的导演。

记　者：您对国外的电视剧有什么感受评价？

王小平：大家如果想学戏剧结构、语言的话，可以认真看英剧。英剧做得太劲道了，结构、人物、情节的精密度，还有台词的严谨度，真的不随便写一句台词。例如英剧《国家机密》，我看的时候不禁感叹：哎呀，太浪费了，这一集如果要是我来写的话，得写成两到三集啊。但是它会把一个情节用一句话就完成了，英剧在台词上要求非常苛刻和精准。如果编剧想要写给文化程度、教育水平高的人看，那就好好学习英剧。

英国的电视台很少，没有太多的竞争，所以英剧的集数都特别少，有的一季会做三四集，五集就是非常多了，不像美剧一季都是十几集。英剧都是有固定资金来源，会很踏实地去做。这就和美剧的制作存在很大的不同。英剧从来没有刻意地想把自己的影视文化全力推到其他国家，它的思考模式不受太多的市场的影响，比较符合英国人内敛的文化，有一点儿阳春白雪的气质。

美剧却有很大的野心，有铺到全世界的欲望，所以它追求最大观众群，就要尽可能地通俗化和娱乐化，是需要煽情的。所以我觉得英剧和美剧都有值得学习之处。美剧娱乐性更强，它期待面对最广大的观众，它对自己的接受群体的文化水平要求不那么高，追求的是通俗化。中国编剧如果想要获取最大观众群的话，就去学习美剧的一些技巧。韩剧比较熟悉亚洲文化，对东方人的心理拿捏比较到位。但必须承认，韩剧并不是最好的。某些方面要辩证地借鉴，比如韩剧的光和影调太过唯美，这是很多英剧、美剧所忌讳的。

记　者：您觉得当前国产剧的主要问题是什么？

王小平：我们在做剧本的时候，关于观众群的定位，不要因为互联网环境而产生认识上的偏差。因为目前环境下，有些观影人群是不会去发声的，而这部分人并不意味着一定是少数。比如男性在网络上的发声比例相对偏低，部分精英群体也不会轻易发声。结果网络上的那些低龄、低学历的发声人群就让人误以为这是全部的观众群。而新媒体采集和依赖的大数据基本都来自网络。大数据最为核心的魅力是发现规律和提供预测，目前很多影视制作人和电视台的购片人员对影视剧项目评估、投融资、班底组建、创作、营销乃至衍生品开发等领域都要参考大数据，他们把这些大数据当成受众的观看规律和审美期待，这个误区导致现在的国产剧的质量不尽如人意，应该慎重思考和深度反思。

记　　者：您个人有特别倾向性的创作题材吗？

王小平：我写东西和题材没什么关系，关键是要有创作热情。一个编剧一定不是万能的，一定和知识储备、阅历经验有很直接的关系。当某一个人物和一组人物关系激发了我的想象力，让我预感到他们身上蕴藏着挖掘价值和潜力的时候，我就渴望进入他们，开始创作。这是我写东西的一个动因。

记　　者：近期有什么项目规划？

王小平：目前正在专心做电影《图兰朵》。影片已经拍完，等着上线排片儿。我还很希望尽快把《北京人&纽约客》的剧本完成，这个项目的起源是"出国潮"，虽然有人也在写，但是没有反映全时段的整个过程。我们当年拍《北京人在纽约》时，展示的是十年的历史，现在想把改革开放后三十年的出国潮的状况反映出来。还原当时中国人最早怎么出国的、护照和签证如何办下来，这是挺好玩儿的事情。另外就是根据我自己的小说改编的一个电视剧《白色圣诞》，悬疑加爱情，背景也在美国。现在的年轻人的出国现状也有可以挖掘的价值。这个题材还是很稀缺的。我提到的这两个电视剧都会在今年的某个合适的季节开始制作。

记　者：您对年轻编剧还有哪些建议？

王小平：想要成为好编剧，姿态要放得低一点。没有名气，没有关系，要先求得一个机会，和成熟的编剧在一起工作，要善于"偷师偷艺"。要争取和好的团队合作，哪怕挣不到钱，但能挣到宝贵的经验。对于年轻编剧来讲，不要太急于求成，不要总是觉得这个行业就是一个梯子，可以一步登天。所谓的天才型的编剧，他们在成功之前所吃的苦都是比你想象的多得多。

有条件的编剧一定要跟组，只有跟组才知道有些戏为什么不能拍，有些戏要改动的话导演为何要如此改动。常在剧组里听见这样的抱怨："哎呀，这个编剧真是不为我们考虑，真会给我们出难题啊。""下回咱不找他合作了。"只有进组，进入到这种创作环节当中，才能够知道所写的剧本的执行力度和实际操作的难度。所以我每次写场景的时候都会这样考虑：如果换一个场景，制作方的制作难度是否会更小；如果换一个场景，在转场的时候是否会更加方便；如果换成是白天的戏，对于拍摄难度来讲会不会更低……只要是不影响观看效果，不影响质量，编剧就要从完成度的简便和为剧组尽可能减少麻烦的角度，来考虑些问题。这其实也是考量编剧是否成熟的一个指标——是否有团队作战意识。要想成为一个好的编剧，一定要对自己有更高的要求。

五百

作品：电影《大人物》；网剧《古董局中局》等。

简介：导演、五元文化创始人、ARC LIGHT 弧光联盟发起人。毕业于吉林艺术学院。2014 年执导现象级网剧《心理罪》，定义"超级网剧"；2015 年成立五元文化，发起弧光联盟，助力中国影视工业；2017 年监制超级网剧《白夜追凶》，进入"豆瓣 9 分俱乐部"；2017 年执导悬疑剧《古董局中局》；2018 年执导高密度反特动作巨制《瞄准》。

记　者：您是如何入行的？

五　百：我最初是在剧组做摄影助理，是2006年。在这之前，我在一家广告公司做后期，做了一年后，我发现了问题。我觉得当时的后期和前期是零交流，或者说是没有充分的交流。到我们手里都已经是拍摄完成的带子，还要按照各种需求去剪，我那个时候在研究后期技术，觉得有些片子前期不需要拍，后期就可以完成了，前期为什么还要弄那么多人拍，不理解。

当时发生了一件事情，一个做专题片的导演特意找到我，对我说：我们有一队人起早爬上山拍摄了一个日出的镜头，你必须把这个镜头给我用在后期里面。当我看到素材的时候发现他们拍的是特别小的一个太阳，我当时用自己的工资买了两套视频的影视素材，其中有一个是整个的一个大太阳，是占满整个画面的，我觉得这个画面远远好过他们拍摄的画面，我就给导演看了一下，导演很震惊，问我是谁拍摄的，我说这个就是素材啊，可以用的。导演说，那我们还费那么大劲儿拍摄干吗呢？我说就是啊，你拍摄之前没考虑过吗？导演说拍摄之前也没有开会商量过这个问题，就是看到了脚本后，领着一大帮人就出去拍了。我就特别不理解这个事儿，因为每次听拍摄人员说都很辛苦，但是为什么拍摄回来的东西都那么匪夷所思呢？所以我当时就想多了解一下前期，刚好有一个机会，有人把我介绍到剧组去做跟机员，于是我就这样进了组，一天五十元钱的劳动报酬。

记　者：是在北京吗？

五　百：没有，是在东北，我来北京没几年，就五六年。

记　者：那您之前不是这个专业的？

五　百：不是，我是学平面设计的。我毕业比较晚，二十五岁才毕业，不像现在的年轻导演，都很幸福，二十岁出头就能出来拍电影，我当时都不知道啥是导演，毕业的时候都不知道，对导演没概念。我本专业是环境艺术，在艺术院校里，我也是各种专业去蹭课，我不喜欢本专业，但是，对平面设计很感兴趣，我觉得我是对画面类挺敏感的，不管是动态的还是静态的，对画面有点儿强迫症。

记　者：这样进了剧组之后的感受是怎样的？

五　百：太适应了。我的想法和生活习惯等等特别适合剧组，如鱼得水。当时我什么都不懂，就是去学习的，连摄影组和灯光组做什么都不知道。摄影师和我说，你的工作就是扶着摄影机，让它别倒就行，保护好机器，没事儿换换镜头，给机器充个电。我当时的任务就是这些，但是我闲不住，只要在确保我负责的机器安全的前提下，其他部门的活儿我都干。就这样，各个部门的活儿我就都了解了，我跟现场道具也干，我跟场务也干，我跟美术、录音、灯光，等等。有好多规矩我当时都不懂，比如灯光组的灯其实是不能碰的，不用我帮着扛，但是我觉得早点收工，还能回去喝个酒多休息一下，就帮忙扛，人家灯光组说不用你好心做坏事儿。当时剧组的讲究还是挺多的，比如女人是不能坐镜头箱啊，不能坐米菠萝的，就是那个防光板，你只要坐了，灯光师会一脚把那个踹碎了，就不要了。

编剧导演入行经验谈

这个戏完了之后呢，我师父和我说，下个戏都约好了，一起干吧。我当时刚结婚，我说我就不去了吧，总不在家也不好。那时候大学生毕业的月薪基本上就是八百块钱，加上奖金之类的，一个月也就一千三到一千四，我跟剧组的时候月薪就已经达到一千五了，当时觉得剧组比较辛苦，和挣工资也差不了多少，贪黑起早还离家，我就和师父说我不去剧组了。师父给我提了一个条件，按月给钱，不是按天数来，每个月给你四千，这个就有差距了，因为电影首先是个工业嘛，我们是不能跨越这个行业属性的，你把艺术升华到把别人的劳动都忽略的程度是不行的。所以那个组我就跟了。将近两年吧，我跟了三部电视剧，十三部数字电影，基本没停过。就跟着我长影的摄影师师父。后来我媳妇说，这样太辛苦，我想也是，因为当时经过了三年的学习，已经有剧组找我做独立的摄影师了。

记　者：仅仅用了三年的时间就独立了，很快。

五　百：对，我速度比较快。那个时候整个行业还是比较传统，长影厂十八岁最小入厂的人，到那个时候已经四十岁了，就是我的二师父，他单单推轨道就推了十年，因为长影厂的晋级是有说法的，轨道推好了之后才能当二助，再升大助，才能送焦点，送焦点就得送四部戏，然后掌机，四部戏后，才能挂联合摄影，联合摄影之后才有机会做独立摄影，它整个的升级体系就是这样一步一步的，而且还需要考证。但是市场经济和互联网经济来得太快了，所以这些规矩现在已经消失了。2007年，大家还在讲究年薪十万的概念呢，觉得年薪十万已经很厉害了，当时我在剧组一个月就能挣一万多。我从剧组回来后，就没有办法找到合适的工作了。我和我老婆说，你再给我三年的时间，我自己干，这三年你可能看不见钱，但是三年以后可能就会好。我当时在长春，也没资源，也没客户。2007年底，就这样我拿了十万块钱开了一家公司，我狮子座，行动快，想到就做，不纠结。

当时连拍啥都不知道，就是听说互联网上有地方收片子，我记得当时有个朋友和我说拍了一个片儿，卖新浪了，我就问他，他还不愿意告诉我。我就去新浪网页上找到了客服电话，打过去人家说不收片儿，就是帮助推广一下原创的短片。因为当时太少人拍摄视频之类的短片，我才知道新浪不给钱，那不行，我得挣钱啊。然后我就挨个儿打电话，优酷、土豆、六间房、酷六都不收片，人家还质问我："您咋想的，您知道一个原创短片放在我们首页上一天得支付给我们多少钱吗?! 我们还给您钱?! 因为您是原创，能给您放在我们平台上播出就已经很够意思了。"

就在这个时候，有一个新网站，叫激动网。当时这个网站上有一个板块叫"纠客原创板块"，他们收片儿。我就询问他们收片儿的标准，他们说刚刚成立，就什么片子都收。我就组织一帮人去拍摄。拍啥呢，不知道。大家就开翻资料，看《故事会》，看《青年文摘》，我说就看短的。找了几个哥们儿，就这么念，你念一段，我念一段，念来念去很快就选择了一个比较好的故事。当时决定就按照这个改，我们几个改来改去也不满意，然后就合计，得找个编剧啊，去哪儿找编剧啊，问问学校有没有学生愿意参与。长春有个动画学院，有编剧系，在动画学院里找两个小朋友一起写，叫《原来不是你》。写完后，就开始找人搭各种关系，前后拍摄一周，花了七千块钱。然后开始剪辑，剪辑后就觉得自己太牛了，这片儿一出去，所向披靡啊！当时自己很满意，每天都看一遍，连续看了半个月，觉得没瑕疵。给激动网邮过去了，人家看完之后说，还行。我问，还行是啥意思？人家回复我说，就是可以收。我问，多少钱？他说，三千五收了。我说，那我花了七千拍的啊。他说，那没办法。我说，那我怎么赚钱啊，我找人写剧本、找机器、找DV、灯光，多少得打点吧，我还得收音，还得后期剪辑，我还得请人吃饭等等，你这收片价格连成本都下不来。这是我唯一一个赔钱的片子，然后我就学会了，懂得控制成本了。

重新布局，办公地方是我父亲的场所，不用花租金。设备要是自己买的，就会节省很多成本。我跑了一趟北京，原计划想买GAC的一款机器，将近三万，全套配下来大概要六万。那时候SONY刚出一个EX1型号，高清1080P，还是水货。我试下机器后，感觉就是它了，那台机器和其他的摄影机比较起来完全不是一个层次的。那台裸机，水货就四万多，一块电池将近三千，还有存储卡，一张卡七千，配下来摄影机就七万多。还有三脚架、录音设备、各种线都买了，花了九万多，我这启动资金十万也没剩多少了。我当时很兴奋，在宾馆里就把机器支上，就那么看着，睡不着觉。第二天坐火车回到了长春。我和激动网联系说，我可以再拍。当时就已经有很多在校的学生过来找我了，他们愿意写东西，或者干些其他的活儿。

其中有一个编剧，叫西北，我们现在都已经交往十几年了。他原来是在"起点"上写东西的，他说他自己写东西太牛了，我说，好，那你就帮我写吧。他问我想拍啥，我说我想拍摄喜剧。于是就产生了下一个短片——《爱，从同居开始》，故事也特别简单，我和他一讲，他就把这个故事写出来了，我们就拍了。这个片儿成本是二千五，因为机器的成本我就不算了，自己剪辑，全都自己来。这次卖了一万二。我是三年内做到了激动网的首席导演，此后的片子就是成本很低，但是售价越来越高。

一段时间后，我又进行了思考，如果单纯依靠原创短片儿盈利是不现实的。但是因为我拍摄这些东西，东北的市场就打开了。有人开始找我拍摄婚礼现场，我当时还挺吃惊的。我问对方为啥找我拍婚礼，人家回答我说，我看过你拍摄的原创短片了，有几个哥们儿推荐的你。我当时在东三省还是很出名的，因为大家很少有人去拍，都知道拍摄原创短片不赚钱，只有我去拍。我拍的片子看的人特别多，他们会发现他们熟悉的环境，哎，这不是红旗街嘛，哎，这不是哪儿哪儿嘛，哎，这不是长春人拍的嘛，然后他们会在自己的QQ空间里去分享，相互传阅。

记　者：现在再看之前的作品，包括一些短片儿，会觉得幼稚吗？

五　百：拍摄的过程中，你会发现，拍完第二个片子后回头看第一个片子的时候，感觉太傻！就感觉自己太傻，怎么能拍摄出这么傻的东西。当拍完第三个片子后，看第二个也觉得傻。所以我说，一个导演成熟的过程，是需要这个基础性的训练的。就现在的我来讲，想让一个片子拍成啥样，我可以做到拍摄出来的效果和我当初构想的是一样的。但是对于新导演来讲，就会有误差，会出现想的很好，但是拍摄出来的东西并不理想的情况。原因就是导演也需要基本功训练的。但是导演的基本功又看不见，不像摄影师有摄影机，有个外在的评判介质。导演就有一把椅子，一张嘴，那你说导演的功力怎么练？那也得练，这个物理时间是跨越不过去的。

记　者：这个时间周期是多久？

五　百：分人。但是有一点是确定的，年轻的导演一伸手就拍一个很成功的片子，不可能。

就这样，有人来找我拍摄婚礼现场，这时我就开始研究婚前MV。别人拍摄的婚礼现场就是流水作业，而我拍摄的片子里颜色都给调得特别好，包括新娘的近景柔光等等，我都会去做特效的。这个处理，太少人去做，我是技术控，我对摄影机的研究，对各种灯光、镜头、后期软件、插件的新玩法儿都特别喜欢，所以就去研究。有的婚礼现场需要摇臂，上网一查，太贵，十万左右的电控摇臂都是国产的。想想算了，还是自己做吧。于是用了一个月的时间，做了一个十米的电控摇臂。

记　者：这东西怎么做啊？

五　百：动手能力还是比较强。我父亲当时有工厂、有机床。我负责定材料，从设计公司找图纸，反正就做出来了。

当时整个长春电控摇臂就四条，其中有一家婚庆公司单纯靠租赁摇臂赚钱，租一次一千二。你可以想象，那个时候谁家结婚要是能有摇臂，那很厉害的，大家都感觉，"哎呦喂，电视台来人了。" 轨道我去长影租，五十块钱一节，板车二百元租一次。这么一算，租个轨道、板车之类的一天也得五六百，不合适，怎么办？自己做！全套都是我自己做的，我的拍摄成本就这样越来越低。

随着认识的人越来越多，我设计了一个"E影计划"，我提出的建议就是，你们的婚礼未来是要分享到互联网上的，我给你拍完的MV，你们可以放在优酷等网站上。比如你外地的同学没来得及参加，可以通过互联网观看婚礼现场MV。婚前MV是啥？是由我来设计带情节的故事，然后选一首歌配乐。如果新人要唱呢，我就找个录音棚让他们自己来唱。就像韩国MV似的，两个人如何相识相知相爱、如何在一起的这种。拍完后，震动了整个长春婚庆界。

当时长春人没见过，然后都说我确实厉害。我也确实是对自己要求特别高。我自己有一套设备能用DV机器拍出电影镜头的感觉来，但是设备比较大，比较笨。

记　者：这个设备您是在哪儿买的？

五　百：我当时是在网上搜索全国的信息。国内做出来的第一条设备就让我买了，而且很便宜。买完之后拍摄的MV，都是定焦头，那时候的定焦只有胶片，拍摄电视剧都没有定焦头，都是变焦的，790，一台机器就一百多万。所以我说，我提前把数字化定焦整体的这个感觉拍摄出来，当时是想象不到的，北京也没几个人玩儿，同行看完后都过来问我是怎么拍摄的。

我当时拍婚礼MV是真拍，拍摄四天五天的，周边所有好看的街景，我全跑过。当时是在婚庆界火了，但是带火市场的不是我的产品，而是按照我这个形式走的低成本的产品，是我拍摄价格的十分之一。

我同事就和我说，你看好多活儿都让婚庆公司抢去了，你能不能便宜点儿。我说，那就算了吧，不拍了。他们一上午可以拍六对，情节设定也比较简单，拿个DV，找个树，对情侣说，你俩来，你从这儿跑，你在后边追，哎，好，追她，抱她，笑！哎，好嘞，下一对，来，去湖边，来你俩蹲那儿，用水撩她，哎好，你再撩他。哎好嘞，下一对。（笑）

记　者：已经工业化了。（笑）

五　百：对，人家是工业化的，也挺挣钱。但是这个东西我拍不了。后来就有广告、专题片的拍摄找我了。因为我公司没有商务部，所以我现在的习惯也是这样，就是坐家里等活儿。我认为你出去找活儿，所消耗的人力物力财力是巨大的，而且还不一定能找的来。我认为做企业也好，个人也好，自己必须要有一个核心竞争力，并具有无可替代性。

记　者：那您公司发展壮大后也还是有市场部门的。

五　百：对，虽然有市场部，但是我们不出去找合作。我所有的研发都自己来，也有好多都是自己找过来的，剧本已经写完了，我一看还真不错，那就拍。IP也不买，因为文学和影视是两个产品，两回事儿，思路是不一样的，不是有个好IP就能改编出来一个好的影视作品。我建议年轻人也要用有限的时间来做比较精准的事情。什么是导演，导演要做什么，自己需要想清楚。我是觉得导演最根本的要求就是得会讲故事，你连故事都不会讲，说懂摄影、懂造型、懂灯光，这些和导演的根本都没啥关系。导演的第一根本就是你得会讲故事。而且要思考，凭什么你讲的故事别人看。如果你讲的故事别人不看怎么办，那就不适合存在，就这么简单，你连故事都讲不明白怎么做导演？

后来我就开始拍摄栏目剧了，《社会与法》《经济与法》《警戒线》之类的栏目剧。我那时候接的活儿，甩到我这儿都四五手了，人家可能出来一手是二十万，中间过一手变成十五万，中间又找外包公司变十二万，反正到我这儿是一万五。我想那就流水线作业，最多的时候是同时开六个组，一个组六个人。2009年我就开始不拍东西了，我来教我的团队拍东西。三天拍一个，从接活儿到找演员到找剧本到拍摄到剪辑到出片，一共五天时间。四十五分钟的片子，特别快。剧本就是谁想做导演，谁就过来和我谈话。我说你们要是有勇气想做导演，就过来和我聊天。有的人就过来和我聊，因为那个时候的剧本都是中央台统一发，我来选。本来普法栏目的剧本也没有什么好修改的，我给想做导演的人一个剧本，一天时间回家去看，看完之后把最重要的几场戏画出来，然后说出来为什么这几场戏重要，重要在哪儿，重点是拍什么，情感的点到底在哪儿，如果把这个能说明白，我就给他一次机会做导演。有的人就能找到，有的人真找不到。尤其是像这种栏目剧,三天拍一个,转那么多景,不可能每个场景都拍得很好,但是重场戏要好好拍。举例子,就好比一个电影,里面必须有三场戏是观众不得不看的,哪三场得找出来。这是最起码的标准,就算是整体都很顺畅,没用,顺畅的剧本多了,独一无二的点在哪儿?比如情感戏,那么多离婚打架的戏,为什么观众愿意看你拍的,还是得有一个角度问题。

《白夜追凶》的导演王伟,他单拍四十五分钟的栏目剧就拍了一百多个。他是从哈尔滨过来的,就是看到我在网上拍摄的这些作品过来找的我。

王伟就是生练出来的,这就是导演的基本功,不经历是不行的,不经历就很容易受伤害。有些年轻导演一上来就说,我的作品多么优秀,我就在想,哪来这么大的自信说自己好?自己一无所有,没有任何社会经验,怎么就好了?!就像小林一三在《我的生活方式》里面第一页就写了:"一个伟大的建筑设计师绝对不可能出自一个贫穷的家庭。"这是所有行业的现实,你啥都没见过,还设计啥啊?至少你打小就得周游列国,各种伟大的建筑都见完之后,咱们再谈设计。导演也一样,你说你想拍东西,你看过多少片子?你看过多少文学作品?你的人生阅历有多少?一上来你就说,我拍的东西是奔奖项去的,你奔什么奖走啊,什么叫奖你懂吗?整个奖项的规则,组委会的规则,什么都不懂,完全不现实。现在这种想干导演的人来我这儿,我连劝都不劝,直接就说,请你转行吧。他问我为啥,我说中国的导演市场饱和了。

我一直在和新人打交道,从在长春开公司就一直在接触新人,我身边没有老人,全是新人,所以年轻人整个的思想状态我是清楚的，二十到二十五岁年轻人认为世界绝对是他们的。不用跟他斗，你也不要觉得他花心，说在你这儿待不长，他去别人那儿，这是正常的。他连这种冲动都没有的话，不符合这个年龄。我就是这种，二十到二十五岁的时候，干的事儿多了。这五年之内找到立业之本，就是到底自己适合干啥要明确了。你晃这么多年，心里还没数吗？我是建议年轻人在二十五岁之前拼命地换工作，多见识见识。读万卷书不如行万里路，行万里路不如阅人无数。你经历的多了就好了。所以我们公司"弧光联盟"的slogan（标语）就是"友谊不是相互取暖，而是相互成就伟大的目标"。别谈取暖，说哥们儿，我今天挺伤心的，我一个片儿，我聊了那么久，但是那个制片人是一个不懂行的……别聊这些了，没用，你修行还没到。我现在招来的新导演就是这样，我希望我能成就员工，但是员工同样也得成就我。那种说，不，哥，我这辈子就跟定你了，那你就离我远点儿，人没有啥一辈子定不定的事儿。你在我这儿干活儿，你认为你有成长，那就是我成就你了；你做出来的东西对我也有帮助，那你也成就我了。不用帮助多大，就是帮助百分之零点一，你也是在成就我。但是我们不能做减法，减去那百分之零点一，你减一点儿，我减一点儿，那分数就这样没了。

我觉得做导演最基本的必须喜欢聊天，和人交流。要不然你不知道人家在想什么。你会认为这个世界是你想的那样，其实不是。所以我拍的人就特别多，什么都拍，然后去感受他们的世界。我基本上从乡长到省委书记全拍过，部队的小兵到部长，宗教口的，各行各业的，统统都拍过，都聊过天。创作的时候，我属于十万个为什么，我会问导演很多问题。比如，他为什么会喜欢她，有的导演回答，因为她帮过他。我说不可能，净扯，立不住，再想想。我问他为什么拿刀要把他杀死，导演回答我说，因为他们之间有过夺妻之恨。我说这都太俗，有的时候动手真的不是你想的那么复杂，但是有的也不是你想的那么简单。

现在好多创作者的套路从哪儿来呢，都是从中国的一些剧的套路里来的，是套路中的套路，不带有自己的体验。我会问我的学生今年多大，十九，好，那就不要拍十九岁往上的东西。十九岁往上的东西你也拍不了，说你想拍我哥哥和我姐姐的恋情，除非你参与了，要不然你拍不了。

体验很重要，没结过婚的不要拍摄结婚的事儿；没生过孩子的就不要拍摄带孩子的事儿，拍不好。导演确实需要生活的积淀。好多导演尊重个性，喜爱艺术，说我不结婚，怎么怎么着，我说你不结婚你就会失去一些东西，这些东西的体验你这辈子永远都得不到，你看了再多身边的人也体验不到。我说上帝的公平就在这儿，每个人的样貌，每个人的家庭出身是不一样的。但是上帝的公平就在于选择的自由度，大家是一模一样的。就看你怎么选，有的人选的就好，有的人选的就不好，人生每天都在不停地做选择。

另外一点还是要多尝试。我这个人从小放学回家的路从不固定。有最近的路，我也不走。看啥东西好，我就停下来看看。我一定会把周边所有的路都走一遍，然后哪一条路回家最有意思我就知道了。有的人就不是，两点一线，隔一条街发生啥事儿都不知道。年轻人就是要多走、多看、多听。不要谈未来，不要谈理想，不要谈那么多。当你都经历了这么多事儿后，你自然而然知道自己该干吗。你不知道你自己干吗的原因，是你见的还太少。而且你见的人多了，谁过来忽悠你，你也知道怎么回事儿了。

记　者：您这些都是在实践中感受的？

五　百：对，实践中凿出来的人有个什么优势呢，就是很少会出问题。比如我拍戏，很少超期超支。如果没有这点儿控制力，那就别拍了。比如我来做预算，从来都没超过。现在好多导演一上来就说，这是制片的事儿，自己不参与。这种做法的导演在好莱坞可以，在中国不行。在中国你就得什么都会，而且导演本身这个工种就是得什么都会。

要学会讲故事，要靠你的故事来打动演员、打动主创、打动投资方。打动之后，他们能信服你到什么程度也是要考虑的。有的人想，反正投资方给我钱就行，他不关心故事。好多摄影师就这样，在现场对导演说"哎，导演这天光马上就要没了，这场戏拍不完了，怎么办？""啊？为啥天光没了？""你看，还有十五分钟，天光没了，色全变。怎么弄啊，咱们拍还是不拍？"导演说，"哎哟，那我这十五分钟拍不完啊。那怎么办？"摄影师说，"那就先甩了呗。"导演说"那好吧。"这时候制片问了，导演为啥把戏甩了，有人就反映说摄影师说了戏拍不完。——这就是不懂，你不懂就会被别人骗了。尤其是有些人，在试探你这个导演是懂行还是不懂行，懂到什么程度。这是事实，摄影是在剧组里很容易和导演争夺话语权的。因为摄影是离演员最近的，所以摄影师很容易博得演员的好感。

我是属于啥都懂的，别人蒙不了。有人说和我合作难，其实不是，是我不好糊弄。举个例子，在剧组，我说这个光不是我想要的，重新打一下。灯光师会说，导演，我知道你想要那样的，但是打不出来。我说，我要是打出来怎么办？他说，真打不出来。我说我连你灯光组的这些人都不要，单独找来六个场工就能把这个灯光打出来你信不信？半个小时就能打出来，你先别说你打不出来的事儿，先说我打出来怎么办？这时候他说，哎呀，导演，我不是这个意思，我的意思也是说您瞧瞧这些支架都支完了，这不再动就很麻烦嘛。我说，你不就是说需要花些时间吗?！半个小时，时间我给你啊。然后灯光师就很惭愧地说，那好好好，我去打。

但是有的新导演不行啊，制片过来一蒙你，导演，就两小时了，要不这场租又三万进去了，预算不够了，你下个场景就不行了。导演一听，那不行啊，那赶快，快拍，就拍得特别粗糙。其实可能实际的情况不是两小时就到租期了，而是人家晚上和谁约了饭局，着急走。剧组就这样，如果导演连识人的能力都没有，怎么做导演啊，尤其是在中国做导演。我相信，未来当然会越来越正规。但是无论如何，导演的工作也是跟人打交道的，是和人接触最频繁的一个职业，任何事情都需要用嘴来说，大到整体的计划，小到一个纽扣般的道具都要说。导演不识人，怎么拍故事？还有一种人我就说他不适合做导演，总是"我以为"。我说人与人之间最远的距离是"我以为"。别总以为，没啥以为的。影视工作非常简单，就是立字据，确认签字。有一次，我的副导说，"哎呀，导演，我以为那个道具，那个包你不用了呢。""我什么时候说不用了？""上次开会，你说，这种人物的性格出来能不能拿这种包之类的……然后那种包我今天就没带。""'我以为'，我说怎么总是'我以为'呢?!"开会或发群里确认不就完了吗?! 明天的戏，副导去确认明天所有需要的服装、道具之类的物料。把所有的物件都拍照片，发到群里。我一看，没问题，你按照这个安排。有问题，赶紧提出。

有的新人特别逗，特别爱不好意思。心里顾虑，哎呀，这都是前辈，我们怎么和人家交流？我说，搞影视的千万别不好意思。我拍的上一个戏，制片组换了三组，美术组换了三组。我要的特别简单，我想要的场景，拿出来，一周时间，我要五张图，先别聊创意和想法，先拿出来图，拿出来一看，不好，赶紧换人。不是说你不好，是项目不合适。

摄影没有好与不好的。我说构图没有好看不好看的，只有合适不合适。你得适合这场戏的氛围。这个景，你看，导演，我这又虚交，又折射，你看我这镜头多美——不适合这场戏，没用。我们都是为故事服务，我也是为故事服务的，为什么需要导演，导演就是阻止这种事情发生的。不能让摄影瞎发挥，不能让灯光瞎发挥，不能让造型瞎发挥。要把大家都牵到符合你故事的一个调性中，这就是导演应该做的事情。

记　者: 和您合作过的人还会继续合作吗?

编剧导演入行经验谈

五　百：和我合作过的说以后不合作的，很少，都希望以后还继续合作。我是很随性的，但是有个前提是你本职工作需要做好。我用人吧，必须是和我共过事的，我了解的。后期纠结的，都是别人介绍过来的人，因为大家相互不了解。

记　者：做好导演真的很难。

五　百：做导演还是要看命，看机缘。但是有一点，现在的这个时代，绝对不会淹没任何一个有才华的导演。不成功，一定要考虑一下自身的原因，千万不要盲目责怪外界。反思一下是不是你身边谁把你捧杀了，是不是你们几个小哥们儿在一起相互取暖呢。喜欢相互取暖很正常，几个人有一个小圈子，没事儿讨论一下这个，八卦一下那个。我们一起抱头痛哭过，我们一起成长过，我们一起残酷过。我说你经历这些都可以，都算正常，但是应该清醒的事情是你经历的别人也经历过，那如何才能变得和别人不一样呢？就是要迎接更多的挑战，要把自己的格局打开。导演拼到最后是在拼格局，不是拼技术。技术就那么点儿东西，别把导演的技术想得太复杂。有人说，你看我这镜头设计得独一无二。没有独一无二，影视就是一个组合，和音阶一样。

记　者：格局大体现在哪儿？

五　百：就是你身边能容下的人多。你容人多，你见到的就多，你听到的就多，体验到的就多，表达的时候层次就多。有的人，就哥儿几个，多少年的铁磁儿。你拍的片儿，就你们自己看吗？与世隔绝地想象我们这个东西出来后多牛，事实还真可能不是这样。真正的大度是要敢于带新导演，比如我来带新导演，我是真的敢放手把项目交出去，我就是站在他背后不说话。而且我不吝啬署名之类的，你就好好干就行了。说新人干好了，名声大了，不想签公司了，那就赶紧走，没关系。你只是在我这儿加速一点点，而不代表未来你也可以。这些事情都看透了后发现其实很简单，谈人也好，谈事儿也好，本质就在这儿摆着，年轻导演的内心咋想的我也都清楚，我也不强求。所以我们为什么做弧光联盟，我做的是整个体制。《白夜追凶》就是在这种联盟体制下产生的，导演、摄影、灯光、剧照、剪辑、海报、调色、作曲全是弧光联盟的，大家都在这个项目上加分了。我就是在探讨工业化一个比较初步的模型，未来会精细化，这还是一个长期的有计划性的工作。

记　者：这个行为是一个改变行业的规划。

五　百：对，包括未来剧本的写作模式、孵化模式、制片模式，整个的流程全是具有中国特色的工业化思路，同时需要做的是对所有创作者的价值保护。

　　　　现在有一个现象是，好多编剧要同时写四五个剧本。为啥要写这么多？因为钱在这儿限制着，一个一百万，四个四百万，够花销。没问题，编剧在我这儿，你写一个我就给你四百万不就完了吗，是不是难在钱上？你只要是难在钱上，那在我这儿就都不是问题。有些制片主任，这儿抠点儿钱，那儿抠点儿钱，演员一张口要钱就不敢吱声了。我是相反的，演员跟我合作价格要合理，主要这是一个相互需求的事儿，你可以选择不来，我需要把预算控制好。

记　者：您现在做的改变行业的这个事情，预计需要多少年？

五　百：三到五年吧。这是一个制度的问题，是一个构架的问题。比如中国最大的代工工厂富士康，不是说做的东西有多好，而是整个工厂的生产模式是国际化的。单学这种模式，就需要一定的物理时间，它不同于一个单项技术，花钱能买来，就像IP似的，花钱可以买来，买IP是最不划算的，是最不能形成核心竞争力的。形成核心竞争力的物理时间是超越不了的，哪儿有那么多天才？好莱坞也就那么几个。有人会问好莱坞为什么能成为统领全球的影视巨头，它不是靠那几个天才导演，它是靠整个工业化体系。这个体系是我们目前超越不了的，是人家用了多少年塑造出来的。

记　者：您是什么原因来的北京呢？

五　百：要做影视，只能来北京，没办法。这是环境的原因，所以说人成长必须要看和谁在一起。我决定得很快，因为当时公司能和我一起去北京的人我心里有数，不能去的，领完这个月的工资也不用找我聊了，我也是为了他们好。有的人在长春都够呛呢，别说去北京了。我把一个能力不到的人放在一个全是天才的这样一个环境里，他会非常痛苦，会迷茫。所以有的时候做好人难，做坏人最简单了。我身边好多人都是走了后又回来了，之前走我都劝，我说你们最好别走，但是发现心意已决，那我说就走吧，我以前长影有几个灯光和摄影都是，走了现在又都回来了。

格局很重要，你把格局放在长春市，那你就在长春市玩儿吧。我来北京的时候，我就没把格局放在全国，我就把格局放在全球了，要不然我不来北京。

记　者：其实现在已经达到一定目标了吧，《白夜追凶》等已经开始和国外的一些播出平台合作了。

五　百：未来会更好。影视不是一个快的东西，从写剧本到转换到上线，这个周期最快也得一年。我成立公司才三年，我来北京后是先在别的公司工作，然后出来自己做公司的。

记　者：聊一下《古董局中局》吧。

五　百：《古董局中局》这个剧，就是产品中的产品。

记　者：怎么讲是产品中的产品？

五　百：就是按照规律来做就好了。不要不尊重这个规律，不要自作聪明。剧集我一般不折腾，剧本一般都不咋改，剧的剧本写完了会自成一个体系，没过多的空间改动。但是电影和短片我会改，反复修改，空间会大很多。剧的空间没有那么大，我一般看完剧本，也就知道成片什么样了，绝对不会有偏差。

记　者：所以《心理罪》也是这样。

五　百：对，这个剧在拍之前，我就和他们说成片是什么样的，结果不差。《心理罪》是顾小白带了几个编剧，我们从头开始改的，我就改过这么一个IP，我说这改编和原创一模一样，时间和精力是一样的。

记　者：那电影《大人物》呢？

五　百：《大人物》这个电影是属于一个天时地利人和的产物。做导演做到一定程度上，就是与每个演员的交流，与工作人员的交流，与所有人的交流，拍《大人物》的时候就特别地轻松，好多镜头一条过，演员想演第二条都不让。我说，别，用不着，后期我全给你剪了。没有任何一个演员和我提超时的问题，拍到啥时候都行，我也不超时，他们也都知道我从不超时。所以说，一个项目，导演的信心是很关键的。有的作品，导演没有信心才会糟糕，一旦没信心，拍摄周期那么长，那就变成熬了。

记　者：拍《画江湖之不良人》的时候也参与了剧本创作吗？

五　百：对，参与了。就是没有做太多的改动，尊重原著。

记　者：对题材有倾向吗？

五　百：有。就是别人不愿意做的我来做。因为中国剧的类型太少了，太初级，大家扎堆扎得太严重了，你看《心理罪》当时没人做，谁想做那种题材呢，是个费力不讨好的题材。但是我比较喜欢。《不良人》是我觉得中国的漫改没人弄，那我改。

记　者：接下来的规划是什么？

五　百：我个人没啥规划，我对影视的情怀会比别人差一点点，就是说，我把影视会看得比较清醒，至少不会犯浑，像某些人说这事儿我要是不干的话，这辈子可能会遗憾。我不会，我随时随地都可以放弃一个项目。你把你的心放大后，在表达上，任何一个题材都可以表达，不是非得用某个形式才能表达，非那个形式不可。举个例子，中国有比较严格的审查制度，伊朗也有，伊朗的审查制度更严，那人家拍的片子依然深刻。在一个规定的范围里跳舞这是一个很正常的事儿，别把它想成不正常。那些埋怨由于审查制度导致做不出好作品的行为，是无能的表现。

记　　者：请您给新人导演提点建议。

五　　百：多交朋友吧。多见人，多聊天。多讲故事，多想故事，不要有依赖感。

记　　者：依赖感指的是?

五　　百：比如前期依赖编剧，制作依赖制片，后期依赖剪辑，作为一个导演一定要知道，这些事儿都是你的事儿。如果不会，就去学。

记　　者：但是有些导演的性格就是很内向，很封闭。

五　　百：那简单，那就不要做导演了。上帝是公平的，他会赐予每一个人一个闪光点，三十岁之前就要找到它，真想做导演的人，比如现在到三十了，你还没有作品说别人看完后觉得挺好的，那就要好好考虑下是否合适的问题了。除非是转行过来的，比如说三十五岁刚开始进入这个行业，这是例外。但是如果从二十岁开始就想做导演，到三十岁了，还没有成绩，那就考虑下自己的闪光点是不是用错地方了。

史航

作品：话剧《我爱XXX》《陪我看电视》《空中花园谋杀案》等；电视剧《雷雨》《铁齿铜牙纪晓岚Ⅰ》《铁齿铜牙纪晓岚Ⅲ》等。

简介：编剧、策划人、网络红人。中央戏剧学院教师。1992年毕业于中央戏剧学院戏剧文学系本科。1993年开始从事编剧创作。

记　者：现在有很多热爱编剧工作的年轻人，却不知道如何选择未来的发展方向。您当初是如何选择编剧这个行业的？

史　航：倒是没有特意选择编剧这个行业，而是在高考的时候，考入了中央戏剧学院。因为我数学成绩特别差，艺术院校不考虑数学的分数，所以为了能上大学，考的戏剧学院。毕业后，1992年留校在中戏图书馆工作。1993年我的同班同学接到了一部戏，正值他要前往非洲，所以我有了这样一个接替的机会。当时没有人找我来写戏，大家都觉得我是一个书呆子。我接手的这个工作是一个三十集的古装电视连续剧。这是我的第一次，每集一千元，我一共写了十八集，赚了一万八千元。收入还是很可观的，当时我用这笔钱买了一台电脑——386！之后接活儿就是用电脑打字，而非手写了。

记　者：那个时候接戏有什么选择性吗？

史　航：我比较喜爱历史，所以这个项目也是我个人认为可以胜任的，主要是受到李敖的《北京法源寺》的影响很大。我是觉得可以胜任，个人擅长的项目才会接。

记　者：您现在的戏路也是偏爱历史题材的。

史　航：是的，很少写1949年之后的戏。

记　者：但是您参与的影视项目是包罗万象的。

史　航：对，这是迫于朋友的友情邀请，但是我主动寻求的还是古装和民国戏。这个取舍不是意识形态的考虑，1949年以前的剧作是通过阅读和想象可以完成的任务，不需要那么多实打实的生活经验。

记　者：如今三十岁出头的编剧也在写家庭伦理剧，他们也是没有经验的！

史　航：可是他们有勇气！

记　者：您家里最多的就是书。

史　航：书很杂，我在中戏给我的学生们上课的时候也会经常说，做编剧分为两种，不学无术和无术不学。不学无术不是贬义词，这是依靠直觉来进行的创作，可以写偶像剧，可以写杀人的戏。如果做不了用直觉创作的编剧，就需要无术不学！

记　者：那您觉得自己是哪种编剧呢？

史　航：我就是无术不学的编剧，我的书和书之间的差别极大，比如这本《老天桥杂技人生》，这本书对我的启发是，如果写卖艺人生活的戏，有的编剧可能会写打把式卖艺、吞火等，但是你怎么写走索、金皮彩挂外八门？阅读是有用的，而太生活化的东西小编剧尝试不了。

记　者：为什么？

史　航：没有生活积淀啊！现在是百度时代，没有什么是不知道的！其实，入手不难，判断是需要经验的。但是阅读是不需要经验的。

记　者：您为什么选择从体制内脱离出来？

史　航：很多人都是从体制内脱离出来的。2000年我的一个朋友做副制片人，做一部戏，演员进组后，发现本子很烂，请了我不署名来帮着改编，我需要时间来修改剧本，于是回中戏请假，中戏的领导也很为难，我也不想给人造成麻烦，就辞职了。

记　者：那您应该是一个向往自由的人。

史　航：确切地说，是自在，有别于自由。自由并不意味着自在。自由是与外界的关系，但是自在是和自己的关系。比如我家里的书，这么多本，你说乱吧，乱！有人会质疑，你家里这么多书搞得这么乱，你还这么不以为然？这个叫自在！

记　者：您给年轻编剧们的建议是什么？

史　航：尽量不要给别人当枪手。

田羽生

作品：电影《前任》系列；《美人鱼2》《小小的愿望》。

简介：编剧、导演。

记　者：您是如何入行的？这一路是如何走过来的？

田羽生：我中戏学习的是编剧，是戏剧影视文学系创作专业的学生。毕业之后，对电影还不是很熟悉，大家也就是想写些电视剧，因为当时电视剧很火，电影市场一般，每年就是看看几个大导演，如冯小刚导演、张艺谋导演的影片。当时都不知道宁浩是谁。那个时候给人当枪手，我的很多师哥混圈子比较早，有些资源，所以就先跟着师哥干，就是师哥发活儿给我们。比如师哥接一万块钱一集，给我们三千一集。刚毕业，最重要的是生存，对于梦想和规划都是混沌的。二十岁出头，其实没有那么明确的想法，无非就是想先在北京站住脚，生存的需求比理想的需求更多一些。这种接师哥们关照的活儿收入情况也不乐观，不靠谱的甲方很多，所以大部分东西在大纲阶段就结束了，能写到剧本的就不错了。我记得当时为了生活，还去了中央电视台下属公司的一个合作公司去做临时工。那时候电视台有很多特别节目，比如"五一特别节目""七一特别节目"或者"十一特别节目"，我们为了生活，也接这些节目的撰稿。当时遇到了两个好导演，孙吉和徐涛，他们觉得我的小团队（圣堂）还挺不错的。我的这个团队在2002年就已经组建起来了，三四个人，分工不一样。我们模仿了美剧的写作分工方式，我是倾向于做分场的，其他人各有专长。当时觉得这个形式很新颖，很高效，但同时也有弊端，这是在后来工作中发现的。

就这样开始写特别节目，2005年的时候平均下来一个月能挣一千多，刚毕业没多久，家里也补贴一些。当时有一个很大的感受是，在学校里还觉得自己挺不错的，上下几层楼的人都认识自己，觉得自己是挺响当当的，可是出来之后感觉到世界太大了，也发现了自己的不足之处，校园生活还是很单一的。

通过这些活儿，我们也认识了很多人，两位节目导演给了我们机会，把我们安排在了导演组，在现场控制一些嘉宾的走位、控制每个环节的灯光等，这和我们之前的撰稿工作就不一样了。但是在从事这段工作期间，我们也没有放弃创作，还在写一些自己想写的故事，存在那儿。

突然有一天，来了一个机会，朋友介绍说有一个很好的甲方，最近在投资电影，想要一个好故事。我们拿出来存下的剧本给了武汉华旗这家公司去看，他们看中了一个惊悚片《诡异》，然后叫上我们去开会。进会议室后，我们全员震惊了，那么大的会议室两排坐满了大佬，都在翻看PPT。有两个项目，其中一个叫《爱回家》，另一个就是我们的那个剧本。我现在还记得第一个说话的是新影联的高老师，后来我才知道那一圈人都是发行界的大佬，新影联、新干线、万达、大地等。高老师对武汉华旗的刘总说，如果你们做《爱回家》的话，那我代表新影联就不投了，如果你们要做《诡异》的话，我们入股百分之二十。然后各位大佬纷纷表态，都比较支持《诡异》。我们当时很高兴，暗喜自己的作品有可能开机了。但是会后刘总对我们说，《爱回家》已经建组了，现在发行的人对这个剧本不满意，你们能不能先帮着改一改，可能原编剧的思维没有你们活跃。我们当时很犹豫。但是刘总是老江湖，张口就给我们八万的稿费，商量如果我们今天可以答应四万现金直接拿走。我们当时的稿酬状况是完成电视剧的全剧本也就能拿到三万块钱，而这个活儿当天就领到四万块，当然我们就非常有骨气地被金钱所打倒了（笑），于是答应了刘总。兄弟们都很高兴，当天拿着四万块钱回家了。这个剧本就是《人在囧途》。

所以我真的没有进入电视剧的圈子，就直接进入了电影圈了。当时我二十六岁，觉得很幸运。后来我写了《人在囧途2》，出现了波折，因为刘总的制片团队和徐峥的团队不愿意再继续合作了。徐峥说这个故事他很喜欢，建议我和他去做，把"人在囧途"这个品牌延续下去。徐峥特别厉害，对项目贡献很大，他会把影视方面的经验告诉我们，然后我们修改后返回，他会很快运用到表演中去。后来他和刘总闹掰了，就让我很纠结，因为我很感恩刘总，但是我又觉得峥哥很专业。我的想法是刘总给了我第一滴水，我还是要感恩，要讲义气。所以《人在囧途2》就没有达成和徐峥的合作，这个片子也由于演员的问题，迟迟未能开机。因为没有徐峥、黄渤、王宝强了，这个剧本也是当时峥哥带着我们修改的，很遗憾。后来沉寂了一年多，徐峥没有版权做不了，刘总没有演员也做不了。后来峥哥把故事重新解构了，地点设置在泰国，产生了《泰囧》。这件事情对我打击很大，好不容易自己有点儿起色，现在怎么办呢？后来，刘总的公司也转行了，我又带着兄弟们开始浪迹江湖了。在这个过程中，我拿着《人在囧途2》的剧本到处找合作者，在外面开始通过朋友认识朋友。当时找到了华谊，认识了华谊的监制大军哥，最后那个项目没有成，前后忙活一年，也没有任何收入，但是还是很有收获的，为我日后积累了很多人脉资源。2012年，《泰囧》上映后，我就很郁闷了。那个时候我就在炫特区的楼下天天喝酒。有一天，一位姓史的朋友找我聊天，说自己与女友分手了，就和我聊他的情感经历，说自己一定要写一个关于前男友和前女友的故事。然后我就说，你看滕华涛导演的《失恋三十三天》火了，你说在你这个故事里面，"前任"算不算是一个话题呢？老史说，对啊，这是一个话题啊。我们就这样把人物关系给聊出来了，于是诞生了《前任攻略》的故事雏形。当时也有一些人在找我们写东西，会有一些小公司，大公司我们接触不上。

问题来了，经济陷入了困境，一年多没有收入。这时有一个赵洪亮大哥联系上了我们，大哥是北京人，很有江湖做派。请我们吃鱼头，江湖上分鱼头是有讲究的，又带我们喝茅台。喝了几杯之后感觉挺聊得来，赵总讲了一个他的故事。我说您这个故事太烂，我给您讲一个我们的故事，也就是我和老史前两天聊的前任故事。讲完之后，赵总评价了两个字"牛掰"，当时就定了。我们当时要了三十万，后来他的制片人要求打折，我说行，没问题，打个八折，二十四万。超出我们意料的是，赵总说我给他面子，他也要给我面子，然后一口价给了我五十五万（笑）。这样在2012年上半年，我们完成了《前任攻略》的剧本。

遗憾的是把剧本交给了赵总后，一直就操作不起来，组的盘子都比较一般。后来我就把我的好朋友周子健叫过来帮忙，子健接了制片人的活儿，把剧本分别给了韩庚和杜淳。同时我去找我的导演朋友，路阳、潘安子、韩延、杨庆，找了好多导演。杨庆都已经答应要拍了，但是临时被峥哥叫走了。后来我还找了陈思诚，但是他说得等他拍完《北京爱情故事》才能过来导这个戏，就这样又过去了半年，再拖下去就完了。就在这个时候，机会又来了，杜淳把这个故事给了他的经纪人刘涛，刘涛看完后很喜欢就给了中磊哥，中磊哥看完后说，谁叫田羽生啊，我来见见这个人。接着就一层层打电话过来，找到了周子健，我们当时正在一起喝酒，他挂完电话后眼神就变了。我问他咋啦，他说王中磊要见我们。我当时就震惊了，对于我们来讲，王中磊是神啊，是当时电影界最大的制片人。

见面后出乎意料的是，中磊哥没有和我们谈阵容、制片成本之类的话，他就和我们直接聊故事。这就是我接触到的第一个和我聊故事的老板，他还把他自己的故事讲出来和我们分享，还建议我们把什么地方修改成什么样。他还提议由我来试试导演。有两个理由，第一这个片子不难拍，第二我是最了解这个故事的。他对我说，要不你尝试一下，我来帮你做制片人和监制。其实我曾经想过当导演，但是感觉会在四五十岁，多积累一些经验。没想到机会就这样来了，中磊哥来支持我做了这个项目的导演。

记　者：您确实很会讲故事，现在有很多人从事的是编剧工作，但是目标就是要做导演，为此要做什么努力呢？

田羽生：不是每个编剧都能做导演的，是否合适要看性格。导演很重要的点是表达和审美，这是很重要的。如果是一个会表达的编剧，那么就具备了做导演的基础。但是只会写东西，和人交流起来很难，带动不了团队是不行的。我在2002年成立圣堂工作室，开始带领团队。我比较擅长把大家的理念统一到一起，每个人看完剧本的反应点是不一样的，剧组里的工作人员脑子里是不同的片子。作为导演来讲，要把剧组里面每个人脑海里的优质画面整理到一起，再给大家统一成一个片子，这里最重要的就是沟通和审美。导演不单单是要有对色彩的判断，还要有对节奏的把控，包括台词节奏、画面节奏、音乐节奏等。

记　者：所以您给这些想转行导演的编剧的建议是先审视一下自己的性格特点是吗？

田羽生：还有一个，做导演也得讲义气，让大家信服。"酒，一定要多喝。"这个是打个引号来讲，就是要让大家信任。尤其是演员，因为演员很多时候是不自信的，别看表面现象，这种自信是需要导演带来的。

记　者：您的方法是什么？

田羽生：很简单，就是交朋友，就是喝酒吃饭。

记　者：可是有些导演就是不喜欢喝酒，就是酒量不行怎么办？

田羽生：我熟悉的导演酒量都还不错。我为什么和韩庚、郑凯一些演员很熟，我们就是在一起玩儿，就是一起喝酒聊天。

记　者：李安就不能喝酒。

田羽生：那他可能不是在中国，开玩笑的。我觉得导演是需要有自己的一个特点。《小小的愿望》当天杀青后，我们几个人一起喝酒，王大陆、魏大勋、彭昱畅，其中有一个人对我说："导演，说实话，我们三个是真的不熟，是你生生把我们喝成了哥们儿。"然后那种默契就建立了，很自然。

记　者：那女导演怎么办？
田羽生：我熟悉的女导演也很喜欢喝酒。这个也许并不普遍适用，但是我的方法是这样。在拍《美人鱼2》的时候，我也和星爷学了两招，他也不经常和人喝酒。他面试演员的技巧也很有意思，他是一个和演员保持距离的导演，有些导演是这样的，我不愿意和你熟，和你熟了我弄不好。而我是这种，我是希望和演员越熟越好。星爷试戏的时候，会设定一个很简单的情节，比如蛋糕太好吃了，他会要求演员用最悲伤的表情展现出来这个蛋糕非常好吃，然后又要求演员用最开心的表情来表现这个蛋糕非常难吃。就这两个极端，中间不用试，他就能清楚地知道这个演员悲伤的极端点和欢快的极端点，就相当于试出了歌手的音域。

记　者：您用这种特殊的沟通方式的原因是什么呢？
田羽生：还是天生的性格原因，有些好的导演不是我这个性格。我喜欢的是自然，这个角色和演员越接近，就越真实。我追求电影的真实感，而追求演绎的是另外一个流派。

记　者：有人评价您的作品和年轻人的共鸣很强，这个部分您有什么经验呢?

田羽生: 那说明我还年轻。我基本上写的都是自己经历过的事情,或者是身边朋友经历过的事情。包括《人在囧途》,讲的是回家的路,过年回家我们都经历过很囧的事情。《前任攻略》系列都是大家经历过的爱情模式,分分合合,爱而不得。很多情感状态都是有共鸣的,这个就是我取材的方向。这个我在其他论坛上也说过,我现在就明白了为什么我们在学校学习的时候,老师布置的写作作业,要求都是写自己熟悉的人。因为那些才是最真实的,细节才会还原得最好。生编的东西是没有细节的,一个人只有经历过或者很熟悉的才会有细节。电影最重要的是细节,它还原真实。所以我建议刚入行的年轻人选择创作的题材一定是自己最熟悉的,比如写自己的一个朋友或者身边的人或者是最想纪念的关于自己的一段情感。不要担心题材的同类,质疑自己又是青春校园,又是和哥们儿喜欢上了同一个姑娘,这个之前都有人拍过了,太老了。不是这样的!不一样的,每一段的细节都不一样。兄弟两个喜欢上同一个女孩,就像《流星花园》里,道明寺和花泽类喜欢上了杉菜,和你和你兄弟喜欢上你们班上的翠花,那能一样吗?肯定不一样的。所以不用担心题材的重复性,只要你有自己独特的人物和细节,那就是不同的。就像讲分手的事,难道说有了《失恋三十三天》,我就不拍分手了吗?不可能。只是我拍出了我分手的内容。所以不要担心题材撞车,你看那么多青春片,如果都怕题材撞的话,就出不来《请回答1988》了。那是神片,但是它会阻止我们未来创作青春片吗?也不会。

记　者：从编剧的角度来讲，现在很多影视公司会给编剧提一些很不靠谱的意见。如果按照这种意见走，像《请回答1988》这样的剧，绝对会在剧本阶段就被否定掉了。

田羽生：人物不突出，情节不紧凑，节奏不鲜明——这些是好多影视公司或者平台都愿意提的"典型性修改意见"，这种意见就是在开玩笑。我说实话，如果《请回答1988》这个剧本放在任何一家平台或电视台一定是过不了的。他们会说，太平淡了，没有大冲突，邻里之间天天在那儿有什么意思?! 可是这个就是神剧，就是在正儿八经地还原生活，很有共鸣。你看这个剧是韩国拍的，可是我们中国人就很有共鸣。

记　者：如果编剧面对影视公司提出的这些不专业的修改意见，如何应对呢？

田羽生：换一家公司合作。如果编剧认为自己的故事是一匹千里马的时候，你就要去找伯乐，你找东郭先生是没有用的。

记　者：您刚才提到的三条不靠谱的审读意见，影视公司基本上都会提出给编剧。

田羽生：其实平台要更加修正自己，影视公司一般会把编剧写的东西传给平台，平台会反馈审读意见给影视公司，然后他们再拿着这个意见去要求编剧修改。很少影视公司敢担责任的，我不是夸我们公司，我们公司就敢。我们之前做了一部剧叫《花间提壶方大厨》，当时所有平台都不认。我和制片人说，咱们就自己投钱先拍。

拍完了片子后，爱奇艺也担心风险，给我们上了PGC，即付费点播，但是这剧火了。

记　者：因为您公司已经发展到了一个比较成熟的阶段了，而且您也有一些资金支持，可是现在的年轻编剧什么都没有，没资源、没资金、没渠道，那他们怎么办？

田羽生：就跟我当年找到了中磊哥一样，要找到属于自己的伯乐。如果看到这本书的编剧有好的故事或者有好的想法，但是其他平台或者影视公司不认可，你可以过来找我。还是有很多人都有辨识力的，宁浩、徐峥、陈思诚都是有判断力的人，不会埋没真正好的东西。所以年轻编剧，一定要想方设法地联系到一流的影视团队，他们的判断力才是准确的。

记　者："一流"公司也不是以规模来定义的吧，平台规模更大，这个"一流"应该是指的专业度是吗？

田羽生：对，但是这个很难。当我回想起我刚毕业的时候，我知道这些好的公司，但是够不着，太高了，这个渠道没人去打通。我曾经也举办了一个剧本会的活动，接到很多投稿，确实好的稿子凤毛麟角。但是建立渠道很重要，一定会有很多好的东西是我们不知道的。

记　者：您作为导演接下来的拍摄规划是怎样的？

田羽生：很多，因为我的兴趣爱好很多。我喜欢滑雪，喜欢篮球、羽毛球、足球，喜欢音乐，喜欢江湖。这些都是题材，我都在储备，后面会有很多不同类型的尝试。

记　　者：平时有什么提升自己的方法？

田羽生：生活，生活就好。我和我公司的人说，你们天天在网上看各种剧，都是人家的，而且也有好多糟粕，你不如细心去沉浸在生活里，用心去关心一下朋友、恋人、父母和同事，这个更加真实的事情能更好地帮助情感的传达。电影是传达情感的媒介，一定是要带情感的，我们生活中的情感是最丰富的。你身边的人你都不关心，去看电影干吗?! 我还有一个观点是说，你看十个片子不如一个经典影片看十遍，为什么能成为经典，是因为它给观众共鸣，又能找到属于自己的东西。比如黑帮片有很多，我就愿意把《教父》拿出来反复看，你说这个片子讲的是黑帮吗，其实不单单是，它讲的也是家庭。

记　　者：您的发展历程中有没有低谷？

田羽生：我觉得最低谷的阶段是《前任1》到《前任2》结束。当时有一段瓜葛，《前任1》上映的时候本来定档在2014年的情人节，万达当时上映《北京爱情故事》，然后商量着把情人节的档期给《北京爱情故事》，建议我们去打春节档。但是当时有一部大电影《爸爸去哪儿》，瞬间我们的排片就被这个电影抢了。当时大家的目标是两个亿，票房是一个多亿，没有达到目标。但是说实话，当时破亿了已经很不错了。这之后我就出现了一个所有导演都会出现的问题，因为上映《前任1》会听见很多外面的声音。有人说，这个片子交给我来发行的话，至少会达到更好的效果之类的话，所以当时就会遗憾。还有一方面就是所谓的专家，也会提很多意见，比如他们会说，为什么没有达到你想要达到的票房，是因为影片的结尾不是happy ending（美满结局），因为你影片最后结局是分手的。还有你缺少场面，画面的震撼不够，没有大场面这种电影的既视感。这些我都记住了，所以《前任2》就信了，大场面，欢喜结尾，也在宣传和发行上动了很多心思。虽然卖了两亿五，但是票房上依然没有达到预期。口碑也下滑了，看到很多评论说，这个系列的第一部还可以，怎么到第二部就成了一部烂片了？"烂片儿"这个称谓会给一个导演带来巨大的压力。在豆瓣上因为《前任2》的影响拉低了《前任1》的评分，在第二部出来之前，第一部达到了七分，第二部上映后降到很低。那是我的低谷阶段，虽然大家和我聊票房，避忌口碑问题，但是我心里很清楚，第二部为什么没有达到预期效果，是因为我更加在乎了场面上的东西，而忽略了剧作本身。我急于想证明自己，但是《前任3》又找不到写作的点。当时创作第三部的时候，闭关了很多次，换了好几波编剧，都达不到我的要求。资本压力也来了，中磊哥找我说，你得拍戏啊，公司还指望你们赚钱呢。之后就有了第三部，大家还是很喜欢的，所以我还是挺适合拍摄现实感强的东西。第二部好像一个童话，我觉得生活不童话，还是现实感适合我。

记　　者：这种压力具体表现在哪儿？您是如何扛下来的？

田羽生：我当时就是怀疑我的创作力是否终结了。那一年又喝了一年的酒，重新沉下来去生活，去谈恋爱，去玩儿，去和兄弟们聊天和沟通。这也是想和年轻的创作者分享的，不要怕自己没有东西，生活中到处都是素材，就看你能不能抓到，不要去钻牛角尖。你要琢磨，我妈妈最近心情不好是为什么？是和我爸吵架了，还是到更年期了？我来查查更年期是怎么回事，然后你就会关心一个老年危机问题。而不是说你关注导演这个职业本身，拼命地补习导演技巧。导演没有技巧，要沉下心来关心生活，这个是关键，要关心情感维度上的东西。

记　者：工作室为什么叫圣堂？
田羽生：因为日本有一个漫画叫《圣堂教父》，讲两个年轻人立志改变日本现状的故事，一个走黑道，一个走白道，让日本变得更好，那个漫画真的很热血。《火影忍者》等我们都喜欢，我们是漫画初代的一批人，我们喜欢这种热血东西里的情谊。

刘家成

作品：电视剧《芝麻胡同》《情满四合院》《铁齿铜牙纪晓岚》等。

简介：导演。北京电视艺术家协会副主席，北京市新联会副会长。

记　者：您早年是京剧演员出身，是什么机缘进入影视圈的呢？

刘家成：我步入影视圈比较早，那会儿还不是奔着影视圈去的，就是单纯喜欢文艺。我是半路出家到了北京京剧院当京剧演员。那时候看到台上演员的卖力演出、台下观众的热情鼓励，就开始梦想自己有一天也能享受这种荣誉。但理想和现实是有差距的，直到有一天，我突然发现台上的演员比台下的观众还多，之前的追求和目标都不清晰了，也没有明确的方向了。就在这个时候，1984年底，有个电影剧组到我们京剧院请求协助，想挑几个年轻的演员协同拍摄，我当时就去了。

到了电影剧组之后，突然间觉得什么都是新鲜的。当时对于我们这些年轻人，最大的刺激是，一天给我们（演员）的薪资是三四十块钱，相当于我当时一个月的工资。当然不光是钱的诱惑，剧组里还有充分发挥的空间和想学的东西。我那会儿是跟李连杰拍武打戏，那时候李连杰刚红。刘家良导演就觉得我这个小孩儿特别努力，有他需要的东西。协拍后他对我说，过了年，你就来桂林找我们剧组正式签约吧，也是那个时候我才知道什么叫合同。那是我的第一部戏，签了三个月的劳务合同。

我当时十九岁，还年轻，现在回过头来想自己当年那种拼劲，现在可是没有了。当时也没有现在这种通信条件，没有手机之类的，就联系不上刘家良导演的剧组了。他们住在哪个宾馆都不知道，只知道剧组在桂林。我跟京剧院的一个朋友，居然说走就走。当时想着，在桂林那么大一个戏，还有当时正红的李连杰，还有导演刘家良那些人，肯定能找到。于是，我们俩就只带着往返的路费坐上了火车。结果到了桂林俩人就傻了，才知道桂林居然那么大，而且没有人知道这个剧组。我们找了当地文化局和侨办都说不知道。从早上六点到晚上，找了一整天，最后真的失望了，连第二天吃东西的钱都没有了。当时我俩下定决心找到十点，不行明天就回家。那时候不甘心啊，然后奇迹就发生了，就在那一瞬间，我下意识地感觉对面的楼顶上有人在晃，特别像剧组的人，但实际上不是。我们扛着行李走到了那座大楼的大厅问，有没有剧组的人在这儿，人家说"有!"，别提我们当时有多激动了。导演跟几个主演住在那个酒店，一看见我俩那么老远赶过来，导演也特别激动地说，赶紧给他们开房间。就这么突然地找到了剧组，然后就从那儿开始，一步一步发展起来了。

我当时在剧组里也特别努力。因为看到了希望，被别人认可了。从那儿开始，我就陆续地被人认可，回来就开始有人找我拍戏了。那时不像现在年轻人有那么多机会，可能是一年就一次或一年半才有一次。但是心野了，收不回来了，在京剧院舞台上就不安心了。后来断断续续找我拍戏的人越来越多，一直到1987年底，有一个剧组非让我去，团领导找我谈话，说有一个出国的机会，要去英国三个月。那会儿对京剧院来说，这是天大的好事儿。出一次国，演出三个月，按当时的眼光来看，回来之后的荣耀可能是你一生都奋斗不来的。从实际上来说，可以买三大件——彩电、冰箱、洗衣机，那会儿十年也挣不来，而且还要指标的。团长就直接说，你要不就拍戏，要不就辞职。我选择了辞职。1987年底，我从北京京剧院辞职后就正式变成了自由职业者。

记　者：那时候选择辞职还是很勇敢的。

刘家成：确实，辞职后医保都没有了。辞职一年以后，我还跟我在京剧院最好的朋友说，你看看我，什么都没了。他是在我离开以后，就分得一套两居室。那会儿两居室，简直就不能想。但是我觉得那不是我要走的路，因为我看不到希望。又过了五六年，一直到几十年过去，我那个朋友还在两居室里住，但我已经可以买很多个两居室了。所以说，年轻人的目光一定要远。不是说我离开就对了，但是有些东西是应该坚守的。对你自己发展最有好处、最有奋斗价值的、最能看到希望的就是你要坚持的。

记　者：其实对于现在很多体制内的人来说，辞职都很难，所以当时您作这个决定的时候，有压力吗？包括家人有没有意见？

刘家成：当时主要支持我的是我的夫人。当时我俩还没结婚，我们就在家楼下，一个药铺门口，晚上有点亮光，整整的一晚上，就谈这事儿。当时也是背着家人躲出去聊的。因为长辈永远劝你要保险，如果要听他们的意见，那我可能还在体制内的。我夫人能理解我，我们就在灯下，有争论、有沟通，也有展望，一直聊，讨论辞职还是不辞。我给她讲述了我在剧团的发展，然后推测我们将来的生活，现在有多少朋友能认可和帮助我，我们应该往哪个方向发展，等等。反复探讨，待到我们两个看见了东方有日出的那一缕光的时候，下定了辞职的决心。关键是我夫人她给了我力量，我们统一了意见，坚定了。后来我就辞职离开了。

记　者：那当时您有没有清晰地规划，比如说十年之后自己什么样，二十年之后又是什么样？

刘家成：没有清晰地规划。因为我1987年辞职的时候就已经开始有剧组找我干活儿了。觉得自己资源不会断，不会说两年就失业了，另外觉得自己有一个方向了。当时两条路，一个就是做演员，因为我演过，觉得自己还行。我学的武生，有功底，还有形体上的优势，会很多动作。当时刘家良导演说如果你发展好的话，应该做武戏导演，武术指导，一直到导演。那个时候我在戏里特别玩儿命，别人不敢做的动作我都敢做，就是想得到导演认可，要让所有人认可。就这么一个目的，特别往前冲。导演也特别喜欢，他就跟我交心说你应该学我，他会讲他的经历，一步一步从最底层，从跑龙套，从演一具死尸开始，不放过一个机会。当时觉得自己的发展，一个是台前，一个是幕后，两条路都可以走。所以当时没有那么清晰，说我一定要达到什么样的位置。

但是我当时也有着所有年轻人都会有的梦，想象着十年、二十年以后，能开一辆属于自己的私家车。经过这么多年，我们几个朋友坐在一起聊天，过去认为不可能实现的梦都实现了。当然这中间经历过太多的波折，耗费了太多太多的精力。

记　者：那个年代的香港演员其实是很拼的。在剧组里，您也展现了那种"拼"的状态，您觉得现在剧组里青年演员和年轻的从业者还具备这种拼搏状态吗？

刘家成：不具备了，差了很多。我理解的就是机会太多了，就不珍惜了。我们那会儿机会不像现在，那时候可能半年没人找你。七八个月没有戏拍，太正常了，因为那会儿戏太少了。机会本身就少，怎么能轮到你？要想出头，就要全力以赴。你说香港演员拍戏很拼了，我比他们还拼。导演为什么喜欢我？当时李连杰的一个对手戏设计完动作，要求一个演员落水，演了一遍两遍都演不好。我当时正在船舱下迷迷糊糊地休息，听到刘家良导演找我，然后让我换衣服，说你跟小杰怎么样演，最后一个动作怎样落水。当时我就愣了，因为我不会游泳。不会游泳对于一个演员来说可能很正常，直接跟导演说我不会游泳不就完了吗？但当时我非常好强，不能说我不会。另外不能让导演尴尬，我就跟两个好朋友说等下看着我点儿，有事儿照顾下。幸运的是我很好地完成了导演要求的动作。也不知道自己怎么扑腾上来的，只记得非常狼狈地就从水里上来了。但是导演他只看你完成得怎么样。上来之后，刚把衣服弄干，导演又说，这边还有一个落水的动作也让家成来。然后我就第二次下水了，这一次就不那么幸运了，差点儿被淹死，是朋友们把我弄上来的。这个戏后，刘家良导演还经常来找我询问有没有时间接他的戏。

这种认可是用什么换来的？就是拼。你拼，我比你还拼！你努力，我比你还努力！我们只有做得比人家更好，比人家还玩儿命，别人才能认可你。现在回想起来，我年轻时是这么过来的，我有时候都挺佩服自己的。就导演的一句话，我能够从甘肃的张掖，站票挤上车，当时座位底下和厕所都挤满了人，就这样一直站着挤到郑州。包括我夫人现在也会讲给我儿子听，说你爸受的苦，你都没受过。她就总给我儿子讲我坐火车那一段。当时觉得你可能今天不到，机会就失去了，就不想耽误这一天。回想起年轻时吃的苦，就是那股劲儿一直在那儿顶着你前进。就想我要成，我一定要成。成什么样不知道，反正就知道我要与众不同。因为你眼前会有无数个目标，看到的目标你就想我要达到它，要超越它。

记　　者：这种经历会不会对您现在选择演员的标准有一定的影响？您的戏里面好像很少有流量明星，更多的是老戏骨。

刘家成：是不是有影响，我自己也没总结过，可能是潜移默化地有影响。但是也没有刻意去排斥流量明星。我选角的时候就是根据角色来选。剧本出来，我脑子里已经开始有方向了，但不会具体到每一个人。我会有一个方向，知道这个角色要找什么类型的演员。我会划分，划分详细之后跟出品方、执行导演和演员统筹聊。聊完之后，就按照设定，可能每个角色圈定十个人，再看演员有没有兴趣和档期。经过这个环节可能就剩下四五个备选了，剩下就是看态度跟缘分，因为态度特别重要。如果说我这个角色是恰巧适合，我从不排斥他是不是小鲜肉或者流量明星。目前只是没有合适的剧，我现在的戏基本都是适合年纪偏大的一些演员。如果说这个戏本身角色需求是十八九岁，流量明星也会考虑。

记　　者：您之前大概做了几年的演员？怎么突然间又转行去做导演了？

刘家成：一直到1997年，大概做了十年演员。后来发现自己不是这块料，演的跟自己想的不太一样。因为不是演员专科出身，还是有一定的限制的。而且我一直演到了男一号，一路走来对自己还有不满意。因为我有动作的基础，后来就先做了动作指导、动作导演，开始向导演的工作倾斜了。时间越长，对幕后越来越感兴趣。于是开始两条腿走路，边拍戏边做导演。到1997年底，机会来了，当时接了一部剧，自己写了一个剧本，被文化部音像出版社看上了。那会儿都讲的是单本剧，就两集，那个剧写得还挺好，编剧是我，主演是我，然后投资方就说，你干吗不自己导？我说我不敢，当时对导演就觉得很敬畏，觉得导演应当是一个神圣的职业，高不可攀的职业。后来他们帮我找了一位导演，我们俩把剧本又顺一遍。等到一拍摄，我就大失所望，觉得这哥们儿远不如我。那部戏拍完以后，我就开始树立信心，观察发现有些导演拍的可能真的不如我。后来，我一个好朋友说有一个古装剧，他写了一个剧本想拍出来，让我有好导演帮忙推荐一个。我就自荐了，说你瞎找什么，现成的就在这儿摆着，你居然不用，还让我给你找。他说我真没有想过。他想了大概有两天，就给我来电话说咱俩去趟南京。我当时没抱太大希望，有一搭没一搭就去了南京。之后见到投资方的老板，对方一看导演这么年轻，有点儿不放心，就聊了一次，感觉还行，然后就决定回北京筹备，那是在1997年年底，那个时候胆儿也比较大。那部戏是《侯门浪子》，就是郭涛第一次演喜剧，是一部带有喜剧色彩的古装剧。从那儿才一步一步开始，决定要走导演这条路。就这样一个一个台阶迈上去，自己觉得倒也还行，各方面的好评也都有。但没想到那也是一个劫，拍完那部剧之后，就有了我人生历程中最长的一次失业，一共一年零八个月，没有戏拍了。一年零八个月！当时内心太煎熬了，放弃不放弃都想过，也在思考是不是再找另外一个职业养活自己。

记　者：那时候您会有经济压力吗？

刘家成：可能没有那么大压力，但也有。虽然挣了一些钱，但钱是有数的。而且那会儿年轻又敢花，上有老下有小，肯定是有压力。后来总结，就是第一次当导演，投资人没人认你这个新人，你只有一个作品，这作品那会儿压了半年多才播。原来请你去演戏的人，知道你已经当导演了觉得请不动你了，可能就不找你了。过了半年多，我就慌了，把所有朋友都找到，所有的电话都打遍了，还是没有戏。第一次给我投资的那朋友，到今天我都很感谢他，因为我那阵子就骚扰他，半个月找他一趟发泄地聊。我也想过其实我还可以再去做武术指导之类的，但不知道为什么，自己就觉得可能放不下来了，毕竟已经独立导过戏了。就这样，一年零八个月，将近两年，那段经历让我知道有些时候必须要忍。那段时间在家实在没事做，就租录像带看。哪个片子好，有人推荐的就都看看，但更多的是无聊、焦躁和茫然。这条路怎么走下去？那个是我在事业当中的一个坎儿。后来有一天我跟我夫人带着我丈母娘去给一个老师拜年，到楼下，我在车上接了一个电话，瞬间我觉得好像看到了亮光，很激动，但对方也没说得很实。他说他有个大剧要拍，觉得我拍戏的风格很像这部戏的风格。我说什么戏啊？他说，叫《铁齿铜牙纪晓岚》。这时突然间觉得等了这么长时间，一个馅饼就掉下来了。

你知道我当时那种心情，去一个剧组会是什么样？那时三十多岁，这么年轻一个导演，你用什么来得到别人的信服？而且那个组张国立、张铁林两位都做过导演，人家为什么要认可你这么年轻的导演？怎么办？就是凭着敬业，凭着别人不可能跟你拼的条件。这么多年也有经验的积累，拿出你成熟的东西给他们看。我们拍的那会儿有四个单元，拍到第三个单元的时候，他们问了我一个第一单元的问题，我能讲得很清楚，因为已经把剧本深深装到脑子里了。后来他们就说，这小伙子可以。从对我能力的质疑到对我的认可再到完全信任，这个过程是拼出来的。那个时候每天平均睡眠四个小时，三个月，拍了九十天就这么过来的，就是扎在剧本里。第一天王刚就说，你给我一个不一样的感觉。他说他已经很多年没见过导演写导演阐述了。我就把我的导演阐述，包括对于服化道、摄影、灯光、演员的所有要求，自己手写，复印后分发人手一份。王刚说，"我还没看内容已经很感动了，这么多年没接到过导演阐述"。那个戏对我自己的影响很大，我觉得自此开始真正走向导演之路，是正式的第一步。从那开始，《铁齿铜牙纪晓岚》连着拍了三部，2000年第一部，

2002年第二部，2004年第三部。《铁齿铜牙纪晓岚》第一部中途已经被人认可了，后边就是戏已经不断了，就这样一步一步走下来了。

第二个起步是从《高地》开始，我觉得不能再拍那种导演风格不强烈的戏了，之前更多可能是体现了剧本风格，还体现了演员的状态，因为当时演员正红，所以那会儿我接受采访的时候，很多人会说没想到您那么年轻，您太低调了。其实不是低调，就是因为当时演员的锋芒太外露了，你的光被别人遮住了。后来就这样做了一些好戏，但可能没有被人关注，这都很正常。从《高地》开始就是想抛开一些模式化东西，有更多展现和发挥的空间。《高地》后，拍《高粱红了》，之后又有好多军旅剧找我，我一看就给推了，说不拍了，不想再重复，那时候那两个军旅剧，特别是《高粱红了》在央视播得特别好。后来我就开始往生活剧的方向走。那个是我开始走向自我的一步，也开始展现自己的风格，施展自己的才能和技巧。其实有时候脱离剧本的禁锢，你会发现手脚会越来越放得开。再到了《傻春》这些所谓的京味剧以后，就更得心应手了。《情满四合院》《正阳门下》《正阳门下小女人》……这一系列都开始了。

但我觉得"京剧"旗手这个大旗是别人给我扛起来的，我也不能永远扛着。一个是给别人机会，另外因为我接触过太多的剧，生活剧、军旅剧，等等。近两年不会再拍京味儿剧了，我也推了好多，想换换路子。一个导演不可能就在那一块地耕耘，我会对自己有所要求。毕竟同一种题材，很多会有重复，你会觉得没有新鲜感。最近接了一个剧，六月份开机，是湖南卫视的一部剧。它的电影版大家肯定都看过，就是《滚蛋吧！肿瘤君》，我们要拍的是电视剧版。还挺有新意的，人物很丰满，故事展现得也不离谱。我一看这个，就觉得能打动很多人，关注度也挺高的。这次剧版也有一些新的想法和表现手法。大家之前可能看我的京味儿剧太多了，实际上我在六七年前也拍了一部当时在"八〇后"群体里特火的剧叫《离婚潜规则》。当时用的演员，包括白百合、贾乃亮、郑凯那会儿都还没火。我们刚停机，白百合的《失恋三十三天》就大火了。实际上《离婚潜规则》是浙江影视集团那几年最赚钱的一部剧，也是性价比最高的，投了三千万，卖了一个亿。在那几年就卖成那样，已经很好了。

记　者：您之前边做导演也在《情满四合院》那部剧兼做了制片人，您觉得做制片人相对于您导演的角色有什么不同？

刘家成：就是你的话语权更大了，缺点就是累，优点就是你也能省心，免除了很多沟通和磨合的代价。自己跟自己商量就行了。因为从资方来说，特别是一些小公司也有它的优点，就是它不会管太多，都交给导演和制片来主导，只要不超支基本上可以完全自己来操控。到《芝麻胡同》，我是第二次做制片人，基于他们对我的信任，加上新丽传媒的曹总是一个很大气的人，即便预算超了一点也很支持。这样就能减少很多沟通的成本，但确实很累，因为操的心多了。这也不是我最理想的一种工作方式。我最理想的就是还回归到我的导演创作上，不受任何干扰。

这两个戏我都不后悔，它是最好的结果，最好的方式。

《情满四合院》投资额太小了，做的事又比较大，如果我不做制片人那可能就做不下去了。做制片要有担当，直接的感情沟通很重要，很多合作过的人也都认我，真的遇到了难题，比如中途有一段资金支持不行，还得帮我拉投资去。资金出问题演员也要降价，我又不舍得把这戏停了，就跟他们说，咱们已经建组了，资金确实遇到一些问题，我不希望它停。我的真诚和这么多年大家对我的信任，才能把这么多人聚集到一起，完成这么一个不可能完成的项目。所以那次不做制片人是不可能的。到了《芝麻胡同》的时候是因为难度太大了，再找一个别的制片人，除非跟你特别地交心，才有可能完成。因为搭景就出现了太多问题，《芝麻胡同》的实景搭了一万六千多平方米，那么大的棚都很难找到。在房山，拍完停机以后，看着大铲车把实景铲掉，心疼得不行。

记　　者：为什么当时没找影视基地搭景？

刘家成：主要是影视基地没有这么大的地儿。它最大可能就八千或者一万平方米的棚。而且那一万平方米的棚都被别人预定可能排到明年去了，剩下都是三千或者五千平方米左右。我跟美术说最好能找一万八或者两万平方米左右的。因为我们整个芝麻胡同都是搭的，四合院包括里面的酱菜园子全是实景搭建的，而且搭的质感非常好，很多人都说是电影的品质。因为前期工作没做很细致，在选址上出现了一些问题，搭景处是违章的，但为了支持这部戏，房山区政府还是等我们戏拍完之后再拆的。实际上，搭景的时候计划是要留下来，方便以后大家来拍摄，当时盖了有三个月，太可惜了。因为《情满四合院》有一个四合院在昌平，他们跟我们资方都有协议，别的剧组来拍摄都能分给他一部分费用。那个院子留住了，《芝麻胡同》这个景没留住。所以说，一部剧的大事小情都得需要制片人去承担和解决。

记　　者：《情满四合院》其实也拍了很久，也是有一些投资问题？

刘家成：那两年实际上我觉得是资本最混乱的时候。这个戏原来剧本一出来，很多大公司盯着就抢，等到剧本完成了，要做的公司就全撤了。撤的原因就是市场风向变了，市场特别喜欢玄幻剧，大家纷纷说《情满四合院》这个剧不是市场要的东西，纷纷撤了。撤了以后我们又等了一年，有一家比较小的公司，但他们特别真诚，一直追着我要这个剧本。因为这个剧本的创意是我的，我跟编剧合作也特别好，他也比较听我的。我就建议他把版权卖给这个公司，虽然是小公司，但是人家钱也基本都到位了，人也都挺好，就交给他们了。后来确实要建组了，我一直在叮嘱公司负责人说资金千万不能出问题，他都保证了。但等到真正建组时，他只准备了一半资金，另一半资金怎么弄？就在这种突发的情况下，身为导演的我又不能叫停，这确实是一个好戏，于是我们就开始各方面一块儿分头找投资，尽量把这一半给补上，同时又压低各方面的预算，反正这个戏做得很艰难。后来有一家基金进入，起码能维持运转了。这部戏最后也是名利双收，公司盈利起码是翻了一倍。《情满四合院》最大的一个价值是，从这部剧开始，网络上这种现实主义题材的戏，价格一下就涨了很多。原来是因为价格太低没法做、不敢做，因为《情满四合院》的热播，市场打开了。

记　　者：《情满四合院》的资金没到位就已经建组开拍了，那个时候您有压力吗？

刘家成：太有了。明天是什么样不知道，但是压力只能自己扛。那时候只有我跟投资方老板知道，还得封锁消息，因为他直到建组那天都不说有资金缺口，还信誓旦旦地承诺没问题。后来，他不得不跟我说出了一些问题，我当时嘴上威胁他说，一旦出事是你的损失。实际上我搭了那么大的人情，找了那么多好演员，把剧本调整得这么好，包括设计得也非常好，很多都弄好了，出了问题怎么办？后来，这个问题实际就无形当中变成我的事儿了。跟一些大公司也没谈成，后来他们说有一个基金要进来接不接，我说只要资金能够赶紧到位就接。然后基金的老板见了我，觉得这导演比较靠谱，不是一个草台班子，不是那种黑人钱的，是想做事的，现在遇到难处了，他们就果断进入。进入之后我跟资方说，演员没有责任去帮你分担这个压力，就让他们踏踏实实地拍戏，先考虑不透露这个事情。所以第二天到现场，我该怎么着还得怎么着，实际上内心压力很大，极其纠结。最后快停机了，我才跟郝蕾和何冰聊这事儿，他们才知道我这边顶着那么大压力。你必须扛，当时我就有一个信念，怎么都得扛，砸锅卖铁自己出钱都得扛下来。因为我看见它的前景是什么样的，明摆着能成的事，我们就这么撂下了，这是最大的失败。所以当时我一个导演第一次跟人家各种联络，把朋友都动员起来亲自找投资方。

记　者：导演其实很不喜欢和资本打交道？

刘家成：对。资本太复杂了，资金的回报等问题不太了解。但是没办法，就这样我开始接触很多的投资方，见了很多的投资人，也挺好，也是一种历练，包括对市场和资本也有了一定的了解。

记　者：其实做导演有时候也身不由己，会受到平台或者资本的影响。导演可能都会面临这样一个处境，就是进组了，开拍一半结果资金链断了，只能一边拍摄一边想辙，这可能是几乎每一个导演都要准备面对的情况。

刘家成：怎么说呢？资方可能有时候找的会是那些不负责任的导演，你说停了就停了，包括其实有一些资方也挺不靠谱的。最幸运的是碰到负责任的导演了，有责任心的导演，可能不是自己的事儿，也给揽到自己身上来。为什么？因为对这个作品太珍惜了，就觉得放不下。但有的时候这种导演太多了，对资方也不见得是好事儿。

记　者：现在的市场环境影响下，影视公司可能更关注一些很商业化的戏，有一些商业化的产品，包括那个时候比较火的玄幻和现在很多IP剧。

刘家成：市场浮躁，大家都跟着浮躁。我这么多年为什么弄《情满四合院》有底气？我挨着个儿跟他们都讲过，他们也认可和关注我们一路走来的剧，我拍《情满四合院》的时候市场已经不好了，《傻春》是我第一部京味儿剧。从《傻春》之后的许多年，这部剧的出品方在介绍公司项目时只提一部剧，就是《傻春》。你会看到那个作品有时候是违背市场规律的。作品有生命，关键是看眼光。因为有了《傻春》，才有了第二部京味儿剧《正阳门下》，找亚文演的，然后又火了。我说的火，它是既有社会效益，经济效益也是翻倍的。你比如我们投了五千万，都是卖了八千万或者一个亿的。

所以并不是说你拍这种具有情怀的剧就没市场。我可以说，此时此刻我的邮箱里有不下八到十个这种剧本，而且是比较成熟的。实际上一路走来，大家看到你所有的作品都是赚钱的，是电视台认可的，知道你不会放低要求，起码不差。

记　　者：您现在接戏大概是什么节奏？

刘家成：一年一部。这个节奏对我来说正合适。还能留出一点时间来，放松一下，能够参加一些社会活动。有的导演可能一年拍三部，一年拍两部，可能只是挂名或者找执行导演来拍，但我决不做这种事。你自己树的牌子，不要轻易去破坏。就像那句话说，要爱惜羽毛，首先您得是个鹰，不能是个鸡毛掸子。所以到今天很多跟我合作过的朋友都知道，我什么都好聊，就是剧本不好聊。我并没有一定要说我这个剧在市场卖多少钱，更重要的是这个戏一定要能打动大多数观众。因为电视它是一个大众文化，我希望所有人都能知道。你怀着这个目的，找到了目标，至于最后哪些年龄段更偏重，那是另外一回事。我挑剧本会要求比较高，有可能明天签约的项目，最后一刻有更好的剧本进来，我也都可能会拒绝签约，因为好剧本对我来说是不能拒绝的。但是一旦这个项目确定了，再好的事都诱惑不到我，我会全身心投入到这一件事上。

记　者：看您之前很少接触网络剧，如果说有好的网络剧的本子会做吗？

刘家成：还是要看剧本，现在三家网络平台我都有接触了，也都有过合作的意愿。关键看内容是否成熟，因为我现在可能没有这么多精力从头来弄，你拿出一个比较具体的项目，我肯定从头跟。

记　者：可能现在坚守内容对像您这样优秀的导演来说是非常关键的。有好多导演就因为不坚守内容，然后被资本裹挟。

刘家成：一来是我的兴趣不在那儿，另外还要感谢我的夫人。因为可能有的资方会说导演我们帮你成立一个公司，一年会带来多少收益之类的合作。她听见后，跟我说千万不做这事，咱们够吃够喝行了，她永远是这种要求。裹挟的原因是什么？就是为了完成业绩，对吧？为了完成对赌协议肯定就会被裹挟的。我给自己目标定的是一年一部戏。它是一个我觉得目前最佳的艺术创作状态。包括一些大公司到我这儿来，我都拒绝了，我觉得这样挺好。有项目自己作决定，谁也决定不了我。

记　者：您对现在新人导演或者说导演专业刚毕业的新人有什么建议和期许呢？

刘家成： 建议跟期许其实我天天在说，因为连我儿子都做导演了，而且刚刚起步。他刚起步就做了一部非常好的电影，拿了一个大奖。一个二十七岁的孩子，比我当时起步都早，拍了一个央视的农村剧，叫《温暖的土地》，描写新农村故事，特别写实。我天天跟他说，就记住一点——坚持，别浮躁。一个坚持，一个坚守，这个对你们年轻人来说是最缺失的。因为现在你们的机会比我们多多了，就不知道珍惜了。不知道珍惜，最终你的发展就是有限的。你要想无限地走下去，你就得一坚持，二坚守。坚持的基础上还有一个就是要耐得住寂寞。有时候到了创作的深层阶段，你会觉得很孤独。我儿子第一次拿奖让我去颁奖，我在台上就跟他说，你记住，创作之路是很孤独的，你能不能坚守住自己的这种风格就格外重要。

别跟风，但也不能盲目自信。要精准地判断，然后坚守自己的初心，别受干扰。我这一路走下来，感受最多的就是坚持，在别人怀疑的目光中成长。你认为自己是对的就一定要坚持到最后。我拍戏的时候也没刻意带导演，更多是无意当中影响他们，我的副导演、执行导演已经有五六个都独立导戏了。而且连我的生活助理，都导了网剧。他们总讲，你身边怎么老换人，我说，我培养出来人，人家该自己成长了。他们基本都在潜移默化中慢慢被培养，他们会在你边上学，看你怎么拍。这些人对我还是比较感恩的，他们不光学会了拍戏，还学会了为人处事和做人。在这行里，有一点我值得表扬自己，就是我至今仍然是那么真诚地热爱这个职业。在拍戏中每一个镜头我都没有偷过一次懒，几乎尽百分之九十九的努力去做好，不敢说百分之百。然后就是每部剧拍的时候我都给自己归零，想这是我的第一部剧，思考我现在还能进步到什么样。我也跟他们说过，有一天我做不到了，我就退休。

（记者：张新）

你将来的样子

刘江

作品：电视剧《老酒馆》《归去来》《咱们结婚吧》等。

简介：导演、编剧、制作人。毕业于北京电影学院88级表演系。

记　者：您是北电表演系毕业的，从您毕业到执导第一部电视剧当中经过了挺长的一段时间，您为什么最后会选择走上导演这条路？

刘　江：我觉得它不是简单的、偶然的，它有一种深刻的必然性。我写过一篇文章名为《一切都是最好的安排》，比较详细地回忆了我从业的历程。

记　者：有一种宿命感？

刘　江：不是宿命。就跟别人一直误解佛教是宿命一样，它不是宿命。宿命有一种消极感，"一切都是最好的安排"是一种积极的心态，是以最良好的心态来面对一切，这是不一样的。简单来说，因为我没有那么热爱表演，但是当年电影学院只有一个表演班招生，我童年的愿望其实是当作家。毕业之后虽然前途渺茫，还是决定不当演员，所以一部戏都没演过。刚毕业的时候还是个小孩，不可能想到那么坚定去走导演这条路，后来吃了些苦，终于想明白了。决定要当导演的时候，就像回家一样，跟童年的脉络接上了，接上了那个时候的作家梦，有一种如鱼得水的感觉。

所以年轻人终究要找到真正热爱的事情，这是人生最重要的，不能违心地做事。我比较有幸的是走过了很多弯路，终于找到了真实的自我，找到了真正想做的事情，这个是在世俗生活里比较幸福的一件事。

记　者：从毕业到导演，中间具体经过了多长时间，您才发现导演是最合适自己的？

刘　江：我毕业是1992年，第一次当导演是2003年。我是88级的，跟蒋雯丽、许晴是同班同学。那会儿我就知道我不适合干演员这行，我的性格非常羞涩，演戏完全没有幸福感。别人演戏都是特别高兴，特别幸福，我就是去遭罪。但是我一进入幕后创作状态就变得如鱼得水，那种幸福感就随之而来了。比如说我第一次当导演的时候，第一次坐在监视器前，很多人说这个时候会特紧张，我恰恰是获得了一种幸福感。像是老天赏饭一样，感觉我这个饭碗找准了。

记　者：这期间到底发生了什么呢？

刘　江：中间发生了很多事情。因为我那会儿才二十出头，不可能一出来就当导演。我又不是出生在导演世家，如果我的父亲是导演，我可以跟着他干副导演。表演系的孩子即便想当导演，也觉得不切实际，没敢去想这件事情。虽然前途渺茫，我却很坚定什么不能干，就是不干演员。

所以别人觉得很奇怪，那么多人挤破脑袋学四年，结果我坚决放弃这个专业。但还得谋生啊，我上学的时候是电影学院的楼道歌手，因为心情郁闷，为了排解自己的情绪，经常在楼道里唱歌。还算有天赋，音乐感还可以，别人就建议我去唱歌。当时东方歌舞团有招生，误打误撞地到那个行业里转了一圈。但是后来发现，那事儿我更干不了。唱歌作为一个排解情绪的手段可以，但是当成职业的话，比演戏还痛苦。就这样三四年过去了。就在这个时候，我下定决心，我要当导演，那时我二十五岁左右。

特别巧，1995年春节，我带着女朋友回长沙老家过年，长沙电视台正在重播《北京人在纽约》，我看得如痴如醉。当时我处在一个极度困惑的状态，我其实一直憋着，想写出一个特别能表达我自己的歌词，类似于《同桌的你》，既简单通俗又深刻，又能引起大家的共鸣。这部剧让我有了新的灵感。

记　者：那时候还往创作型歌手方向发展过一段？

刘　江：对。因为我当不了偶像歌手，想当个创作歌手。但我一直苦于无法表达自己。其实还有一件事儿挺逗，原来我不是长这样的，我是靠颜值免考进的电影学院（笑）。

我那个时候自以为对生活有了一定的理解，憋了一肚子话想通过歌词表达出来，但总觉得"词不达意"。当我看《北京人在纽约》的时候，多年没看电视剧的我，突然被影视叙事的魅力深深打动了。我当时觉得，"这就是影视的魅力"，只有这种手段才能够表达我想表达的东西，包括我对生活、对人性的理解，写歌词、唱歌是表达不了的。对我来说，仅仅谋生是不够的，我是一个必须得有表达的人。

我记得那个场景很逗，我原本坐在书桌前憋歌词，女朋友在床头看书。我突然把手中的笔一放，对我女朋友说，我不写歌了，我要当导演！我说完这句话，如释重负，觉得身上的千斤重担一下子卸掉了。当时一直顶着巨大的压力，干着违心的事情，天天跟父母报喜不报忧，很多年轻人一定也正在过着这样的日子。我一直跟家里说我马上要出专辑了，要成歌星了，但是我内心很排斥这件事情，不喜欢这件事。

决定当导演之后，我给我父亲写了一封八页纸的家书，告诉他我作了一个严肃认真的决定。父母很支持我，他们完全同意我的决定。之后，我有一个自修、回炉的过程，三年基本没有出门。

记　者：在家待着吗？

刘　江：在北京租的房子里面待着。女朋友经常去拍戏，我一个人的时间更多。做笔记、看录像、拉片儿，是一个非常认真的回炉过程，让我受益到今天，包括电影审美、电影的诞生各方面的知识我都充分地吸收了。其实我是受电影教育，不是电视剧教育。因为后来干了电视剧这个行业，拍的电影比较少，只有两部。所以那个时候学到的电影史、各个流派，到现在我都如数家珍，底子打得很厚。我真正地在一个如饥似渴的、像海绵一样吸收的状态里待了整整三年。甚至我觉得比大学的学习还要厚实，因为那些课我都听过了，我只是重修而已。

我把电影书店的书都买"光"了。我们刚上大学的时候，在西四有个两层楼的电影书店，读到一半的时候，一层楼已经卖小五金了，就剩二层楼了，等我毕业之后就剩一柜台了。我最后一次去的时候，他们正在大甩卖，我把我需要的书全买了，买了好多特别珍贵的书，才一两块钱，包括有关电影导演、电影元素等各种特别有价值的读物。那几年对我的人生来说是最重要的一个时期，现在回头看，那可能是我人生中最重要的一个决定。

记　者：学三年之后，有机会做导演了吗？

刘　江：刚开始是当编剧，当导演还没有到时机。我开始写故事，也写电影，但那个时候电视剧的机会比较多。我在这期间还有过被骗的经历，本来对方答应我写好故事就让我当导演，但等我写好，大家也都觉得不错的时候，又告诉我说我不能当导演了，他们需要一个更成功的人来当导演。

记　者：那剧本给您钱了吗？

刘　江：他们扣了我一半钱。但在我完成另外一部真正的处女作之后，突然接到一个电话，他们决定把扣的钱给我，我特别感激作出这个决定的人。

　　　　我当时想，今后不能像他们那样对待年轻人，实际上是很受伤的，但我抗打击能力比较强。当然，我现在也不恨他，他有他的为难之处。

记　者：您这三年在家没有经济压力吗？焦躁吗？

刘　江：有啊。我女朋友一直在支持我、鼓励我。也经常会有争吵，也会有焦躁，好在她有时候拍戏去了见不着（笑）。

记　者：那您自己内心焦躁吗？

刘　江：还好。我觉得我一定能成！这个希望和信心始终伴随着我。我知道我的水平是什么样，我有这样的信心。而且我知道我有这样的天分，好像有个声音在告诉我一样，只要努力，就一定会有回报。

记　者：那您这三年是一直没有经济收入，还是说中间有一些？

刘　江：一直没有，写剧本才开始挣钱。

记　者：但现在很少有年轻人可以说这三年什么都不干，就在家里待着学习。

刘　江：所以我有幸碰到我的贵人，也就是我媳妇。她说，你就好好学习，什么都别管。这是可遇而不可求的，是不可复制的。其实我当时还算好，不太焦躁的原因也是因为沉浸在学习的喜悦里面。那个时候知道了什么叫像海绵一样地吸收知识，感觉我的每一分钟都是珍贵的。读了那么多书，我做了大量密密麻麻的笔记，是一个真正的学习过程，不是表演给谁看的。

记　者：接下来您开始工作了，慢慢有了一些收入？

刘　江：这个时候，另外一个贵人出现了，我大学同学也是我很好的朋友吴宏亮。我之前因为学习闭关三年，大家也不看好我转行当导演，慢慢跟同学都失去了联系，出关的时候碰上了他。写剧本总要跟一些制片方接洽，我也忘了是同学聚会还是什么场合，我们重遇了，然后开始搭档做一些项目。在这个过程中，他对我的才华有了充分的了解，这点我很幸运。他是一个很公正的人，不会丧失原则，关系好是一方面，但你有没有才华他心里很清楚。

后来，他成为韩三平的秘书，他的转折点也成为我的转折点。当然，这个时候我还是拿我的剧本去敲的门。他有了一个制片机会之后，向韩三平推荐我当导演。韩三平说，我只跟两种人合作，一种是已经功成名就的，一种是从来没拍过戏的。你是第二种，但是我只给你一次机会，你要是拍砸了就完了，这次机会就是拍《铁血青春》。

我最近惊奇地发现，它在豆瓣上的评分居然是9分。虽然评分的人很少，但是这个分数已经很高了。拍完之后很成功，韩三平非常满意。现在是很多观众看完潘粤明的《白夜追凶》回头去看的《铁血青春》。我第二部戏在豆瓣上也是9分，叫《岁月》。这部戏是因为《铁血青春》的另一个投资方华录百纳也十分认可我的作品，他们就给了我拍摄第二部作品的机会。当时我拍了二十八集，剪掉了六集，又补拍了一集，最后一共是二十三集，这二十三集到现在依然很犀利。

我第一次导戏是2003年，2005年拍了《岁月》，这两部戏让我在业内获得了名声。后来又拍了《局中局》，口碑也很好。

记　者：然后就走上了电视剧导演的路了？

刘　江：对，第一步跨出去之后，就一直延续下来了，而且业内的认可度很高。2007年我拍了电影《即日启程》，是"中影集团青年导演电影制作计划"的头一部戏，出品人也是韩三平。之后就是《媳妇的美好时代》，这个戏就获得了比较大的成功了。

记　者：当时为什么会拍《媳妇的美好时代》这个题材？

刘　江：命运使然吧。当时大家是为了制作一部温暖的作品，也没想到它的影响会这么大，包括获得了大大小小的电视剧奖项，走红非洲。

我导的两类题材大家比较认可，一个是类型剧，比如谍战、警匪；一个是生活剧。类型剧和生活剧的拍法是不一样的，在专业上有着很明确的划分，这两类我都有成功的作品。《岁月》就是一部生活剧。我在《媳妇的美好时代》的同年还拍了另外一个类型剧《黎明之前》，这两部都火了。

记　者：您的工作强度好像挺大的，一年两部作品。

刘　江：还行，那会儿年轻，拍得高兴，乐在其中就不累。

记　者：您导戏有什么题材的倾向吗？

刘　江：只要是好的、有兴趣的作品都可以拍，没有什么特别的局限。谁会想到我会拍《老酒馆》这样一个民国题材？这在我过去履历中几乎没有过。高满堂告诉我说两会期间，《老酒馆》在文艺界代表中颇受关注。

记　者：那这些事情会给您造成压力吗？

刘　江：是动力，所以我在处理每个细节的时候特别严格。

记　者：刚刚您提到几部作品都是非常成功的，《归去来》也拿了很多奖。在这些作品当中，您自己认为最成功的是哪一部？为了这部作品，您付出了哪些努力？

刘　江：这个不太好比，它们各有所长。《咱们结婚吧》创造了一个奇迹，央视和湖南卫视同播是从来没有过的，而且观众人数达到六点七亿，到现在也没有被打破，它有收视率方面的成功。《媳妇的美好时代》是得奖最多的，《黎明之前》是豆瓣评分最高的。

记　者：您在项目创作开始的时候，对它有这么高的预期吗？

刘　江：每一部戏，我首先会想象它最坏的样子，从来不会先想着一定要成功。尤其是我刚入行的时候也遇到不少挫折，不会再那么天真了，很多都是意外之喜，没有去预设过。

我自己的一个体会是，在项目上付出的努力越多，它的成绩就越好。如果过程太顺利了，反而结果不会太好。《咱们结婚吧》拍摄了五个多月，比预计的时间超了两个月，我们完成了许多充满挑战性的事情，一天可能就拍一两场戏，但大家都拍得很高兴。我还沿袭了《媳妇的美好时代》的风格，在现场鼓励演员们即兴表演，通过游戏引导大家。但这也是不可效仿的，不能鼓励其他人也用这种方法。

记　者：您在现场跟演员都是打成一片的，当年表演系的学习对您的导演工作提供了哪些帮助？

刘　江：这个问题非常关键。如果我没有学过表演，不会有这样的一种表演指导方式。我对演员太了解了，我太知道怎么样才能刺激到他们，才能激发出需要他们表达的东西。尤其是在即兴创作的导演工作中，我的优势特别大。

但是，我的新剧《老酒馆》是坚决一个字都不让改的。戏和戏不一样，包括《黎明之前》也是坚决地按照我们设计好的东西来执行，不能即兴。即兴的话，牵一发动全身，就全乱了。

我所说的即兴，也只是局部的即兴。它是在设定好的规定情境之内的即兴，不是胡来的，这非常重要。不能什么都是即兴的，那是不可能的。首先还是要有一个成熟的剧作基础，通过二度创作的发挥，让它更有魅力。有的二度创作发挥作用更大一点，有的小一点。一味地放大即兴的作用也不对，毕竟人物关系、大的事件的设计都是编剧架构好的。

记　者：您会因为太熟悉表演，所以对演员格外严格吗？

刘　江：我会更加关心他们，因为我知道演员的心理是多么地脆弱。我在现场基本上不去抠戏，只是做一些简单的指导，这是很有技术含量的一个工作。有时候越跟演员抠戏，他们就越慌。在无形中影响演员，才是最佳的做法。

记　者：您说的抠戏具体指的是什么？

刘　江：比如拍了一遍之后，演员意识到自己错了，我就不会去说他这里错了，而是说我们再来一遍。这相当于给他一个补救的机会，也保留了他的自信，第二遍他自己就全改好了。

记　者：您会像有些导演一样，实在达不到要求，亲自去和演员说要怎么改吗？

刘　江：除非是特别年轻的演员，我才会有这样的指导，指导过程还得特别有耐心。当然，一般我用的演员都是试过戏的，有基本的技术才行。有些人你越说他越错，你要让在现场的所有人觉得他们自己特别能干，你就赢了。你要让大家都觉得你这导演什么都能干，就会累死，团队的生产力也很难被激发出来，这是个人的方法问题。

记　者：这是一个情商非常高的做法。对新人导演而言，可能很难做到吧？

刘　江：对，可能得是一个比较自信的人才可以做到。内心不能有自卑感，你才会示弱。这个东西不是教会的，得是自己悟到的，是生活酿造而成的。当然也有一点就通的，说明他本身就是这块料。

记　者：观众的评价和喜好的转变会影响您的创作吗？比如很多观众越来越喜欢快节奏的内容。

刘　江：会的。其实创作是一个互动的过程，当我在电视剧播出之后，听到一些反馈，会把经验放到下一部作品的创作中去。但这是很难权衡的事情，以谁的标准来衡量快慢呢？它是相对的，不是绝对的。所以得取一个最大值，不能全都跟着评论走，还得以"我"为主。我也是观众，我不能被你们带跑了，失去了灵魂和标准也不行。难就难在这儿了，文无第一，武无第二，每个人的口味不一样，众口难调。

记　者：您的信仰对您的工作有什么影响呢？

刘　江：影响非常大。其实信仰是一种智慧，真的能帮助我渡过一些艰难的时刻。它也会对我有一些约束，比如我所传播的内容都是一些善的，是好的、积极的、正能量的东西。如果给大家带来一些困扰，就是不好的。创作者首先得是美学家。现在真的有很多戏，为了吸人眼球引起大家热议，可能是个疮疤就得揭开来看。有人把人性的肮脏变成一个所谓的文艺作品，这叫审美吗？！

这叫审丑，让人嗤之以鼻。我永远不会去拍这样的东西。《媳妇的美好时代》为什么成功，就因为它是温暖的，是审美的。

记　者：您有特别苦的时候吗？

刘　江：当然有，但是不觉得苦。刚毕业时的日子多苦啊，现在回过头来想，住八十块钱一个月的房子，老鼠结伴从床上跑过去。但是当时不觉得苦，境随心转，如果你的心境是阳光的，即便在垃圾场，你也还是阳光的。我一直是一个很乐观的人。

记　者：那您人生当中走到最低谷是什么时候？

刘　江：就是我前两年的焦虑症。前几年我母亲去世了，对我来说是一个不小的打击。刚好也是我拍完《咱们结婚吧》的电影之后，身心到了一个透支的阶段，突然间身体不行了去住院。一开始还不知道什么原因，后来知道了，其实就是焦虑症。我进入了一种惊恐模式，非常痛苦。2015、2016这两年我是非常痛苦的，其中最厉害的两个月每天要往医院跑，暗无天日，你会觉得马上就要不行了。结果在去医院的路上好一半了，进医院全好了。当初以为是心脏有问题或者身体其他部位有问题，其实哪儿都没毛病，后来才知道这是一种精神病。我为什么一直说《归去来》治好了我的焦虑症？当时看到剧本的时候，身体还很差，但是我说我一定要拍好这戏，因为《归去来》我才有决心、有动力走出来。我拍摄《归去来》期间还有一些症状，拍完之后就彻底走出来了，到拍《老酒馆》的时候，我处在一个非常好的状态。这个时期是我的一个低谷，确实是到了一个调整期。所以那两三年我很少有作品，基本上在住院。身心和年纪可能也到了一个瓶颈期了。

记　者：那是来自行业的压力还是自身的压力？

刘　江：还是来自自身的，对身体有怀疑。我有一个关系特别近的哥们儿心梗走了，这时你就老觉得自己心脏会出问题。然后惊恐发作的感觉特别像心脏病，它让你产生恐惧，释放肾上腺素。人类在遇到危险的时候会释放肾上腺素以便逃跑活命，但平常没事的时候惊恐发作了，你说难受不难受？当时还不知道是什么原因，就以为是心脏病，查了一个遍，啥事没有，最后才知道这是焦虑症。焦虑症也有躯体难受，不仅是心理上的郁闷而已。

记　者：您对新人导演有什么建议？

刘　江：我最想跟年轻人说的就是，首先你要真正热爱这个东西，你热爱它，再苦也不觉得，反而会乐在其中。其次，需要有韧性。你要做好吃苦的准备，具备这样的能力。要像竹子一样，压弯了之后还能直过来。因为这是一条充满了荆棘的道路，会吃很多苦，这些苦都是想不到的，很多人都半途而废了。拍不出好片子就放弃自己了，本来一开始还挺讲究的，后来越来越不讲究，名声就一路往下。而且心态要好，要充满希望。人生没有白走的弯路，它是充满因果关系的。你看我学习表演，谁说我浪费了？我用在导演工作中，变成了让我非常占优势的一点，我会用最恰当的方式跟演员进行沟通。我最了解他们，最会保护他们。我又学习过音乐，没有一个作曲能蒙得了我，少一个音乐节拍我都能听出来。音乐修养用到我的工作当中也非常重要，在视听语言上给我提供了很大的帮助，所以都没有白走。最后，人生阅历也很重要。摔过的跤，每次摔跤的滋味，用到作品当中，都是非常重要的财富。对一个有才华的人来说，永远不会缺钱。只要你是这块料，钱追着你来，不是你能求来的。所以，你需要把自己的羽翼变得更加丰满，真正严格要求自己，别糊弄自己。你糊弄自己就是糊弄自己的未来，真的要下苦功夫。是不是这块料很容易试出来的，一起手就知道，不可能一个处女作拍得烂到家的导演，后来竟然腾飞了。甚至通过一场戏的处理也都能看得出来，它是蒙不了人的。

（记者：霍驰）

吕行

作品：电视剧《平凡的荣耀》；网剧《无证之罪》等。

简介：导演。北京电影学院导演系博士，中国传媒大学戏剧艺术学院导演系讲师。

记　者：您这一路是怎么走过来的？怎么选择这个行业的？怎么入行的？

吕　行：我在电影学院读的本科班，上大学以前就对影视很感兴趣了。因为我父亲是一个制片人，所以小的时候，假期经常去剧组里玩，在剧组里也做一些打杂的工作。剧组的生活对我来讲其实是很熟悉的，不自觉地，人在年少时总会因为接触到了一种生活，但是又无法长期得到，从而产生向往，所以我那个时候对拍戏产生了很浓厚的兴趣。之后我考入了北京电影学院导演系，在本科还没有毕业的时候就出去尝试着进行拍摄，一直到读研、读博，拍摄实践的工作都没断过。上学的时候，还没有网大和网剧，只有电视剧、电影和电视电影这三种影视样态。

记　者：那是哪一年呢？

吕　行：2007年。那时候的影视产品的形态相对还是比较单一的。我在电视剧的剧组里，长期做副导演这些工作之外，也想自己尝试着独立拍摄，所以找了一个相对来说最容易上手的形态——电视电影。当年的好多青年导演刚起步都是从拍摄电视电影开始的。电视电影是一个很重要的衔接型的产品形态，既没有那么大的投资体量，同时相对来说技术要求的规范还比较高，所以年轻导演可以在一个比较从容的情况下拍出来。因为投入的资金没有那么大，对于青年导演来讲，大家在你身上的期待也没有那么高，不会像大电影那么高。我利用这个机会给电影频道拍了差不多有四年时间的电视电影。

记　者：那个时候的电视电影和现在的哪种形式比较像呢？网大？

吕　行：其实它和网剧和网大都不太一样，首先从技术规范上来讲，电视电影要求比这些都严格，那个时候电影频道里有一套比较完整的审查制度和评分机制。从剧本阶段，到一审、二审、三审，需要不断跟电影频道的责编在一起打交道，包括依据剧本做出一套完善的拍摄预算，并且要相当严格地按照这个预算来执行，最终频道对照着剧本给成片进行评分。这一套走下来以后，很锻炼人，从文字最终变成产品的时候，你要了解大家对于产品的期待是什么，要去预判，所以这个预判的工作是不同的。不像网剧、网大只能通过社交平台才能间接去了解。拍摄电视电影可以直接去找负责人，也就是那些打分的人，包括责编以及负责购片的领导沟通，他们会把对产品的期待与要求，跟最终呈现出来的产品，有什么样的距离，有什么样的差别，来做个交流，你会更了解他们原来对产品的想法有哪些跟你是不一样的。

记　者：是不是可以理解成其实现在我们做产品更难，那个时候的交流沟通最起码是比较直接的？

吕　行：他们这种交流有利有弊。利是比较直接，弊是你经过了他们的评价体系以后，就更容易更愿意靠近他们的评价体系，但是他们跟观众之间的沟通是否顺畅，这个是我们并不确定的一件事。

记　者：可不可以理解为，其实现在跟网络平台的交流不会像以前的那种交流方式那么细致？

吕　行：对，交流的细致程度跟深入程度会没有那个时候高。

记　者：但是会更贴近于 to C（直达用户）端，会更接近于客户是什么样的反应，用户体验的表现更直接一点，对吗？

吕　行：对，当时的电视电影负责审片和评分这一部分的评委，从这方面来讲，跟电视剧的处理方式有一点像。电视剧就是在我们面对观众之前要先面对各个平台，不管是平台还是电视台，他们得先负责审核一遍。

记　者：采访了一些导演，他们会说成为导演机会很难得，那您为什么能在本科的时候进入到这个电视电影的工作，获得这么好的机会呢？

吕　行：我当时有两方面的原因，一方面是家里从事这个，我跟这个圈子里的人会更熟悉一些，最明显的就是那些大导演，或者那些明星级别演员的孩子要入行的时候相对来说会更容易一些，因为确实在这个圈子里耳濡目染。在同等条件下，假如你跟人家之前打过交道，或者人家对你更了解，自然而然会更信任你了，这是一个很好的先决条件，但这个先决条件针对所有的行业都是一样的。所谓家里为一个人所提供的背景，不管是知识背景还是交际背景，实际上都对一个人刚开始进入这个行业有一定帮助。但是我觉得另外一个方面更重要，我们当时学习的是剪辑班，好多人在毕业以后都是很成功的剪辑师。我们在当时算是导演系那几届就业率比较高的，因为我们有很扎实的专业技术。我第一次出去拍戏的时候，也是因为有一个电视电影剪辑上出了问题，所以调我去和那个剪辑师一起负责剪片儿。我当时把问题梳理出来，同时还要完成一部分补拍的剧本，因为剪辑剪到最后其实就是剪剧作了。所以我当时是利用剪辑的基础在制作的方面入手的，从而得到了一次工作机会。

记　者：剪辑最后是剪剧作是什么概念呢？

吕　行：剪辑分几个阶段，最基本的是粗剪，粗剪的阶段要挑出所有剪辑点，包括动作、衔接、连贯、节奏这些。然后会有一个精剪的部分，精剪的部分基本就是调节奏，权衡这场戏要还是不要。一场戏的取舍实际上一方面可能在剪辑台上，但更前期应该是在剧作上，在剧本的时候就应该有一个大概的判断，要分析出来这场戏留在这儿对于推进故事的走向和人物关系的变换是不是有帮助的。所以从这点上来讲，精剪的部分实际上就是在剪剧本，精剪完成的其实是剧作部分的工作。导演必须具有剧作思维，要了解讲一个故事的方式。包括这个故事怎么去讲，不单单是讲什么的问题，是怎么讲的问题，所以剪辑剪到后面就是剪剧作了。

记　者：因为剪辑这个事情就得到了一个电视电影的拍摄机会吗？其实也已经很幸运了，这种情况在你们同学之间也很少有吧？

吕　行：是，很少。我们在传媒大学带的这些毕业班的同学，也都很困惑，觉得工作的机会很少。但我觉得他们现在已经很幸运了，有那么多的网大、网剧、电影都可以去拍，现在产品形态很丰富。特别是互联网客户，大家都很喜欢年轻的导演。我们那个时代大家普遍的生存状况其实是非常艰难。

记　　者：没有现在这么多的机会。

吕　　行：对，太少了，现在理论上来讲，你只要有个好故事，
怎么都能给它折腾出去，折腾不出去说明肯定是有问
题的！

记　　者：比如有些导演，没有家里的支持，之前没有那么多的
关系和熟悉的环境，他的出路可能是踏踏实实先把手
里的故事写好，拿去给别人看，好故事还是会被发现
的，还是有机会的，对吧？

吕　　行：对，做到了导演这个位置，基本上就跟登珠峰差不多，
两个坡，南北坡都能走。所谓的北坡其实就是你要一
直在行业里面混，从场记、副导演、执行导演、B组导
演、联合导演然后一直到独立导演这条道路，这是一
个所谓导演的成长之路。包括剧组里面，其实跟全行
业都相关，从低级学徒到中级学徒到高级学徒，最终
变成师傅的一条路线。这是对于导演的成长很标准化、
规范化的道路。我们大多数导演都是从这种道路走过
来的，至少在电影、电视剧里做过副导演，做过执行导
演。最近播出的《封神演义》是我做执行导演的最后一
个作品。走南坡这条路的导演要在一个屋里面踏踏实实
地好好写一个剧本，可能这个道路的典范就是李安吧，
他也经历了很多年，但是他经历的环境不一样。第一他
在国外毕业，第二他那个年代不像现在我们导演能够输
出的出口那么多，那个时候只有电影厂。现在比如说有
些人有认识的独立制片人，可以面对制片人，可以面对

创投，可以直接找网站平台，还有各种各样的大赛，都可以去参加，等于现在大家都在向导演们招手，谁有好故事谁就有市场。所以这两条道路对于新生导演来讲都是很好的选择，他们成长的路线也并不太一样，最终还是看每个人的个体情况、自己的特长，自己所擅长的部分更适合走哪条路，就选择哪条路好了。

记　者：所以要是想做好一个导演，这些基础性的工作必须要做的，这是肯定的是吗？不能说谁一上来就去做导演。

吕　行：其实也不见得。现在好多网剧、网大，都是一些比较年轻的朋友一上来就做导演，可能之前也没有太多的剧组经验，或者长期做副导演、做执行的经验。我觉得也很好，比如说他们自我的储备、自己的准备也是比较充分。这方面我也不太了解，但是我觉得能有这个机会，能做当然也是不错的。只不过因为那个时候我自己拍戏时发现了有一些能力上想升级或者是对于自己做的产品也想升级，但是没有好的途径，只能先从更好的产品的初级部门开始去做了。

记　者：您刚才提到了，现在的机会越来越多了，以前的导演可能直接对接的仅仅是制片人，但现在导演可以对多个出口、很多渠道，您说这个现象对一个导演来讲是好事吗？

吕　行：有利有弊，绝对是一个二元的问题。好处毋庸置疑，导演可以面对的可能性变得越来越大。缺点是，以前一个导演为了一个自己真正想要拍的东西，可以努力好多年，因为本身在不断地完善一个剧本，跟不同的

编剧导演入行经验谈

制片人去打交道的时候，其实也是一个自我修炼的过程。基本上修炼就分两种，渐悟或者顿悟。相信在影视行业不会经常出现顿悟的情况，基本都是在不断的拍戏、学习、自我修炼的过程当中去一点点领悟到了某些方法、理念、技术上的精髓。

但是现在有了这么多机会以后，我觉得可能有一些刚刚入行的人似乎因为机会摆在面前太多，有了更多可能性后，反而会延误很多事情。我就见过一些我在电影学院的师弟，包括各个系年轻的朋友，面对着两三个投资方，都说看他之前的短片拍得不错，要不要跟我们拍个戏的时候，他们会很纠结，很犹疑，这些机会觉得哪个放弃掉了都很可惜，又不能为了哪个项目而全部投入、做到全身心投入，结果也不会太好。

记　者：您在本科的时候已经拍了电视电影了，为什么后来又选择考研、读博呢？

吕　行：因为那个时候也没有特别好的就业机会，也不知道要寻找什么，寻找的东西不只是你要拍什么，你也在寻找自己的定位，很迷茫的状态。尤其是那个时候已经拍过一次作品了，人都是这样的，在没有做过的时候，对于自己的能力边界是没有认知的，你对于自己的能力认知跟他人对你的评价之间是存在着巨大差别的。然后你会意识到自己有一些问题，迷茫的过程当中觉得在学校里面继续学习也是一个很好的方式，至少没有那么大的从业上的压力，有一个学生的身份，有学习作为一道屏障吧，其实还是挺有用的。另外一个方面我觉得就是在这个过程里，不断地跟老师、同学在一起学习、探讨，能大量地吸取到各种各样的营养，在这个过程中，不断地在寻找机会。

记　者：您研究生学习的专业是什么？

吕　行：故事片创作。

记　者：研究生期间有什么感受吗？最大的收获是什么？

吕　行：读研的时候其实和本科不太一样，那个时候我已经开始拍一些在电影频道里算是他们制作规格比较大的影片了。也开始思考到底用什么作品可以打动观众，这个其实是我最在乎的事情，一个导演其实大家对于你的评价，对于你的认知，完全来源于你的作品。导演是站在作品后面的人，跟人家说有什么样的理念想法、有什么样的追求，这些都可以聊，但最后人家印证你能力的只能通过作品本身。所以唯一的办法就是不断地提高自己的认知水平，对于剧作、对于视听语言、对于剪辑，不断提高自己在剧组中的管理能力。

要和比自己优秀的人合作、打交道，要想做出更好的产品，你的合作伙伴必须都比你好。另外，我觉得作为导演很重要的一点就是你要能预判观众的心理，因为最终如果你做的是一个商业产品的话，是要以打动观众为基础的。与此同时，以观众为目标去拍戏的时候，你有没有自己的诉求表达在里面，你如何把它包装起来等等，这些问题，需要一定的时间去梳理研究，包括从国内的好的作品里去学习。

记　者：有过哪些迷茫和苦恼？

吕　行：我读博时二十五岁，以前这个年纪基本上在电影厂里面能做上一个场记就很不错了，然后你可能要熬很多年才能做副导演，做执行导演。但那个时候差不多在2012年，已经开始有了微电影，开始有了网剧的雏形。在那个阶段，我也在想是不是我们的影视市场也要经历一次巨大的升级跟变革。我当时也尝试过做一些给网络用户的作品，可能自己没有完全地准备好，包括网络的平台也没有准备好，所以有过一两次尝试想要做一个东西，但是没能成功地推动下去的经历，也很困惑，到底要做一个什么样的东西给大家？有这样的想法，也有毅力和决心，却找不到一个合适的目标，应该算是那个时候我面临的最大的困惑了。所以我觉得，既然没有准备好，那就再多学习一下吧。我读博时最大的障碍就在于论文。但是很幸运，我博士生导师侯克明教授是一个学霸，他有一套比较严谨的治学方法，包括他也一直在从事拍摄，所以我在他那儿其实算是学到了一个很好的学习方法，这种学习方法的养成对于自己日后的拍摄工作实际上是有一定的反哺作用。

记　者：什么时候找到自己定位的呢？

吕　行：差不多在我读博四年级的时候，那个时候我们刚刚拍完电视剧《封神演义》，我作为执行导演，拍完以后，也在寻找机会。那时已经有了网剧爆款了，《心理罪》《暗黑者》《无心法师》，大家都说网剧能看到创新的可能，同时网络平台也开始需要进行大规模的创新。这算是一个赛道向大家敞开的时刻了，你站在一个好的赛道上，其实就是赢得了先机。制片人齐康是我大学本科的同学，正好手里面有一本小说叫《无证之罪》，我详细地看了一下小说，觉得它很符合我想要做的东西的定位，我就跟齐康讲了几个我打算的点和诉求，然后我们就在一起从剧本开始，一直到拍摄，最终完成。在2016年的3月份，我们开始确定做这个东西。

记　者：您当时有没有那种冲动，就是我做导演，我就想拍什么样风格的东西，有这个想法吗？

吕　行：这方面我没有特别强烈的诉求，但是如果说某一个导演他的作品是我想要成为的样子，是大卫·芬奇。他对我的影响挺大的，每一个导演想要去拍电影的时候，肯定会受到某一个导演或几个导演比较深的影响，至少会有某一个作品打动他。我觉得大卫·芬奇的电影里带给我的那种感受比较强烈，你会感觉到他叙事的节奏，他讲述一个故事的方式，你会觉得他很独特，我也希望我做出的东西会是独特的，至少是观众在同时期其他导演作品里没有看到的样子。

记　者：您是一个学电影的导演，那您这么多作品都是剧，您是如何规划的？您是都有拍，还是以后要拍电影？

吕　行：不知道，我也不知道将来是不是有机会去拍一部电影。我不太喜欢像有一些导演，写一个剧本后，不断去跟人讲述的这个过程。首先可能我比较懒，我觉得那样太苦了，在这期间的收入也很少，还要忍受很长时间不断被人家去质疑，不断要向别人去证明的过程。其次可能因为我性格也不是很外向的，我觉得与其我不断地去向别人推销自己，还不如用自我产品的升级，先让对方看到就好了。我认为拍戏，就把作品拍得越来越好，让大家认可，从而能让你的产品的规格越来越高。

记　者：有些导演其实挺不喜欢被贴上一个基于互联网环境下的导演的标签，不喜欢把网络这个词贴在自己身上，您比较排斥这个吗？

吕　行：我不排斥啊！基于我个人而言，我在行业里面受到一次突如其来的巨大肯定就是来自一个网剧，而且这个网剧我至今仍然在享受它的红利，我觉得我们当时做了这个产品，它得到了巨大的成功，这本身是一件好事。其实网络基因这些词主要是看我们怎么去理解，我觉得网络基因对于我个人而言，很重要的一点在于要以观众的角度去思考，而不是单纯地以某一个平台、某几个人的角度。观众可以去看任何一个电视剧、电影、综艺等等，选择看你这个剧，那你肯定是给观众带来了一些他在这个产品里能享受到的、能得到满足的点。

记　者：有些导演觉得电影就是大银幕，网络上的网剧、网大它是小屏，没有那么高级，是会有这种观点吗？

吕　行：是会有。是正常的，人们有这种想法，源自他们对于不同产品的认知。就像我们有的人喜欢吃川菜，有的人不喜欢，有的人觉得淮扬菜就是比川菜好，这也很正常，但是我个人没有这种观点。

记　者：您现在有明确的以后要怎么发展的规划吗？

吕　行：有。我会规划将来我们要做什么样的剧，在明年后年的时候，我们要推出什么样的剧给观众看，从不同的剧里我们怎么做自我的升级。

记　者：现在的生活状态是您比较满意的吗？

吕　行：我很满意了。因为我刚三十出头，能有机会做这么好的剧给大家，观众能够喜欢，行业里也有一定的认可。

记　者：您看起来就是非常地轻松，不会焦虑吗？

吕　行：也会焦虑，我觉得这很正常，因为你有了欲望、有了追求的时候，自然而然就会带来因为它所产生的一系列的负面情绪，比如说"焦虑、烦躁"，但是我并不是只把它当成一种负面情绪，有时候它也会变成动力。

记　者：那您焦虑一般会体现在哪些方面呢？比如有些导演他们经济上是焦虑的，或者创作上是焦虑的。

吕　行：我会在技术细节上焦虑。比方说做剧本的时候，我们如何能让人物关系，让故事的改编更富有戏剧性，带给观众截然不同的感受。包括到拍摄的阶段，我们如何能把剧本当中的诉求更极致化地带给观众，因为在那个阶段里，努力已经没有用了，选择比努力更重要，你要说努力就能拍好戏，那这个世界太简单了。我见过非常多努力的人，但能不能拍得好，最终能不能打动观众，跟努力其实是两回事。

记　者：您的意思是目光，选择的素质？

吕　行：对。你用了什么方法，做了什么样的选择，从大的选

择到具体的这个镜头过不过的选择，都能决定你最终
呈现出的是什么，带给观众的感受是什么。每一个细
节，每一个过程当中每一道工序，到最终都会决定你
的分数，虽然没有哪一项一下就把那个分数给拉低多
少，但是一旦每一项都扣一点分，你最后的分数也不
会太高。

记　者：在《无证之罪》之前有资金上的压力吗？

吕　行：也有，不过不是找不到钱，而在于这笔钱能不能用在
团队都认可的地方。比方说那个时候，请演员的价格
也很高嘛，是拿钱砸两个咖来，还是说你好好把这个
故事给做好，这是不同的选择。

记　者：您的合作伙伴目前是一个什么样的状态？

吕　行：内部合作者，比方像我们有制片人、有编剧，也有其
他的导演，我们大家在一起都是有共同的追求，我们
的审美取向、价值判断是相对比较一致的。大家不用
在一个剧本拿来的时候，针对将来生产的这个产品的
形态有太多基础性问题的分歧，我们需要探讨的是一
些更技术细节的问题，这样的话会节约工作上的时间
提高效率。

记　者：导演是不是都要找到合适的合作方呢？

吕　行：那当然。您说一个导演他在现场干啥，他其实啥也不
干，就在那儿不停地说话，最后喊停，过还是不过。
导演需要把所有的想法、要求、判断，通过许多合作
方整合在一起，把它展现出来。我觉得我比较幸运的

一点就是跟我合作的这些主创都比我强。作为产品的技术细节最终会做得比较好，是因为大家的努力摆在那儿，并不是我一个人的能力有多强。

记　者：那您能分享一下，比如说导演系毕业后能到哪里去寻找合作方呢？

吕　行：在学校的时候就要不断地拍作业，交朋友，跟大家在一起相处，去了解，去认识。不但要认识大家，也要让大家认识自己，在这个过程里通过不断工作、学习，开拓更多的资源。其实我觉得大学最好的一件事就是让很多年轻人在这里能找到志同道合的人。这是一个很难得的事，毕竟进入社会后，大家的交际成本会很高的，你也不太能无缘无故地跟一个人在一起长时间地去交流、去探讨。

记　者：您有遇见过在导演系上学的时候只知道闷着头学习不交流的人吗？

吕　行：有啊。

记　者：那他们怎么办呢？他们就是不喜欢交流啊。

吕　行：那他们找一个适合自己生活方式的工作还是好的。

记　者：但是导演确实是一个需要去协调各种关系的角色。

吕　行：那当然。因为你在剧组里，制片人和导演，他们都从不同的层面去管理一个剧组。你看一个好的剧组，它高效地运转，跟制片人和导演这两个核心部门的管理是有直接关系的。

记　者：您觉得作为一个导演来讲，应该具备哪些素质？

吕　行：我个人觉得首先要有组织能力。要能够把大家很好地集中在一起去工作。要作为团队里面的领导者，就需要具备组织能力、协调能力、管理能力。这很重要，导演要善于在一个组织机构中去带领大家，高效地工作。其次就是导演要有一个清楚的头脑，并且要把你清晰的想法准确、高效地传达给剧组里的各个部门、演职人员。你自己首先要很明白，这是前提。你自己都不明白，你跟人家说肯定也说不明白，但你光自己明白却说不清楚这事也挺麻烦。

其他我觉得就是关于电影和电视剧的技术手段。技术手段包括几方面，你对于观众观影心理的了解，了解了之后，你要利用观众的观影心理。实际上导演很重要的一项就是，你在拍戏的时候去假设观众在观看时心里是怎么想的。然后你要用什么样的表演方法，用什么样的视听方法把它呈现出来，最终传递给观众。这里面就包括视听原理的学习，具备大量的观影经验，了解表演的方法。还有导演要让演员能够准确地理解人物，通过演员的表演，准确地呈现在观众面前。

记　者：那您觉得我们目前的剧，和韩剧、美剧比起来有很大的差距吗？主要体现在哪几方面？

吕　行：差距当然有。第一，我们的制作标准不统一。咱们的剧里面有爆款，有很好的剧，但是影视剧产品的技术标准不一。经常会出现一些你一看就觉得很奇怪、观众狂吐槽的戏，咱们在看外国的剧作的时候，会有喜欢、不喜欢，但很少会因为这戏做得很糙而去吐槽的。如果一部电视剧让观众能挑出来那么多技术问题的时候，这个戏本身就失败了。这点我觉得可能对咱们影视市场来讲是一个很大的问题。就是我们技术要求的不规范，导致了咱们经常会出现那种低分项、缺项很大的产品，这很要命。它会让观众对于我们整体的影视产品提心吊胆，这些产品不断地让观众印证会看见低水平剧的这种心理，产生了恶性循环。

第二个差距在于我们的创新能力不够。我们会把产品做得很大，很豪华，然后用各种强势资源去堆它。比方说用电影的质感、电影的制作标准去做剧，以此为卖点；特意弄几个电影当中很牛的主创，作为这个戏所谓品质好的一个保证。其实影视剧观众喜不喜欢，跟这没有什么必然性的关联，包括像我跟这些年龄相仿的师兄弟，做网剧的人，我们并不会把这个作为一个卖点，制作精良是你应该的，你凭什么制作不精良?!

第三点我觉得我们在日常生活中寻找到好故事的敏锐度在下降。你看欧美包括日韩剧，经常能从日常生活里去找到一些很有趣的创意点，去变成一个故事。所以大伙经常反映说，咦，这还能拍成一部剧啊？就像最近的热播剧《我要准时下班》，这个其实就是一个很好的例子，就准时下班这么一件事能变成一个剧来拍，这在咱们看来有点不可思议，但你看人家的技术强悍就在于此，他们总能从一些生活细节中提取到某一个点，作为一个戏剧的元素，然后利用技术的手段把它放大，最终变成了一部剧。

记　者：那您觉得我们怎么样去改善呢？

吕　行：首先我并不认为只有青年导演才有自我升级和改变的义务。我觉得这一点对于全行业所有年龄段的导演都是分内之事。像卡梅隆、斯皮尔伯格这样的导演，他们现在的岁数都挺大的，人家一直在尝试着创新，尝试着改变，尝试着升级，并不是只有年轻人才要尝试创新和改变。作为前辈来讲，他们也应该起到表率作用，一起带动我们成长。其次作为一个年轻的导演，从个人来讲我觉得只能做到在我的作品里，以及我的团队作品里尽可能地让戏更具有创新能力，更有独特性。比方说在大的题材选择、具体的类型选择上，如果没有一个特别创新的可能的话，那至少从叙事的方法、从进入一个故事的角度、从塑造人物的方式一直到具体很细节之处多用心。比如拍戏表现人物情感的方式，具体的视听语言，要让大伙觉得有新意。当然如果从根上来讲，这种创新的可能还在于对生活的认识，但是对生活的认识往往是一个相对来说比较漫长的过程，我也期待能拍出让观众觉得眼前一亮的作品。

记　者：那您怎么去评价您现在工作和生活的关系呢？您怎么协调这两者的关系？

吕　行：我不会让工作把生活堆得太满，有一些人他们可能一年四季几乎天天在剧组里，从一个组到另外一个组，这也是个人选择，每个人的追求不一样。对于我而言，更希望从一个产品的概念设计阶段，到具体的施工阶段，到最终的包装阶段，全方位地把它的每个技术细节尽可能地做到最好，然后从中寻找到一个最有性价

比的选择，把它做出来。在这个过程里我就不太可能
让自己长期沉浸于剧组这样一种工作和环境里，这是
一个前提。同时，前期的概念设计到后期包装的阶段，
除了工作之外还要留出一定的时间，看看书，看看电
影，看看剧。看剧我本身的口味就很杂。但假如我在
未来的某一个节点，要拍某一个题材、某一个类型剧
的话，我就会在这一个时间段里大量看这种剧，看看
其他人是怎么做的，看看人家拍的有哪些是打动了观
众，有哪些是自己可以提高的地方。

记　者：能不能分享一下您的新剧《平凡的荣耀》，您怎么去和
　　　　演员沟通的？

吕　行：演员都是很客观、很有眼光的人士。他们首先在最初的
　　　　阶段，对于这个故事的内容就很认可。大家刚开始接触
　　　　的时候，你可以通过比方说具体文本的分析、将来呈现
　　　　出来的可能性等方面与演员沟通，把彼此的信任感逐渐
　　　　巩固与加深。从试装开始，不断地调整。大家都会去确
　　　　认、去矫正，你想要的那个东西是什么，你的标准在哪
　　　　儿。然后演员也会提他的要求，你也会看到他的标准在
　　　　哪儿。大家不断地去找标准上的差异，然后去矫正它。
　　　　包括我们还有一次试拍的工作，在试拍的阶段里，会看
　　　　到现场工作时候大家的一个状态。最终在拍摄阶段我们
　　　　已经带着统一的一个认知去进行拍摄，大家在现场工作
　　　　的时候只有一件事，就是如何能让作品更好。我在学校
　　　　里上课，包括之前参加各种活动，大家问我对新导演有
　　　　什么建议，其实就是一开始如何让人信任你。我觉得这
　　　　事先得靠自己，最重要的加分项是你拿一个好的剧本给

大家，人家可以不认识你，不了解你，但导演如果有一
个很好的剧本的话，那么人家对你的信任感就倍增。

记　者：您平时比方说在剧组，除了拍戏剪片子这种比较集中
　　　　办公的时候，其他时候是什么状态呢？

吕　行：我有事的时候来公司，没事的时候在家看看书，看看
　　　　剧，然后自己弹弹吉他、弹弹钢琴什么的。音乐是一
　　　　件能让人很放松的事情，可能因为本身我比较喜欢音
　　　　乐吧！

记　者：那您平时有什么别的兴趣爱好吗？爱社交吗？

吕　行：我社交其实还挺少的，我身边的朋友们很少在一起聚
　　　　会，我也不太有那种大半夜忽然想起来找谁喝个酒之
　　　　类的情况。

记　者：能说一个您特别喜欢的影片吗？

吕　行：我最近几年比较喜欢《真探》。这个剧在欧美的市场点
　　　　击量很高，因为它有一种很独特的形式，它做到了一
　　　　次很极致的创新。塑造了一个耶稣式的人物，具体的
　　　　塑造人物的方式，视听语言的手法，到整个故事的主
　　　　题，以及表达诉求的内核，是无懈可击的。

任宝茹

作品：电影《赵氏孤儿》《触不可及》；电视剧《别了，温哥华》《我的青春谁做主》《归去来》等。

简介：编剧。毕业于北京电影学院文学系剧作专业。中广联电视剧编剧工作委员会常务理事，中国电影文学学会会员。

记　者：您和高璇老师有自己的工作室，而且环境还这么好，
　　　　让人羡慕。

任宝茹：我和高老师家都在西边儿，大多数影视公司约事儿都
　　　　愿意往东边约，出去谈个事儿路上要花费好多时间，
　　　　这一天就都耽误了。加上我们俩的合作方式也需要一
　　　　个可以随时交流的环境，就决定在东边弄个工作室，
　　　　选择现在这个地方是觉得管理特别好，避免了很多乱
　　　　七八糟的杂务，有一个省心又舒适的环境，对于我们
　　　　写作的人很重要。

记　者：您两位的工作方式是怎样的呢？

任宝茹：我们搭档的工作方式很特殊，几乎每一集都需要聊很
　　　　多。我们两个是大学同学，同班，同宿舍。我们同宿
　　　　舍的还有写《小别离》的何晴等人，我们班出了很多
　　　　比较知名的编剧。毕业那一年，有老师找我们俩写
　　　　一个青春剧，我们就算搭档了第一部剧。还挺顺利的，
　　　　就发现两个人搭档还是有很多好处的，一个是两个人
　　　　讨论可以避免自己的盲点。一个人想不通的地方，可
　　　　以有另外一个人给出点意见，相互刺激思路，想的方
　　　　向会不一样，集思广益嘛。另外一个好处是，当时觉
　　　　得两个女孩，一起出差开个会或者工作都会方便很多，
　　　　就这样延续下来了两个人合作的方式。

记　者：两个人之间有摩擦吗？

任宝茹：任何合作都会有摩擦的，关于情节上的设计，任何人
　　　　思路都是不一样的，总会有些人觉得合理，有些人觉
　　　　得不合理的。这种摩擦在剧本创作过程中是正常的。

记　者： 考虑过拆开创作吗？

任宝茹： 早先有过各干各的时候。但是以后不会考虑拆开写作。因为年纪越来越大了，劳动强度也越来越大了。我们刚刚开始从事剧本创作的时候，一部电视剧顶天了写三十多集，现在是一部剧本三十集的量赶上那会儿剧本四十到五十集的量了。所以两个人一起来做这个事情还是会比一个人轻松一点儿。

记　者： 你们分工是怎样的？

任宝茹： 分工一开始没有那么清晰。大家一起谈，然后就开始一起写大纲，比如我写一稿，高老师也写一稿。或者是我写一部分，高老师写一部分，拼一起，然后再分配由谁来统一遍稿。现在我们的分工比较明确了，一般是我们一起来聊，然后高老师来写故事大纲。因为两个人写作还是比较麻烦的，反反复复，或者是各写一半，会一边写一边产生问题的，修改的过程中，很难统到一起去。所以经验上来讲，还是一个人执笔写得好。所以在大纲的讨论阶段我们一起参与，落笔的时候就由高老师去完成，她写故事大纲的能力很强。
我在这个行业这么多年，感觉写大纲的水平差别非常大。一个故事聊出来了，有的人能把大纲写得非常漂亮，这个漂亮指的不光有故事、有人物、有情感等，可以看得让人激情澎湃的。不会写大纲的人，写出来之后给人的感受就是，当时聊得挺好的，怎么写出来后的样子那么平呢。高老师的大纲就能写得特别好，就让她来完成搭建故事阶段的主要工作。

记　　者：剧本阶段的分工是怎样的？

任宝茹：剧本的分工是这样，比如以前我们两个做分集就简单了，聊完后，你一集我一集滚着往前走，但是现在情况是我们几乎不做分集。我们会把大纲做到充分把故事、人物、情节全部都能体现出来的程度。制片方也就一目了然了。为什么不做分集了，因为太浪费感情，分集的字数有四百到五百字每集的，也有四千到五千字每集的，差别非常大。最早和香港团队合作的时候，他们会要求分集就是一个简单的概括就行了，他们比较注重分场，香港团队是拿到分场之后就可以筹备了，剧本可以边写边拍。剧本与分场不能跑，比如这一集分场写了四十场戏，剧本就必须按照这个来，如果要加戏的话，就要在每场戏后面加，比如30+戏，必须严格按照分场来筹备的，比较工业化。

后来我们觉得这种工作方式之于编剧来讲，有利有弊，利处就是可以提高训练的效率，就像是把图纸画出来后，编剧的任务就是要在图纸里面画东西，弊处是创作上的自由会被限制。如果常年一直这样写戏，思维就会变得很机械，很难形成发散性思维。比如写一部戏，在大纲阶段的时候写出来的，在分集的时候，有新的东西想要体现进去，到剧本阶段想要再体现出新的东西就非常难。所以，常年这样写戏，就会产生限制自己发散性思维的情况，不会多想，即使额外产生的想法很好，也不愿意落实进去，因为太麻烦了。所以这种操作模式，对于刚刚开始上手写戏的编剧来讲，写上一两部剧可以锻炼一下，但是不能长期这样，要迅速从这个状态中脱离出来。

我们比较重视编剧的创造性，所以现在的写作状态是分集不做，五万到八万字的大纲出来，制片方认可后就开始进入剧本创作。写剧本的时候，经常是大纲没有的线加出来一条，所以写剧本的时候必须要一起随时沟通。其实在写剧本的时候，我们是口头拉分场的。为什么我们要在工作室来写剧本呢？因为写着写着，就出现需要对方配合的情况。比如某场戏，我就需要对方陪我聊一下，就是怎样写才能漂亮，单场戏质量会更高。

记　者：大多数影视公司都要求写分集，也有一些编剧不写分集。那分集的价值是什么？为什么要写？

任宝茹：其实目前不写分集的还是少数。一定是和制片方相互了解与合作的默契或者是制片方的信任度到了，才可以不写分集。而且也是在大纲完整到对方已经可以很清晰地摸清这个故事了。一般来讲，制作方也不是死心眼。如果大纲已经起到了让他们可以看清整个故事的作用，他们不会要求一定写分集，因为这也是在浪费他们的时间。

记　者：那分集的作用到底是什么？

任宝茹：要看写的剧，是不是适合写分集的类型。比如，生活剧，就是生活质感强的剧，没有强情节的东西，写分集就非常不好写，因为要有很多细节需要处理，一些状态的东西，是需要一句一句台词写出来后才能有感觉的。那你说分集要怎么写？即使要写分集的话，也就是写几个情节点。

113

但是如果是情节剧，情节性强的戏，比如说逻辑性强的剧，谍战剧必须有分集，如果没有分集的话是没有办法保证码的桥段、下的套儿、挖的坑如何填，你没有这些"土"，没有可能看得清楚。自己做这个分集的时候也是渐渐清晰化的过程。生活剧和情节剧差别非常大。

我们就不太愿意写强情节剧，因为太烧脑了，尤其是谍战剧或者是商战剧。好多过来邀请我们做谍战剧的约我们都推了，因为感觉我们女性的思维方式和兴趣点更加适合做生活剧。生活剧的出彩，更重要不在于情节，而在于人物和细节的写法。比如对于家庭剧来讲，如果单纯来码情节，十个家庭剧都差不多。因为家庭生活就那么点事儿，如果都体现在情节上就是买房子的事儿啊，和婆婆吵架的事儿啊，都是这些事儿，但是具体写出来的差别非常大。所以我经常和制片方说，如果你们找的是一个成熟的编剧，建议生活剧要丰富大纲，可以简化分集环节。因为这样的生活剧，如果想分集写得好，可能要充分细腻，甚至要把一些台词也写进去，最后待到剧本阶段的时候等于把分集的台词重新丰满了一下。等于把咬了一口的面包放下，过一阵子再拿出来细嚼，比较浪费感情。分集无法充分体现生活剧的魅力，比如我这场戏的魅力之处就在于这句话怎么说，你说在分集如何体现呢？只能体现在剧本上。所以我们强调单场戏的质量，比如同样的一场戏，在分集中可能几句话就讲完了，十个编剧，可能八个人写出来的都差不多，剩下的两个高手写出来的就不一样。这种情况下在分集是体现不出来的。

我们经常开玩笑说，有好多人是大纲编剧，就是大纲写得可热闹了，等到写剧本的时候就不是那样的了。这个不叫不会写大纲，这个叫不会看大纲。你看的嗨，是一个专业维度的嗨，还是感官上的嗨，是完全不一样的。这个里面有多少干货，还是仅仅是会煽情，煽动得很嗨，这个是完全不同的。或者是一个大纲，量是否充足。开端特别多，可能用了近三分之一的笔墨去布置开端部分，但只有三集的戏量，中间的部分很简单地一笔略过，这个略过的部分从容量上来看要撑个七到八集，我想知道这个部分怎样构想的，是否有个构想在里面，而不是几句话就转折过去了。这些都是看大纲的门道。

记　者：您工作室有新人吗？

任宝茹：我们工作室主要就是我们两个人，有的项目会需要有新人编剧加入合作，但没有固定的团队。

记　者：目前有这样一个现象，很多人反映，资深编剧培养一大帮学生去写。编剧本身就不是能培养一大堆人去从事的行业。

任宝茹：我的观点是，编剧都不是教出来的。比如说，同样一个项目，我们帮忙谈和策划，所有人接收的信息量是一样的，然后写出来的东西差别会非常大。现在大学的专业细分很多了，有专门的电视剧写作专业，但是我们毕业的时候都不知道怎样去把剧写好，刚毕业写的剧都很清新，很文艺，没有很市场的概念。后来慢慢练，在写的过程中才知道自己适不适合干这行。所以一个班几十个人有五六个在市场上写作的编剧就已经是非常高产了。很多人毕业后，觉得自己没有那么喜欢，也没有那么适合，就干别的去了。还有就是男生，一般都不甘于坐在电脑前面，写到一定程度后就要转导演。剩下的写了这么多年还在坚持的就一定是具备天赋的，没有天赋的肯定是扛不下来的。只能说有些有写作天赋的学生，老师能适当地带一下。

记　者：现在有些编剧认为和小说作者不一样，编剧需要技术性多一些，所以只要勤能补拙就会学出来的。

任宝茹：其实大家低估了编剧的职业。有些人就会觉得编剧的门槛很低。我觉得小说写不好大不了就面对没人看的结果，但编剧是一堆人在管你，一堆人在提要求，有时候可能要求还随时会变化，达不到要求就陷入这个泥坑里一遍一遍地改。如果没有天赋，即使学到了很多技巧也经常力不从心。经常有些小孩在微博上问我是否适合做编剧，最开始的时候我真的会很认真地看他们发给我的东西，后来真的是太多了就没有时间看了。我对他们讲，别总觉得自己是一个有故事的人，因为你经历的事情多数别人也都经历过了，你为什么就一定觉得自己不一样呢？你不一定经历过，但是你能把你没有经历过的事情写出来让我觉得有意思，想看就行，不需要非要你经历过很多事情，然后像流水账一样写出来，我们还不想看。把自己没有经历的事情写出来能吸引别人看，这个才是编剧的能力。技巧是一方面，有没有这个灵气也是非常重要的，有灵气的又喜欢这个行业，那么假以时日地训练就差不多了。

记　者：怎样判断一个年轻人是否具备编剧写作的天赋呢？

任宝茹： 其实与有些小朋友聊下天就大概能知道是否具备这个天赋了。有一个特别有趣的发生在我身边的例子，我认识的一个孩子，过来找我说要做编剧。他给我看了他写的东西后，我问他你为什么觉得自己适合做编剧呢？他说，我觉得编剧的生活方式特别适合我，可以睡到自然醒，打开电脑，泡杯咖啡，就开始我一天的工作了。好多孩子就被这个形式感，看上去非常有气质、舒服，不用风吹日晒、上班打卡的工作和生活形态吸引。然后我问他那你有没有看到过编剧到了交稿时间了，还没有思路，一天一个字都没写，看着太阳落山了，所有人都下班了可以不工作的时候，自己站在楼上沮丧得想跳楼，想这一天要如何过去，明天要如何和制片方交代的无奈，创作过程中的不顺导致想撞墙的感受，你们有没有体会过，有没有这样的心理准备，你们看到的那些亮丽的状态只是一个壳儿而已。我们是辛苦一年可能休息不到一个月的，前提还得是这一年的付出是有结果和收获的。他听完后就不说话了。

记　者： 请您给年轻编剧一些建议。

任宝茹： 如果觉得自己有天赋，就尽可能多写，不要急于求成，做好吃苦的准备，好好锻炼身体，好的体能才能支撑长期的脑力消耗。

李潇

作品：电影《情圣》《来电狂响》；电视剧《恋爱先生》《好先生》《大丈夫》等。

简介：编剧、制片人。毕业于中央戏剧学院。

记　者：您是如何开始编剧职业生涯的？

李　潇：我是中戏毕业的，上学期间，我在所学的专业并没有学习到很多有关编剧的知识技巧。我相信大多数人在学校里忙着谈恋爱，忙着享受大学的自由生活，而不是在学习专业知识。大部分学生其实是在快要走出大学校门、就业上有危机感的时候，才会想起应该要学习一些知识和技术。我最开始做编剧这一行的时候，是大学要毕业的实习阶段。当时我到一个公司去应聘，想要从事摄影师的职务。因为我是一个女孩，公司的人也没有搭理我这一茬，就扔给我一个剧本，让我用二十分钟的时间看完，看完就要和公司里的人聊一聊对剧本的感受。我看完剧本后纯粹用直觉谈了一下看法，说的让公司的人比较满意，就问我有没有想法参与剧本创作，于是我就开始上手写剧本了。当时的稿酬和现在比起来是特别少，而且是按月领稿酬的。我记得每月拿到手是三千五百元，每个月能给公司写出来四集多的剧本。这样的状态维持了一段时间。

这种所谓的"枪手"阶段其实是一种无意识的，我当时真的没有顾虑太多，就是给自己挣零花钱。老师要求出去工作实习，我就找了一个实习机会，让自己完成老师安排的实习任务。直到我接到了一个好几百集的情景喜剧的任务，很多的人在一起写，属于集体创作。十年前，情景喜剧是很火的。大家一起来写，也没多少钱，大概一集能拿到一千元钱的样子。这个标准其实就是行业内的普遍样态，一般就是由师哥师姐发活儿。那个时候没有现在这么正规，显得更加江湖气一些。我在写了这个情景喜剧后，感觉通过写剧本挣钱还是挺容易的。

我那个时候的写作环境还是挺一般的，不像现在可以有特别舒适的椅子和配套的设施。2004年左右，因为没有电脑，我要在纸上写，然后要去网吧把写好的文字录入电脑，再给人发出去。现在想想挺不可思议的。这种状态维持了小半年的时间，我才买了一台属于自己的、可以用来写作的电脑。因为买了一台两万多的限量版的电脑，我就想一定要更加努力地坚持写东西，要把买电脑的钱赚回来。等到把买电脑钱挣回来的那一天，我已经积累了很多写作的经验和资源了，那时候已经有了源源不断的工作机会。写了一两个情景喜剧后，我就接了一个特别正规的电视剧《搭错车》，就是这样走上了编剧之路。

记　者：对踏入编剧行业有何感受？

李　潇：我觉得之前情景喜剧的集体创作其实是很锻炼人的。因为大家都在写，只有你写得更好才能打败其他编剧，脱颖而出。写作就像车轮战，写着写着就会有些人被淘汰。所以你怎样能留到最后，怎样能争取到第一署名权，唯有自己写得比别人都好，这是比较实际和相当残酷的竞争。

其实我是既没有才华，也没有追求的一个人，一开始就是靠着要解决生活问题才会坚持下来的。编剧是一个很辛苦的职业。写作是很神圣的，有创造性的状态才称得上是写作。而我们当时真的称不上是写作状态，就像是一个木匠在开始学徒的时候，师傅不可能让你去做一些技术性强的工作，就是在学着怎么样把木头刨滑溜了，怎么样能把木头切割成对称的结构等。编剧的成长和这种学习过程是一样的，但同样也是弥足珍贵的，这是在学校里学不到的经验。所以我对年轻编剧的建议就是要坚持写，要多写。在打退堂鼓之前，要写到一定的量才知道自己能否胜任这份工作。

记　者：您对摄影特别热爱，考虑过要转行吗？

李　潇：我的画面思维比较强，逻辑思维很差，这也是我写不了谍战戏的原因。拍照片会更加适合我自己。之所以没有转做其他是因为这几年真是有源源不断的戏，一个是约稿的人很多，另外是我手里一般都会有两部戏齐头并进。两部戏是考虑到保障问题，万一有一部戏黄了，手里最起码还能有戏再续上。其实自己挺忙的，也没有时间去考虑其他。后来慢慢地有了一些小成就后，编剧收入也就很可观，会比其他职业挣得更多，这是很现实的一方面。另一方面，随着我的经验更加丰富，这个行业给予我的反馈和评价也会越来越高，每做完一个戏后，成就感会加倍地增加。而如果转行的话，我的激情也远没有那么大。

记　者：与合作方的关系会出现剑拔弩张的情况吗？

李　潇：我觉得挺欣慰的是，我与合作的导演、演员和制作方的关系都很融洽，从来没有和人对簿公堂或者不愉快之类的情况。原因可能是我比较幸运，所有合作过的人都很好，也都具备专业精神，另一方面也是我自己在这方面还真是比较无所谓。我对自己的利益没有那么坚持，虽然现在我们提倡编剧要维权、要勇于发声，但是我还真的没有太在意这些。我也遇到过一些不公平待遇，尤其是在刚入行的时候，但是我没怎么计较，也没大张旗鼓地说出来，所以大家也都不知道。我坚持的原则是，那些你遇到的不好的人和没有专业精神的人，以后不合作就是了。

我在剧作会上从来没和人撕过，我的口才也撕不过别人。我不想让大家都很尴尬，如果我觉得对方说的不对，或者是让我不爽，我就不说话了，然后我就再也不想见到这个人了。如果太过分的话，我就不给任何回应了。我是一个比较善于反思的人，会站在另外一个角度去想问题。也许因为我是双鱼座吧，是很随意和不太会较劲的人。人生短暂，大好时光何必要较劲在工作上呢？

记　者：关于稿酬有"非此不谈"之类的要求吗？

李　潇：其实我发现越不计较稿酬、价钱，反倒有几部戏的老板还要主动给我加钱。我没有要过超出自己技术和专业能力以外的价钱。所以有很多老板还挺开诚布公地说，与我合作真是赚大了。每次涨价还都是甲方给我提出来的。我也不太愿意和其他同行去比价，因为这样会把自己搞得很辛苦，没有意义。别人拿多少是别人的本事，和自己有什么关系呢！别人得到更多的东西也不用嫉妒，就算是别人得不到的话，那笔钱也不会给你，和你有什么关系呢？！这个行业看起来会有竞争，但是蛋糕还是很大的，而且编剧这种技术性很强的职业，自己有能力，是不用担心没有事做和挣不来钱的。

记　者：您的写作是如何安排的？

123

李　　潇：《大丈夫》完成之后，我就开始和我先生合作了，基本上一年一部戏的节奏比较适合我们。不能太快了，首先要保障成活率。我所写的剧本也有流产的，但是量不大，也就是四分之一的比例。有的是拍出来了，遇到了发行的问题，或者有些戏是剧本写了一半就没有继续下去。但是这些情况都是在早期的时候会发生，近几年没有这个情况。

关于我和我先生的工作模式，我们会先把戏聊得特别具体，会有一份录音。一般是他先捋第一遍，我再捋第二遍，然后再进行修改。其实这种配合的效率并不是很高，貌似会事半功倍，但两个人合作实际上我们也没有节省多少时间。

好多不理解编剧这个职业的人会想象着编剧带着一台电脑去旅行，走到哪儿写到哪儿，在路途当中汲取灵感，对我这是根本不可能的。灵感不是说你去思考或者绞尽脑汁就能来的，它是突发性的，真正好的想法都是出现在最不经意的时刻。长年累月的积累，灵感就会变成一种条件反射，当遇见类似题材或者遇到难关的时候，会很自然地知道如何解决。比如我出去旅行，能不带电脑就尽可能地不带，因为我知道带了也白搭，还不如先放松下来，踏踏实实旅行，然后回来再工作。也许有一些人是可以带着电脑去边旅行边写作，但是我不行。

记　　者：对电视剧本的题材有何倾向？

李　　潇：都市情感题材会更加擅长。因为我天生不用费多大劲儿就能将两个人的情感关系捋清楚，但是如果给我个年代戏或者谍战戏，那就会比较费劲。从一开始写什么戏会比较顺手，就会和什么样的戏走得近。最开始写作的时候，什么题材都碰过，像抗战戏等，我和我先生也都写过，但是后来发现情感类型的戏最得心应手。而且也有很多人找我写同类的戏，比如当年写完李少红导演的《麻辣婆媳》，就有很多人找我来写那种家庭伦理剧。

以后还是会写情感戏，只是会有偏重，比如把重心从家庭情感转移到个人的情感上来。我这两年也在渐渐给自己形成一个系列——"先生系列"。做完《好先生》《恋爱先生》后，还会有一系列的大男主的"先生系列"的戏。因为我比较倾向男性角色偏重的戏，那种大女主的戏，写一个女人的奋斗或者情感得失，我是兴趣不大的。我对男性角色的兴趣要大一些，不单单是因为我比较爷们儿的性格，也要归功于我先生的男性视角。

记　者：电影剧本的写作有何感受？

李　潇：我以后会多尝试一些电影剧本，多做一些偏喜剧类的电影。我不太喜欢写很沉重、虐心的题材。我觉得生活已经很辛苦了，没有必要让自己所写的东西太过压抑。在看了很多电影之后，还真是没有办法说出最喜欢的那一部，因为我是很感激世界上有那么多好的电影。好的电影会让人在感觉现实灰暗的时候，在个体无助的时候造梦、圆梦。

关于电影《情圣》的写作，说实话，这个故事并不是我喜欢的，它是一个命题作文。二十世纪七十年代的法国电影《大象骗人》，在八十年代被美国人改编成《红衣女郎》。《大象骗人》是一个偏文艺的影片，《情圣》笑料等方面又不太完整，其实是一个比较难改的项目。我们最初也没有太寄予希望，但是这个项目的命运比较好。我修改了两稿，我先生跟组又改了一稿，就这么拍了。关于电影剧本的写作，我还是有一颗很敬畏的心。我觉得我还是在路上。

记　者：分享一下《大丈夫》《好先生》的创作细节吧。

李　潇：《大丈夫》是我们两个在家里写了剧本，给到公司后大家都觉得不错，然后就拍摄了，过程很顺利。当时公司老板给我一个中篇小说，写的是老少恋的事情，很多内容有关于不可言说的尴尬，比如房事等等，这就不太可能改编成影视剧。我们就原创了一个老少恋的故事，层层通过就拍了，演员的每句台词都没有改我们的剧本。

《好先生》是一个纯粹原创的故事。我刚开始有这个想法的时候是觉得比较新颖，很多投资方都质疑我就写一个人物能撑起来四十多集吗？包括我想要的插叙、插回忆。其实现在的影像呈现已经和我当时的设想存在很大的出入了，我当时设想的形式感会更加明显。

《好先生》的创作机缘还算是一个仗义之举。当时张晓波导演和我错过了一个合作机会，挺遗憾的。我和张晓波导演的关系不错，我答应他会有一个更好的题材给他，可是当我说这个话的时候，根本不知道是什么题材，也根本不知道想写什么。我一直以来都是很被动的，不太会主动说想写什么，而《好先生》是我第一个主动写的剧。过了一两个月后，当时看了一个杂志上说，全球最性感的男性职业，主厨是排在第一位的，第二位是律师，第三位是建筑师。我一直是对美食很有好感，就先确定了男主的职业，然后我就有针对性地去读很多外国人撰写的关于主厨的书籍。这种书很少，我当时还去买了淘宝上的影印书，得到了一些灵感，建立了陆远这样的一个人物。其实最开始是没有故事的，就是想写一个混蛋、一个人渣。现在看到的《好先生》呈现出来的人物其实没有那么坏，但是当时设计的是非常非常混蛋的人，这个人物的弧线比现在的要大得多。我想写的这个人让别人一谈起来都龇牙咧嘴，这个主角没有光环，非常有道德缺陷，这样一个人渣的成长才是有力量的。陆远的人物小传打动了投资方。这是我第一份把导演要带到我的项目上的合约。写这个故事的时候，当时是没有出演的演员概念的。但是当别人看完后，就会觉得孙红雷最合适，所以让他来出演。

记　者：接下来的规划会往制片人方向发展吗？

李　潇：是的。《恋爱先生》这部戏就是我和张为为联合作为制片人来做的。《大男当婚》《男闺蜜》《好先生》，我们合作了三部戏，《恋爱先生》是我们合作的第四部。我们私交也不错，我和他讲我想学着做一些制片人的工作，他也特别乐意。因为我觉得单纯做编剧，时间长了会局限在自己的思维里。现在的电影和电视剧已经开始需要和好多人去处理相互的关系，如果我来负责一部分制片人的工作后，也会反哺编剧的创作。就像我先生于淼也会尝试着做导演，来反哺创作。
我们将来也会开始慢慢带一些学生。原来我们是单打独斗，从来不用"枪手"的，但是之后会带一些学生出来，把我们的经验分享给他们，这样也会多出些精力去尝试多触及一些项目。我和我先生现在已经有了自己的公司，开公司也是机缘巧合，有个搭档正好也帮我们一直张罗着，所以就这么干了。其实编剧开公司的有很多，但大多数都是剧本公司，或者编剧公司。比如有些编剧公司开剧本会的时候，整个屋子都坐不下，至少是一二十个人来聊。但是我只能带一两个学生。坦率地讲，情感戏也不太适合太多的人来一起创作。我和我先生想手把手地带编剧，我们会把每场戏、每句台词，至少是重要的节奏点上的台词都说出来，慢慢跟着这样一两部戏后，学生就会熟悉我们的操作方式。我们还是比较注重这种形式。我们的公司就是想做成像美国独立制片公司的样态。

关于剧本监制来讲，参与度是很宽泛的概念。如果只是开开会、聊一聊的话，别的公司只是要个名声，我觉得就没有必要参与和消耗自己了。而且从时间上来讲，我也没有过多的精力。我还是想和我先生做自己感兴趣的项目。

记　者：日常是如何安排时间的？

李　潇：我们的工作强度是很大的，现在也会觉得挺累的。尤其是又开了公司，还要每天上班，感觉给自己挖了个坑，就更累了。平时会有很多时候，事情来了也由不得我，写作也会被打断。但是每周自己会安排出来哪几天是不要安排对外事宜的，至少我有这几天会踏踏实实去写，或者认真去想一些创作的东西。好多编剧都会有这样的体会，就是今天出去办一件事儿，或者见一个客人，甚至是去一趟银行，这一天就废了。虽然只占了一个小时的时间，但是这一天就什么都不想干了，你就会想：要不然我就看一个电影，要不然看一个美剧。这一天的状态就没有了。我其实也会有这样的状况。

以前习惯晚上工作，我和我先生经常会一写写到凌晨，写到天亮。我们在慢慢地调整作息，现在几乎会集中在下午工作。下午的时间还是相对会完整，因为起床后吃过早饭，收拾一下就要计划吃午饭了，下午的时间相对会长一些。吃完饭后下午有六个小时左右的时间是可以工作的，晚上就可以轻松一些，看看片子，看看书。但是，作息时间还是没有调整好，没达到早起的状态。一般会在晚上进行阅读。我比较喜欢看小说，不太喜欢散文、诗歌，会被一些有情节的故事所吸引。网文看得会比较少。

记　者：这么强的写作状态，身体会有报警吗？

李　潇：会啊。别看我外表看起来挺健康的，身体状况其实一般。尤其是我平时吸烟，这也是我想要劝年轻编剧的，如果没有染上吸烟的习惯就不要轻易地尝试，这个习惯有百害而无一利。

这几年我的身体好了很多，我之前的脊椎差不多都是错位的。这些年的生活压力没有那么大，工作强度还好，不会让自己那么辛苦，而且也会舍得给自己买更加舒服的椅子。可以分享给大家一个经验：写作的时候可以把腿抬起来，面前可以有一个低于身体的矮一点儿的小矮墩，把腿放在上面，身体后仰，椅子的靠背对脖子有个支撑，这样一来，整个脊椎骨都是放松的。我先生现在就是这样子写，尽量放松的状态，一坐能很久，能写一整天。

我喜欢游泳，只是偶尔会去。户外运动就算了，北京的天气实在不适合。我也不喜欢在健身房里跑跑跳跳的。平时的运动是很少的，以后还得加强锻炼。

记　者：有效的找回灵感的方式是什么？

李　潇：死活都写不进去的状态当然会有，而且一直以来都会有，这种感觉是如影随形的。我赞同写不进去的时候就先别写，可以做些别的事情。这个对策和我先生正好相反，他反而认为写不进去的时候一定要死写、死磕，然后就一直憋到能写出来。哪怕写出来的东西不是特别满意的，如果不去尝试往里走的话，就永远都写不进去。他就是这样有效达成的。具体的方式需要因人而异，只要适合自己、行之有效就好。

束焕

作品：电影：《爱情呼叫转移》、《泰囧》、《港囧》、《煎饼侠》（剧本监制）、《鼠胆英雄》；电视剧：《我爱我家》《超人马大姐》《民兵葛二蛋》；春晚小品：《想跳就跳》《车站奇遇》《老伴》《儿子来了》等。

简介：编剧。北京电影家协会副主席，升维传媒董事长。

记　者：什么样的机缘让您选择编剧这个职业的？能否分享下您最初入行的心路历程？

束　焕：我算是科班出身，我之前在中戏的戏剧文学系学的编剧。从中戏来讲，会出现两个情况：一个是每个班到后来真正做编剧的人没有那么多，有一些被社会给消化了，有一些可能因为没有产出，就自动放弃了。因为编剧就是要连续不断地写，而且头几年写的东西可能都是垃圾，它的成长期是很长的。所以说，编剧有时候要靠机会，有时候也要靠对这个职业始终不渝的热爱。你要当好编剧，一个重要的前提是必须以此来谋生。不能说我家里有矿，写剧本完全是出于爱好。你写不好就得饿肚子，在这种情况下，才可能诞生出一个职业编剧的。

其实现在我觉得编剧门槛没有那么高了，不一定必须要在戏剧学院或者电影学院读四年才会写。我现在的编剧团队里，真正科班出身的也不多，其中有一些是学新闻的，有学土木工程的，还有学数学的，这些人也能成为很优秀的编剧。所以要做一个编剧，一是要看你是不是真的热爱这个职业，二是看有没有天赋，三看是不是有人给机会。

现在为什么各行各业的非专业的编剧出来得比较多？是因为这个领域入手很快，不需要特别体系化。有灵感、有冲劲，就可以先入手，入手了之后再慢慢地开始学习。目前，很多人在学校里，更多完成的是夯实基础，或者从易到难的过程，而在社会上完成的更多是实践。我们在中戏的时候发现，其实读了四年书，可能还是不会写剧本。写剧本这个事，不能为了期末作业写，而是要为了挣钱来写。我们在毕业的时候写毕业作品，很多就是所谓的案头剧，也知道它不可能被拍摄出来，所以写出来的内容偏文学性，包括对白和主题都比较风格化。表现主义、后现代、荒诞派都有，很学术性。有点像电影拍文艺片一样，你要拍得有想法其实很容易，但要拍得好看很难。所以这行其实跟别的行业还不太一样，作为编剧一定要实践，真正的体系是从实践中来的。

记　者：当时为什么选择去中戏？就是因为喜欢戏剧吗？

束　焕：因为我们家是干这个的，我父亲是一名导演。当时原本是想考电影学院，但是电影学院导演系对表演有要求，我不会，而且那会儿也没有受过影像方面的训练，听说考电影学院的导演系要考音乐绘画一系列知识，不光是考写作，就有点儿蒙。正好那会儿我父亲在电视台拍一个纪录片，请了一个中戏老师来做主持人，她先生是中戏戏剧文学系的。她说，要不你就考中戏吧，我丈夫可以辅导你。就这样，我就决定去中戏。

记　者：您从中戏毕业至今做编剧有多少年了？

束　焕：我是91级的。1995年毕业，到现在已经二十五年了。

记　者：这期间有没有想过，究竟是导演更适合您还是编剧更适合？

束　焕：我虽然开始当导演了，但我对自己的定位一直还是个编剧。哪怕是做导演，也是一个把剧本作为出发点思考问题的导演。因为我跟剧本打交道打了太多年了。开始当导演的时候，我有一个特别幼稚的想法，想说我自己当导演，可以不改自己的剧本了，因为特别烦别人改我剧本，没想到最后自己还是要改。

记　者：您刚才提的一个观点说，年轻人需要以编剧为职业、为谋生手段之后才能做得好。换句话理解就是说，它必须是很迫切的一个生存需求？

束　焕：人首先需要有压力才有动力，其次你需要有市场来给你做裁判。一个东西好不好，最后就是靠市场来说话。因为它不是一个很主观的东西，你不能天天说我这个剧本就是写得怎么怎么好，但是别人又不会买。编剧有一个尴尬就是，比如我们开会的时候，当聊音乐、聊镜头、聊剪辑，大家都不说话，一聊到剧本，所有人都会发言，都觉得自己懂。因为剧本这个事儿门槛很低，谁都会觉得自己看得懂文字，就能参与，谁都会想要聊上几句。

记　者：那您经历过这样的事情吗？

束　焕：还好，当时也受过批评。在二十三岁的时候，我跟史航一起写《雷雨》，当时的导演是李少红，李少红批评，我们俩就很虚心地去接受，因为她足够有经验，说的有道理。

记　者：她的经验你们也认同。

束　焕：一个是认，一个是我们那会儿刚毕业，本来就是去学习的，巴不得多批评我们。

记　者：现在有些编剧其实也写了不少了，毕业也很多年，也参与过一些项目了，但是当他以独立编剧的身份去接活儿时，可能会面临这样的一个情况：甲方觉得我是资方，各种品头论足也多，编剧要怎么面对这个状况？

束　焕：我觉得这个没辙，只能寄希望于编剧本身的话语权够大，比如说自己当出品人。我现在做的项目就是这样，里面也有我的投资，这样的话编剧也是老板。还有一种就是寄希望于业内有真正够分量的懂行的制片人。其实美国导演是没有剪辑权的，因为最后对片子质量负全部责任的是制片人。所以说美国的那种金牌制片人特别值钱，他能把控全局，他的审美包括判断力，比导演还要强。但中国现在的制片人，有的是权力不够，出品人会干预你，有的是自己能力不够。综合起来，编剧就会觉得我到底听谁的，好像听谁的都不合适。因为大家各抒己见，说完了之后其实没有一个定论，最后总结就是和稀泥，会议主持人说大家说的都不矛盾，综合一下就行，其实编剧心里知道是不行的。但是这又是甲方的意见，是落在会议记录上的，这种情况就会很尴尬。我不是没有遇到过这种情况，我的原则就是该掰扯得掰扯，说清楚很重要，但别情绪化，这种沟通要有耐心。

记　者：您的性格温和，情商比较高，但现在很多年轻的有些才华的编剧，都有点儿脾气，他们在和资方打交道时，这样的情况就会令他们很困扰。

束　焕：做编剧最难的是什么？我们都说，一是谦虚，一是坚持，但最难的还是怎么去平衡这两者。什么时候该谦虚，什么时候该坚持，这其实才是最难的。一般我自己没有想清楚的，或者我觉得肯定有道理的，我都会先吸收进来。我觉得肯定不行的也没必要急着让对方觉得你在发脾气，除非遇到那种实在是不懂，或真的让你觉得跟他合作是在浪费时间，那就迅速结束，要么就换一种合作方式。

记　者：所以编剧也得对自己的作品有信心，该强硬就要强硬起来。

束　焕：对。但是目前确实也存在一些问题，比如现在很多新媒体平台，他们所谓的评估部门是一堆"九〇后"甚至"九五后"，一帮年轻人自信满满，觉得我就能代表平台去作判断。但是他们其实判断不了超出自己生活经验和情感经验的东西，来不来就拿作品不接地气说事儿。就像那天看完《绿皮书》，我就在想，不是说它全是套路，不接地气儿，但说实话，如果你没有一些对六十年代美国历史的认知，好多内容肯定也看不懂。但是它确实打动到很多人，这就是情感的力量。其实我这五年最喜欢的是一个特别不接地气的电影《少年派的奇幻漂流》。一个印度小孩儿和一只老虎，这个电影跟平常大家的生活有什么关系？可如果要跟他们解释这个，我就又会觉得这应该是大学第一节课说的东西，我犯不着说要在这儿培训他们。

记　者：您面对这种评估问题会觉得气愤吗？

束　焕：我是觉得现在新媒体平台自己也在反思，因为大数据永远是马后炮。我目前没有看到一个说是大数据指导出来的爆款，都是爆款出来之后，大数据才赶紧开始归纳的。所以说，他们也在考虑这个问题，大数据到底用来筛的是什么？回头去看那些爆款，它之所以变成大数据的一个归纳对象，不是因为它之前有大数据，恰恰是因为它是出于完全跟大数据无关的一个东西，有的就是赶上了。

记　者：但是现在好多年轻人都没有这么高的情商。

束　焕：跟这些人打交道多了之后，你会自己反思一下，因为有可能是你的问题。但你再去站在他的立场，会突然发现其实是他们自己阅历的问题。有的人如果说只能跳一米，他就觉得天花板就在那儿。你要是超过了，他就会看不到。

记　者：编剧是一种职业，是工作的一部分，有些行业的问题也不是一两位编剧能够改变的。

束　焕：编剧嘛，是整个项目的第一道工序，所以干编剧这一行有点儿吃亏。比如说，我当导演，某一天我开机了，除非资方掉链子，否则我很清楚我开工之后什么时候能结束。但作为编剧，有时候一个剧本真的可以弄三年甚至更久。

记　者：您算是一个性格很开朗的人，善于和人沟通。但是现在也有好多编剧的性格都是比较内向的，他们不善于沟通。而编剧和导演一样，都需要个人品牌的塑造。编剧是不是应该多和别人沟通，和圈子里面的人多走动、多交流、多社交？

束　焕：编剧的性格各种各样，比如兰晓龙，就是《士兵突击》的编剧，他是湖南人，普通话吃力，自己也不太喜欢发言。我之前跟他聊的时候他说过，一定要自己独立写个剧本，跟谁都不聊，谁都不听，就自己写。但是后来我发现，我做不到，只有他能那样，因为他不想跟人打交道。我觉得编剧是什么性格，最后就成长成什么样，也没辙。

我因为当了几年老师，愿意跟人打交道，也愿意很迂回地去说服别人，不太会拍桌子的那种。我要相信自己是对的，就会特别固执。很多人一开始觉得我很随和，但是发现有些事磕不动我。因为创作这个事，编剧肯定是有自己坚持的东西的。

记　者：您现在自己做公司，做自己剧本的出品人，这样就更有话语权，去维护作品的一些权利。但有些编剧可能就不适合走这条路，去运营公司承担这样的压力。

束　焕：我觉得这样的编剧，首先要找一个好老板，给什么样的人干活就很重要。我自己当老板，当然希望找跟自己能沟通的编剧，但是有的时候两个人的笔路子不一样，他写的跟你想的不一样，但他有才华，这时候就要去琢磨，是要掰他，还是让他自由发挥，去写他擅长你不擅长的类型？我经常会告诉编剧应该怎么写，他如果不适应，我就说你就这么写，不要有太多自我，就照我的想法来，想不通就慢慢想，这是因为我相信我的是对的。但也有一种老板，就是编剧最怕的那种，不懂但是特别爱创作，而且瞎指道。

我觉得，编剧还是要找到一个适合自己的环境。还有一种人，虽然不太懂，但是他有审美，他知道哪些东西你写得好，会很尊重你。总的来讲，现在很多编剧，特别是像出身电影学院或者戏剧学院的编剧，都是和自己的同学组成一个团队。比如我是编剧，那么导演、美术、摄影可能是我的同学，这样大家在一起没有沟通成本。同一个知识体系，交流起来没有障碍，大家一起打拼，这样的情况也很多。

记　者：现在毕业后几个要好的同学组建一个团队的情况确实挺普遍的，年轻人好像都挺有勇气。

束　焕：因为市场大，空间也大。即便做不了大电影，不能跟大腕儿合作，也可以做网剧。甚至网剧还有S级、A级、B级的，只要有人给买单，哪怕钱给的少点，但最起码能有一个机会。好莱坞每年产出六万个剧本，这是什么概念？理论上说，好莱坞再厉害一年也就拍个六百部电影，就算拍到八百部也是百里挑一。这说明六万个剧本里面可能百分之九十都是不靠谱的。但是好莱坞剧本基数大，所以人家能筛出像《绿皮书》这样的剧本。其实这样来看，目前国内编剧的从业人员还不够多。

记　者：所以咱们跟好莱坞这个差距还是太大了。

束　焕：主要是好莱坞已经蓬勃发展了一百多年。我觉得中国电影，比如喜剧、动作、科幻、悬疑和爱情这几个类型，是可以好好发展的，再过个几年，能够和好莱坞掰掰腕子了。

记　　者：现在您已有的这些作品，最满意的是哪一部？

束　　焕：电影的话还是《泰囧》，电视剧的话是《民兵葛二蛋》。

记　　者：您现在不怎么接触电视剧了？

束　　焕：也在弄，但我现在特别想重新开始创作情景喜剧，包括跟平台聊也更倾向于情景喜剧。像美国那种情景喜剧，一年就二十集，每集可能就二十分钟。其实剧本特别难写，而且对演员要求高。中国的情景喜剧动辄就变成垃圾时间的小成本制作，我现在是想把情景剧重新正本清源一下。

记　　者：谈谈您的电视剧作品《民兵葛二蛋》。

束　　焕：还记得黄渤跟我说，当时接这个戏的时候，正在跟赵又廷拍《痞子英雄》。有一次他上厕所，赵又廷在外边，听见黄渤在里面乐。赵又廷问你干吗呢？黄渤说我在读一剧本，可逗了。后来见了我之后，黄渤说，我演别人的剧本就总会改。看这剧本，看了十几集，觉得没什么可改的。我说你为什么非要改？他说有的电视剧，确实你不改演不了。那是我们俩第一次见面，之后我跟黄渤就算交上朋友了。

《民兵葛二蛋》那个戏，头三集写了得有小半年，制片人后来都绝望了。其实最开始一直在找这个戏的定位，它的腔调，包括核心人物的关系究竟是怎么样的。后来我自己都快没自信了，头三集就第一集觉得还行，第二集又觉得不好。后来制片人终于觉得前三集像个样子了，说那这样咱们也别一集集聊了，你就写吧，你写完十五集之后，咱们再聊。我把前三集写完了之后就关起门来，谁也不理，一直写到十五集发给他。后来制片人打电话给我，说他发现这十五集非常好。他说我也明白了，前三集那么难其实是在定调子。前三集拿下来了之后，后面就都不是问题了。

记　者：您写前三集真的是用了半年时间吗？

束　焕：用了小半年。因为前三集跟分集大纲是同时在做，分集大纲也一直不顺。

记　者：那您写作的习惯是分集大纲在写的时候，这边前三集剧本就开始写了？

束　焕：是这样的，因为前三集分集大纲已经认可了。我另外还有一个搭档编剧，我写前十五集的分集和前三集剧本，搭档帮我写后十五集的分集。但这又会有一个问题，有时候我们俩就对不上，好不容易对上了之后，制片人又不满意。那会儿我就发现其实我的耐心还是起了作用，有时候你得相信制片人提的意见。他说的好多东西虽然你不同意，但是也能找到一致的部分，然后你再去影响他，到最后两个人能达成共识，这个比较重要。

记　者：明白，我觉得您的心态是对年轻人比较有教育意义的。因为现在问十个年轻编剧，你怎么看制片人，他们都觉得制片人说的都不对，心想要不是为了钱，也不听你的。这是编剧固有的一个心理吧？

束　焕：对，因为我后来也做制片人，做制片人的时候再回头来看编剧的话，我其实能发现编剧的问题。编剧是经常会把技术问题上升为尊严问题。制片人说哪儿写得不好，并不是对编剧整个人的否定。

记　　者：再问几个就是关于编剧生活上的问题，您看您喝的饮品也不是很健康。

束　　焕：这个是无糖可乐。其实我是少数不抽烟不喝酒不喝茶的编剧之一。编剧抽烟的多，喝酒的有一些。抽烟、喝酒、喝茶、养猫，就这四件事，比如我就养猫。编剧搞创作其实是一件特别孤独的事情，为什么好多人都拖稿？有人会说就算你一天写三千字，十天一个电影就写完了。可问题是一天三千字那是平时所谓的正常速度，写剧本的时候，经常有时候一天一个字儿都写不出来。还有时候是今天写了三千字，明天全删了，这都特别正常。

当编剧很挣扎，容易自我怀疑，自我否定。今天写了我觉得还行，第二天一看，好像一坨屎，没辙。不过经过多了，看了心理学，有个理论说，需要有个状态——创作的时候要关闭"自我评价系统"。就是你在写东西的时候，不能去想自己写得好不好，想到什么好的就把它先写下来。写剧本最难的是你要在主客观之间切换，写了一场戏，然后马上要用读者的眼光去看这场戏到底好不好。现在我也在尝试，这个东西都是自我训练的。

记　　者：您运动吗？好多人说做编剧也是个体力活儿，必须要保持身体的健康。您身体有因为写作出现过问题吗？

束　　焕：我现在运动，这半年已经减了十几斤了，以前身体也有过问题。另外，不要熬夜，熬夜容易使得整个人很

你将来的样子

颓。因为你变成只有到了夜深人静的时候才能写东西，一到白天基本就废了。王朔说过一句话，我觉得特别对，他说你真要想生产大量的作品，就得朝九晚五，像上班一样。日本的作家村上春树不就是每天雷打不动地坚持吗。

记　者：那您平时有大量时间阅读吗？

束　焕：我现在开始学着用kindle看书，很方便。我发现看书这件事儿，方不方便很重要。比如说你手机随时拿出来就可以看，但是手机有点儿伤眼。

记　者：您接下来的规划是什么？

束　焕：第一是想再做几个爆款的电影，可能是喜剧，也可能是剧情片或者说科幻片，都有可能。还有是想培养出一个团队，我希望形成自己的一个喜剧品牌。这个品牌，可能会融入一些我觉得很优秀的青年创作人，让他们加入进来。从一个剧来讲，其实剧本是最重要的。我曾经想过，比如说情景喜剧，做完一年之后，每天做一个剧场版，做个话剧。这个话剧在写的时候，我就想好，未来怎么把它影像化。像《开心麻花》一样，见观众，在剧场里检验剧本，一遍一遍改，都弄瓷实了再把它拍成电影。这样的话，如果可以一两年有一部或者三年有两部，用这个模式能出来的我觉得就可以了。

苏晓苑

作品：电视剧《那年花开月正圆》《亲爱的自己》等。

简介：作家、编剧。毕业于四川师范大学中文系。

记　者：您是如何入行的？什么机缘选择这个职业？

苏晓苑：大约三十年前，我刚进大学不久就加入了话剧社，在里面写小品，写得还算是不错。等我大学毕业不久，成都电视台正好要筹拍一部电视剧，两位编剧老师，乔瑜和李昌旭老师，当年也是有名气的老师，想组建一个编剧团队，就在电视台发布了一个招聘启事。因为我有写小品的基础，于是我就写了一个小品寄过去，两位老师觉得还不错，把我拉入了他们的团队，就跟着他们写了第一个电视剧。那是90年代，整个电视剧的市场行情不像现在这么火，我自己也没有继续做下去的意识，也没有机缘，所以那部剧之后，我还是回到了学校，继续做中学语文老师。

记　者：您之前的职业是老师？

苏晓苑：对，我读的师范院校，毕业后做了中学老师，之后又去了电视台做新闻记者。大概到了2005年的时候，电视剧市场好了，又开始接到了一些邀请来从事编剧工作，所以我差不多从第一部剧后，过了十二三年，又回到了这个行业。

记　者：所以您真正回到这个行业的年纪大概是三十岁了，现在有很多人会说，从事编剧起步要早，您怎样理解呢？

苏晓苑：进入这个行业早的话，可以接受很系统专业的训练，接触到很专业的老师。但是我自己的感受是，入行也算早，但我拿出二十二岁写的东西的话，看都不敢看，挺脸红的。所以起步早晚这个事情没有定论。

记　者：那您为什么不继续当老师了呢？

苏晓苑：我大学毕业后就接了一个班当班主任，从初一带到了初三，他们毕业后，我就有了没办法再接受其他学生这种感觉，就是你爱了一拨人后，就很难再投入同样的感情和爱给另一拨人的感觉，然后我三年来教过的课本，又得重复一遍，我也觉得不能忍受。不太喜欢这种生活了，于是改行了。我不太喜欢重复的事情。

记　者：可是编剧行业也是每个项目都是不断重复再来的过程啊？

苏晓苑：不太一样，因为每一次遇到的项目，包括每一个剧的类型，甚至是发现自己身上的缺点都是全新的，我反而能接受这个。虽然说写作本身是一件枯燥的事情，但是你写进去了之后，每一个剧都是一个全新的世界。

记　者：明白，那我们顺着您的入行历程来回忆。

苏晓苑：真正回到编剧行业是2005年，当时成都要拍一部描写四川美食的电视剧《芙蓉花开》。我在写作的过程中，收获了很多的乐趣，也增强了可以继续从事编剧的信心。那个时候，我已经从电视台新闻部门调到了电视剧中心了，从那时起，开始作为一个职业编剧来进行创作了。之前的十年里，我几乎把电视台所有的行当都从事了一遍，还做过活动的策划，晚会的编导，访谈节目主持人，包括字幕都做过。

记　者：也就是说您从业的这十几年都在做着和编剧无关的工作，后来才转行做了职业编剧。

苏晓苑：对，我真正从事专职编剧之前是专业记者。这些经历
　　　　对我的编剧创作影响非常大。我自己的观点是，做编
　　　　剧除了专业的训练，除了天分，阅历是非常不可或缺
　　　　的元素。十年的记者生涯帮我积累了非常丰富的素材，
　　　　包括对生活和对人性的感悟。我身边的编剧，大多不
　　　　是一上手就从事这个职业的，比如现在四川有五位有
　　　　一定知名度的编剧，被称为五朵金花，五个人全部是
　　　　中途转行过来的，《伪装者》的编剧张勇，以前在军工
　　　　厂工作，《楚乔传》的编剧杨涛，还有陈岚，以前是四
　　　　川台的编辑和主持人，乔兵（电视剧《双刺》的编剧）
　　　　以前当过医护兵。去年四川还针对这个现象开了一个
　　　　研讨会，就是探讨为什么在四川会集中出现了这么一
　　　　批相对比较突出的编剧。

记　　者：那么探讨出结果了吗？
苏晓苑：结果是四川是人杰地灵之地，有着丰富的文化底蕴。其
　　　　实我们也是觉得，四川远离北京，诱惑更少，相对能静
　　　　下心来，踏实创作。成都电视台当年也涌现了一批非常
　　　　出色的编剧，比如麦家，他是我同事，我们的办公桌子
　　　　都是挨着的。还有成名更早的《誓言无声》编剧钱滨老
　　　　师，是成都电视台的电视剧中心主任，我的师父。

记　　者：有些编剧感觉这个职业是有宿命感的，就是一定要冲
　　　　破一切束缚当编剧。
苏晓苑：我也认识这样的朋友。我之前没有这种感受，但是我
　　　　现在有了。因为我觉得其他什么都不会做了，只会干
　　　　这个。

记　者：您没有过上下求索地去找活儿的经历是吗？

苏晓苑：我没有这样辛苦地找过活儿，总有项目过来找我，我也总能遇见好的导演和制片人。我确实也是和同行的其他人来比幸运很多，我很感恩。

记　者：那您为什么这么幸运呢？

苏晓苑：我感觉可能是因为我工作态度好。

记　者：有些编剧就很抱怨，凭什么自己很努力，很争取，但是机会总不好？

苏晓苑：我有时也和年轻的编剧讨论，他们会和我抱怨遇见骗子。我回想下，我好像也遇见过这种情况，就是很常见的一个状态，对方啥都没有，就是希望编剧能写一个东西出来，然后他好拿着这个去找投资，找到了会给一点儿钱，没找到的话，编剧之前所有的付出就都没有了。这个我也遇见过，但是当时我真没有觉得他是在骗我，我觉得是对方给我机会，对方是很信任我的，他认为我的东西是有价值的。所以可能是我的心态好，所以才会总遇见好人。

记　者：这个太重要了，好的编剧一定要有人格魅力才能吸引更好的合作。

苏晓苑：其实我都没有想得太复杂，合作的时候，会表达出诚意，如果对方不坦诚，我不和你合作就是了。

记　者：现在有好多编剧有经济压力，没有办法不去计较，他们也想拥有好的心态，但是在巨大的经济压力面前，就很难做到，您有过经济压力吗？

苏晓苑：回忆起来，我也有口袋里面就只剩一点儿钱的时候，但是不知道为什么就是当时不觉得苦。也许是因为我在成都，当年住房的压力没有那么大，而且我一直都在电视台，有一个相对稳定的工作。二十世纪九十年代，我们还赶上了电视台黄金年代的尾巴，所以相对来说，源于经济的压力少了一些。这个也许是为什么成都这个地方涌现了那么多的优秀编剧的一个原因，因为压力小，相对也没那么浮躁。

记　者：有很多观点认为编剧是苦差事，必须是把自己逼到以它为生的状态，才能写出好东西。

苏晓苑：您让我想起来圈里的一个段子："如果不是因为家里困难，谁会出来当编剧啊！"我觉得这种无路可走、必须走下去的状况，指的应该是一种全心投入的一个态度。当进入到剧本创作的时候，我是不会给自己留退路的。

记　者：您拖稿吗？焦躁吗？

苏晓苑：尽量不拖稿。会焦躁，每一部剧有那么一两次会崩溃，会哭，人就完全没有自信了，会觉得自己写不出东西来了。

记　者：这个崩溃状态会在项目的哪个阶段出现呢？

苏晓苑：很多时候是在开始的大纲阶段。只要前期大纲阶段OK了，后面的就都好办了，比如人物的搭建啊，故事的创新性啊。

记　者：您当记者的时候有没有进行编剧方面的专业训练呢？

苏晓苑：我还真没有。所以我说自己开始真正入行编剧这个职业，要从2007年开始，之前我完全靠着自己的感觉在往前走，我是学中文的，没有学习过戏文。2007年开始，在《花木兰传奇》文学艺术总监熊郁老师（峨眉电影制片厂资深导演）的指点下，我才开始慢慢试着从专业的角度去理解人物、剧情结构和整体的搭建的。

记　者：您也在看这方面的专业书吗？

苏晓苑：看，我前不久还在问一个中戏戏文系的一个学生，我让她把她们的教材清单发给我，我来看看我哪一本书还没有看过。

记　者：那您是怎么一上来就会写剧本的呢？格式之类的呢？

苏晓苑：不知道是不是无知者无畏。因为自己写过小品，有一点儿文字基础，就全靠胆子大。而且以前还有《电影文学》这些杂志，会发一些剧本，格式之类的参考都是从那里来的。

记　者：您是如何和丁黑导演结缘的呢？

苏晓苑：要从《花木兰传奇》说起。当时项目的一个文学策划，是中戏毕业的博士，成都老乡，他觉得我人很好，我们也挺合得来的。后来他介绍我和唐德合作，创作了《拥抱星星的月亮》，当时丁黑导演看到了这个剧本后觉得不错，执导了这个剧，我们就此认识。那时《那年花开月正圆》项目筹备已经有一段时间了，但剧本一直不太理想，丁导就把我介绍给投资方华视娱乐，让我来做这个项目的编剧，于是，2015 年我开始了《那年花开月正圆》的创作。

记　者：您几乎是两年一部剧的量，不算一位高产编剧，一直都没有想法说是靠一部剧要赚多少钱，就是想踏踏实实写作。

苏晓苑：我记得《那年花开月正圆》写作的时候，太苦、太累了，我当时感觉信心不够了。丁黑导演就和我说，你看我们都是生活不愁的人，我们就认认真真做点儿事儿吧，在我们能力范围内做到最好。他这样鼓励我，让我放松。这个剧我写了两年多，压力最大的时候出现在大纲阶段，大纲就写了一年多。当时压力太大了，每拿出一稿，都觉得自己已经被逼到了极限了，结果导演还是说不是这个意思，然后又回去，然后又一稿，然后又被打回来。

记　者：您知道，现在有些编剧修改三次大纲就要崩溃了。

苏晓苑：我也崩溃啊。

记　者：有什么应对方法分享呢？

苏晓苑：导演的支持很重要，导演一直都没有放弃我。另外我也认为，没有什么更好的解决方法，就是你回来后哭一场，彻夜不眠，然后还是要继续写。这是一个过程，一个煎熬的过程，还是要面对。而且之所以我愿意坚持，一遍一遍地修改，是因为我心里觉得他们的意见是对的，我确实是存在这个问题，也许是因为我能力的问题，我达不到，但是我知道是对的，也努力去做。当然确实编剧也会遇到一些让人啼笑皆非的意见，这也是让他们崩溃的原因。我也遇见过不专业的评估意见，很早以前，我也会很迷茫，会怀疑自己，但是现在比较好的一点是，毕竟自己写了那么多年了，还是有一定经验的。

记　者：那面对这种不专业的修改意见，您会如何处理？

苏晓苑：我会抗争的。甚至有一次我对一个老板讲，如果你们坚持这样改，你是甲方，你说了算，但是我有我的职责，我一定要告诉你这样修改会出现问题的，如果你想往另外一个方向走，我没问题，我可以配合执行，但是这个是不对的。至少我还是比较幸运的，那位老板最后采纳了我的意见。

记　者：有遇见过争执不下，很难收场的情况吗？

苏晓苑：我之前没有遇见过，但是不保证以后没有。我遇到的争执大多数是在创作层面上的问题。

记　者：有时甲方会提出很多不专业的意见，比如类似于在大纲阶段表示人物性格不突出、不鲜明，剧情不精彩，风格不明快等等，就是编剧们解释说我这个阶段是分集大纲阶段，人物的很多特点需要在剧本阶段用细节和情境来支撑塑造，甲方还是逼迫编剧进行修改的情况，怎么办？

苏晓苑：我个人觉得，我第一会和甲方详细深入地讨论，你要是觉得人物不鲜明，那具体是指哪些方面？比如在大纲阶段的哪个点你可以更极致地表现，你不能笼统地给我一句话，说不鲜明，编剧需要去追问；第二，确实在大纲阶段不是看人物的，大纲是看故事的。其实可以建议甲方在方法上进行修正，他们可以去看人物小传。

记　者：这个现象还是很普遍的，如何能让编剧的生存环境变得更好呢？

苏晓苑：还是真的希望项目发起方，还有制片方能更加专业，这些决策者、老总，他们要有一个意识，千万不要在剧本总监或者是文学策划这方面省钱，千万不要图便宜找缺乏阅历和经验的人，或者找貌似很专业的人，一定要请专业的老师来做剧本策划或者是文学总监。有一个专业的人来把控，太重要了。

记　者：您会帮助年轻的编剧来指导剧本吗？

苏晓苑：我会。我会邀请年轻的有意向的编剧来一起合作。

记　者：您会考虑以后培养一个属于自己的编剧团队吗？

苏晓苑：这个问题我一直都在考虑，我想拥有一个，不能说是团队吧，我觉得就是搭档。需要一两个人在一起商量和碰撞，互相分工。比较希望有这样一种状态。

记　者：您有特别执着于想要达到什么目标吗？

苏晓苑：没有。我觉得您说的特别明确地追求某一个职业站位的计划性，有时候是没有用的，因为有一种东西叫作命运。丁黑导演也经常说，一剧一命，有的剧就是剧本很好，导演也不错，演员表现也出色，播出平台也不差，各个方面都很优秀，但就是不火。所以我们只能在我们的范围内，竭尽全力做到最好，就好了。

记　者：有写作者的职业病吗？

苏晓苑：颈椎痛，腰椎痛，脱发，失眠，甲状腺结节，这些毛病都有，没这些职业病都不好意思说自己是编剧。我家腰椎、颈椎的按摩器就有四五样。

记　者：您每天工作多久呢？

苏晓苑：如果把我每天刷微博、淘宝、微信的时间都抛开的话，会有六到八小时来写剧本。

记　者：一个优秀的编剧就要很自律。

苏晓苑：我倒不是优秀编剧，我只是觉得，我们作为自由职业者，没有老板，没有朝夕相处的同事，没有打卡机和项目管理，一放任就玩儿开了，真的需要自律。我觉得我脑子里就是有一根弦，一放开了可能就收不回来了，所以必须把自己管着。对于所有自由职业，自律尤其重要。

记　者：您现在对自己有阅读量的要求吗？

苏晓苑：没有特别严格的标准，但是每天都要有阅读时间。在阅读的方式上，更网络化。

记　者：网络上哪方面的文章是您关注的？

苏晓苑：八卦新闻，稀奇古怪的故事，社会新闻等。

记　者：那网络上的这些微博文章、微信订阅号、知乎等等每天您要花多长时间关注？

苏晓苑：早上起来会看半个小时，中午午睡前看一会儿，晚上睡前看一会儿，总体上算来还挺多的，每天差不多有两小时了。

记　者：您一路走过来，有什么困难吗？貌似您一帆风顺的都没有困难呢。

苏晓苑：没有啊，我此时此刻就很焦虑，我明天就要开剧作会了。我必须在这一稿上再进行一个突破，要达到导演想要的标准和要求。我经常会有自我怀疑的时候，我在想，我能力是不是就到这儿了？我是不是让所有人失望了？这个焦虑是常态。

记　者：有些编剧会在自我膨胀和自我萎缩之间来回摇摆，有的时候觉得自己什么都能写，有的时候觉得什么都写不出来。

苏晓苑：这是常态。

记　者：您有想过要去进修戏文相关专业吗？

苏晓苑：还没有想过，我觉得在战争中学会战争可能更适合我，很多好的导演、好的演员都是我的老师，都在教我学习。

记　者：您擅长写故事大纲还是剧本？

苏晓苑：我不擅长写大纲，更擅长写剧本。我大纲字数很多，曾有资深编剧老师说过，一个好的大纲一万五千字就够了。但是我每次写大纲都会写很多字，最多会写到七八万字，我控制不好这个度，也许这也是我需要继续努力进步的地方。

记　者：您给年轻编剧什么建议呢？

苏晓苑：别着急，慢慢来。因为一个人二十岁、三十岁、四十岁写出来的东西是完全不一样的。如果希望这条路能够走得更长远的话，尽可能慢下来。

陈彤

作品：电视剧《离婚律师》《一仆二主》等。

简介：作家、编剧。毕业于北京师范大学。

记　者：您是怎么入行的呢？您之前是作家，为何转行编剧呢？

陈　彤：当时我接到王海鸰老师的电话，她在写一个由城乡婚姻所带来的纠纷的剧，叫《新结婚时代》，问我是否感兴趣一起创作。我当时已经出版了很多本书了，恰巧我的书里就有大量这样的生活。然后我就跟着王老师，写了我人生的第一部剧。

记　者：您两位的分工是怎样的？您主要负责哪个部分呢？

陈　彤：我们的写作方式是这样的：我三天写一集，写完后给她看，当时她和我约定的是一集六百行，折合成字数大约是一万六千字。

在写之前，我先和她聊这一集我打算要写什么事儿，她同意了我就开始写，她不同意的话，一般也不会直接说，王老师比较保护我的情绪，她会循循善诱，比如问我为什么要这么写，这么写的目的是什么。我每写一集，王老师修改一集，我们在剧本创作过程中，我印象里只见过一面，中间都是电话交流。

大的故事和人物关系是一开始就确定好的。王老师跟我说，这个故事要写三组人物：比如你是女主人公，第一组人物就是你和你老公，你是一个城里姑娘，你老公是你大学同学，所不同的是，他家是农村的；你有一个弟弟，还有一个闺蜜，闺蜜爱上一个有钱的有妇之夫，最后，你弟弟和闺蜜好了，这是第二组人物；第三组人物是你的父亲，你母亲去世，父亲和保姆产生了感情。

我后来知道，一个好剧本，必须要有一个好的人物关系。写剧本，很大程度上就是写人物关系。我最初写的剧本，王老师总说："你这个不叫戏！"我当时就非常不理解。比如她会说，你这个台词没有"动作性"。我当时还以为是需要一边说话一边在做一个什么动作。我记得我当时写了这样一个场景，是一个人掉了一根筷子，一边捡一边说话。王海鸰老师问我为什么要一边捡筷子一边说台词，我解释说，您不是说台词要有动作性吗？

我那时候就是这样，对"戏"一无所知。所以我很感激王老师，我每集剧本写完，她改好，都会发给我，让我看她的改动，这对我帮助非常大。

记　者：直接写剧本，之前不写分集大纲之类的吗？

陈　彤：没有，我都不知道什么是分集大纲，直到我后来给别的公司写戏的时候，人家要求写分集大纲，我都不太清楚，我一写就写成小说，十几万字的，因为我之前就是写小说的。后来经常合作的对我了解的制片方，就不要求我写分集了。

记　者：您不写分集大纲的话，制片方都会同意吗？一般的合同模板里好像都会有硬性的写作分集大纲的条款。

陈　彤：合同上会写，但是在实际操作过程中，我都会写一个比较详细的大纲出来。有的公司自己的策划会整理出分集。比如当时写《一仆二主》的时候，我就对李晓明老师说，我真的不会写分集。他就让我按照我习惯的方式写了一个故事，然后李老师帮我改成了分集。我这一路，虽然也遇到很多坎坷，但在关键处，都能遇到贵人、良师和德艺双馨愿意提携后进的前辈。

记　者：王海鸰老师的经验对您很珍贵。

陈　彤：对，首先她人特别好，从来都不会说打压我的话。就算是我写的有不尽如人意之处，她也就是自己修改好了之后发给我，并告诉我什么地方进行了修改，为什么要这么改。第一集，她恨不得满篇都做了修改，我一看到她发回的，当时汗如雨下，真的是汗颜。

记　者：有没有出现小说语言和剧作语言不搭的情况？

陈　彤：出现过啊，最开始我写出来的东西，王老师说，你这个不是剧本，你这个是小说的语言。我一直不理解，直到有一天，她送给我她的《中国式离婚》的小说和剧本，我一打开，看第一眼，瞬间就知道了，小说和剧本，太不同了。

记　者：剧本的团队作业讲究的是什么呢？

陈　彤：默契最重要了，肯定要有争执的，就是要看两个人的默契度。吵后还能在一起写的合作伙伴最重要。

记　者：您的产量是怎样的？能做到一年一部吗？

陈　彤：我好几年才写一部剧，产量极低。有感觉才写，我不强迫自己，我遇见的制片人也都是那种很有弹性的，好几个月才催一下。

记　者：小说创作和剧本创作哪个会更加轻松呢？

陈　彤：小说创作会更加自由。剧本需要反复打磨、修改。小说写完了就是成稿，剧本写完后是图纸。一个制片人

对我说过一句让我刻骨铭心的话：没有被拍摄出来的
剧本就是废纸。

记　者：有没有片方拖欠尾款的时候？

陈　彤：有，但是我觉得他们也不是故意的，他们有的可能是
忘了，有的确实是公司也困难。有些公司戏播了大半
年了，又来找我写东西的时候，我就会提醒"您尾款
还没有给我结呢"。

记　者：您写过的剧，哪一部是比较满意的？

陈　彤：很难说，都有遗憾。因为每个剧的付出是不一样的，
有的剧一年半载就写完了，有的剧写个三四年还在写。

记　者：有遇见过不靠谱的责编吗？

陈　彤：我接触的责编都比较靠谱，没有什么经验，我们就有
商有量地来。其实责编身上所表现出来的种种网上所
传的不靠谱行为，我觉得不关责编个人什么问题，很
多都是公司本身有问题。也没有必要去和个别的责编
置气或者争执，直接和公司解约就行了。

记　者：您是在合约上特别较真的编剧吗？

陈　彤：不较真，但吃过亏，后来就找了一个编剧合同模板，
之后就一直采用这个。

记　者：有很多新人编剧很担心自己的话语权或者是维权问题。

陈　彤：作为新人的话，要淡定一些，什么都没有写过，一上
来就要求合作方给话语权之类的，合作方心里也会说，

我又不是你父母，你什么都没写过，我给你钱，还得听你的，我是欠你的吗？

记　者：您擅长的题材是？

陈　彤：我自己的生活和我周围人的生活。

记　者：写《离婚律师》的机缘是怎样的？

陈　彤：当时新《婚姻法》草案在媒体上引起争议。有一家电视台邀请我过去做访问，我当时正在写"情感专栏"，和我同期做节目的还有陈旭律师等人。当时分为正反两方辩论，争执得很激烈，回来后我就写了一个故事。后来耀客老板吕超先生来找我，问我有什么想写的，我说我打算写有关离婚律师这样一个题材的故事，就这样开始了。

记　者：《渴望生活》创作的机缘和过程是怎样的呢？

陈　彤：我有一个朋友叫李国威，公关行业是比较有名气的。他担任我这个项目的职场顾问，因为彼此熟悉，所以我才好意思询问和占用对方的时间。每个人获取灵感的方式不一样。

记　者：这个项目跟组吗？

陈　彤：我一直跟组，全程合作，这是我和刘进导演的第二次合作。

记　者：在一年里接好多活儿的编剧，您怎么看？

陈　彤：会有这样的专业团队吧，一年接好多，大家分工明确一起参与。其实我理解这种行为，编剧这个职业太苦了，而且成活率不高。活儿多的话，就算是有一部夭折，也不会影响那么大。但如果好几年只写一部，万一夭折了，真的会抑郁。我有一个编剧朋友，她是非常认真的，好几年磨一个戏，各种原因这个戏一直没有出来，最后她都癔症了。我之前也有过，一部戏和一个甲方很长时间，反复折磨，各种重写，也特别崩溃，后来一位前辈跟我说，编剧和甲方的合作关系就像谈恋爱，如果你跟他不成，也不是你不好，也不是他不好，可能就是你们没缘分，你换一家试试。

记　者：请您给新人编剧提点建议。

陈　彤：坚持写下去。写自己喜欢的、感兴趣的。要找到喜欢自己文字的人和团队，如果不喜欢你的文字或者总说你文字不好的人，就不要合作了。

杨文军

作品：电影《何以笙箫默》；电视剧《鹤唳华亭》《剧场》《扶摇》等。

简介：导演、监制。毕业于中国传媒大学电视系。

记　者：分享一下您入行的经验。

杨文军：我入行与从小对文学的热爱分不开，入行前也算是半个文艺青年吧。在初中高中的时候，我读现代文学很多，不比一个大学中文系的学生少。初中的时候认识了一个老师，是我姐姐的中学老师，家里是老知识分子。他家有一个小院子，特别破烂，三间屋子，都是从地板堆到天花板的大量的图书。我认识他后，几乎每个周末都在他家度过，或者是抱一大堆书回来读。到了大学，读当代文学比较多，大学期间对我影响最大的是文学期刊，《收获》《十月》《意林》《钟山》等都订阅了。古典文学也很喜欢，但是当时没有精力，所以我最近在联系看能不能在北大或者北师大去进修一下或者旁听一下中国古典文学这部分知识。

我们那个时候高考，不知道电影学院之类是需要提前招生的，后来发现有个广播学院，我就报了这个。我们那一届也没招导演，就是当时隐约感觉将来想做影视，做导演之类的工作还挺适合我的，加上我当时看了那么多书，还很有画面感和想表达的东西。

上大学之后读的是电视系，没有导演专业，那会儿学校隔年才有导演专业招生，我最后学习的是纪录片编导，其实有一半是新闻。这四年，每一学期都有一个导演课的老师，每一周都给一个片单要求我们看，下个礼拜就过来讲这几个片子，从导演计划到影像处理，各种角度都来讲，这四年我积累了很多。再加上专业摄影、灯光、构图这些基础知识都教，我的技术基础也都是在那个时候打下的。

毕业后我们的就业走向是新闻系统，去专题部做些专题节目或者纪录片。我当时毕业分配很困难，北京肯定是留不下来的，我老家是无锡的，想去江苏台也不可能，因为太难进了，我又不想回无锡，那个城市是经济导向为主的，于是我选择了南京，那是个文化城市。当时南京正好成立了一个新的有线电视台，全国刚刚普及有线电视，那个台还比较重视人才，去做了三年记者后，觉得不是我想要的，我还是想做偏影视剧的作品。但是记者的这三年对我也很珍贵，让我养成了观察生活的习惯。当时我们拍摄的纪录片，需要深入生活，所以要有对民生的更深层次的了解。我之前是从象牙塔里出来的，真的还是在那几年了解了民生。当时对煤矿、长江三峡的考察，做时政新闻，帮助我养成了一种要深入内核的思考的习惯，而不能停留在表面上的东西。这个阶段对我后来的影响是，当我拍摄当代题材的时候会习惯性地问自己是不是真正地触碰到了事件核心，穿透表面的泡沫。

南京生活期间另外一个收获是我认识了当时一大批南京的文化人，其中包括一位江苏文艺出版社的责任编辑，是苏童老师等人的责编。我和南京的作家关系比较好，因为我本身热爱文学，所以愿意和他们混在一起。后来认识了一位转做编剧的作家范小天，正在拍苏童的一个剧《离婚指南》，他们是中国作家里比较早期改行干影视的，那个时候我也在帮他们做一些策划方面的工作。他们也比较认可我的文学修养，这期间台里的工作我也不想干下去了，因为我不太喜欢体制内的人事关系。虽然台里当时不同意我辞职，但是我还是坚持辞职。当了北漂，住在我新认识的一位广院老师家里，他是文学博士，现在是北师大艺术学院的院长，也是长江学者，很厉害的一个人，我当时在他那儿蹭吃蹭喝。正赶上广院一位老师拍戏，需要一个助手做场记，他就把我推荐去了。我那个时候是第一次真正涉猎影视，虽然只有八集，因为当时我做得比较好，就把副导演的工作也做了，后期剪辑我也跟着，那个阶段是真正的第一次实践和深入学习。这时问题跟着来了，台里还是不放人，还组织人来了北京，成立了一个工作小组专门来"抓"我回去。我说我就是想拍电视剧，台里同意了，给我专门成立了一个工作室，我和台里商量能不能用一个全新的体制，因为我倾向于制片人中心制。我来选择题材、项目，台里审核通过后拨款，我作为制片人来聘请导演等创作团队。虽然当时有当导演的野心，但还是想要一步一步来。当时制片人要怎么当，我根本就没概念，只是想先干起来再说，这个条件台里也同意了。

当时我看了一个小说很喜欢，就是《小小生命树》。是一个妈妈写的，非常感人，我提上去，台里说挺好，拍八集。1996年预算我做了八十多万，请了江苏很有名气的导演虞志敏，她是得奖专业户，正好我可以让有经验的导演带着我，我作为执行导演可以和她学到很多。虞志敏导演很负责任，思想性和调性我都很喜欢，那个戏一下子拿了好多大奖，"五个一""飞天奖"等等。我拍这部片是实打实管台里借的款，成片后就背着录像带跑北京，找央视，当时各位领导都对我特别好。我当时才二十六岁，看着小小的，背着那么重的录像带到处跑，跑去上海时，直接就是闯主任办公室，后来他们两家看完之后觉得很感人、很喜欢，最后这个戏就算是成功了。范小天的公司这个时候发展已经很好了，他们正在筹备一部新戏叫《新乱世佳人》，这个戏投资一千万，在当时算是最大的制作规模了，好多作家都在帮忙，苏童、王朔都来做策划。当时计划还是找一个成熟导演，我来做执行，但是一直找不到特别合适的，最后就说要不我自己来吧。他们也很相信我，我就开始独立导演了第一部戏，其他人在我身后帮我把关，最后的效果也很好。从此我就这样正儿八经开始走上了这条路。

说回来，其实我觉得不管是我当制片人也好，导演也好，都是和文学密不可分的。我的文学启蒙比较早，可以说是比较痴迷文学，不是一般地喜爱，从十三岁开始到十八岁，五年我全部泡在小说里。包括我有一段时间，拍的年代戏比较多，也都是有影响的。后来江苏文艺出版社的编辑已经成为凤凰文艺集团的董事长了，没事儿也会经常切磋。有一次电视剧导演协会组织创作讨论的时候还聊到影视作品和文学作品的关系，我说优秀的影视作品，文学是特别好的沃土。这个也可能是我和别人不同的起步点，比如电影学院有以影像为主的导演，大家的成长是有区别的。

记　者：您在导演这个行当的提升速度很快，有什么经验吗？

杨文军：我第一部戏做场记、副导演和剪辑，第二部戏就开始独立做导演了。我后来回忆那年的那部戏为什么会接触了那么多的工种呢，是因为在这个过程中，导演经常和我探讨人物之类的内容，我觉得我所说的那些想法还是比较打动她的。估计她会想，这小孩可不是一般的助手，是一个有想法的可以对话的工作人员。她觉得挺有趣的，有的时候她会故意剪了一半的戏就走了，第二天来了一看，我帮她剪好了，她就是想看看，要是我来干的话有什么不一样的效果。

其实你们这本书的书名对我很有触动，我北漂的时候去了电视剧《一地鸡毛》的剧组，当时冯小刚已经很知名了，我和剧组的场记、副导演认识，他带我进去待了几天，学习了一下，接待我的剧务是陆国强，这个人现在是大制作人了，他对我很好。当时我就被冯小刚这个团队的创作态度感染了，更加下定决心要好好做导演。当时我就想，他们就是我将来的样子，他们非常认真非常专业，摄影、灯光、美术每个人都是最优秀的，器材也是最好的，都是用拍摄电影的器材来拍摄电视剧，对我的影响很大。

记　者：新人导演们应该更加注重自身的文学修养。

杨文军：我还有一个特点是我的阅读速度特别快。比如我的浏览速度，我看书时是眼盯着每一页的中间部分，上下两部的信息都会收取到，所以不是横向阅读而是竖着往下看，我以前的话阅读量基本上一天三十万到四十万字。去年在剧组工作的十七个小时内，我只读了二十万字，随口说我的阅读量下降了，我周围的人都炸了，说导演你在说什么？一天一本小说对我来讲太轻松了，我在上小学之前就已经开始阅读长篇小说了，虽然只认识里面三分之一的字，但是我一整天趴在那儿，不吃不喝我也要把它读完。我说这个是天生的，就是真的很喜欢。别人问我喜欢什么，我说就是读书啊，如果不拍戏的时候，在阳光房里，能读上一整天的书，那就是最开心最幸福的事儿。

记　者：您各种题材都会拍，涉猎非常广，但对一般导演来讲，
　　　　并不是这样的，他们可能会专攻某个类型。

杨文军：从题材内容上来讲，我也是有短板的，比如现在的年
　　　　轻观众愿意看什么，有的时候也不是完全能抓得到。
　　　　比如《扶摇》我也能拍，但是能不能抓住年轻人的点，
　　　　我还是很迟疑的。我最初接手《扶摇》这个戏，是因
　　　　为觉得它和一般畅销小说不一样。它比较有思想、有
　　　　深度、有力量，改编后我发现年轻人的关注点与我想
　　　　的并不完全一样。有很多商业化、偶像化的操作，有
　　　　的时候需要根据市场做一些调整，我也需要对应做妥
　　　　协和探讨，但是这些是我自己不一定喜欢的。比如刘
　　　　奕君这个角色，小说本身的设定并不很出彩，是那种
　　　　老谋深算的角色。刘奕君演了几天后觉得有些不对劲，
　　　　总觉得人物不是那个气质。结果这个戏播出来之后，
　　　　得到了好评。这个角色让观众觉得很萌、很可爱，本
　　　　应是一个老谋深算的人物但是却到处被别人算计，反
　　　　倒让观众觉得很蠢，很深情，切中了现在年轻人的点
　　　　了。后来我总结，现在的观众喜欢复合型人格，不走
　　　　传统路子。我的思维习惯是如果是老谋深算的人，一
　　　　定是智商超群的，不会蠢，但是你看现在的观众竟然
　　　　喜欢这样的人物，刘奕君也很惊讶，他当时的想法是
　　　　剧本中人物有缺陷，我就使劲地演，用真实来弥补，
　　　　但是他没想到反而是这样的市场效果。当年这个角色
　　　　在腾讯的年度十大热词排行榜上入选——太渊国国公。
　　　　所以说，像我们这样的导演，抓年轻人的点，是不太

擅长的，会做一些有意识的修正，但是真正要改变自己吗？也未必，我有我强大的地方和坚持之处。

记　　者：您合作过这么多演员，您是怎么挖掘出演员潜能的呢？怎么让他们和您更好地配合？

杨文军：剧本本身并不一定是特别完美的，因为也许故事很好，深度也够，但是要做到让每个人物都那么鲜活是比较难的。我对真正有演技的演员是很尊重和欣赏的，我希望能调动他们的积极性，忽略他们身上其他的小毛病。你其实不能把演员当成"正常人"，他们很情绪化，他们学习表演的第一课就是要解放天性，打破顾虑，打破道德和伦理约束力才能最快地进入角色。所以我们对演员的道德瑕疵是要辩证地看，演员肯定不能太出格，但是也要在一定程度上允许人家是一个复杂的人。我打交道的这些优秀的演员都有一些很强的性格特征，不能完全把这个归结为就是他们的性格缺点。作为导演，要和演员交朋友，了解他们，信任他们，真正把他们独有的魅力挖掘出来。作品的成功不是说让演员按照我的思路、按照我预想的角色完全演完就完事儿了，有的时候作品大的突破就在于演员非常优秀，超乎想象地发挥。鲜活灵动的即兴的东西很重要，经常会出现，你会发现某些演员的即兴表演，会让你的汗毛都竖起来了，会瞬间让人很激动，这就是好演员。比如于和伟、马伊琍、姚晨，都会给现场带来惊喜。我的原则是，每一部戏，都会有一两位是灵魂人物，一定是需要这种有创造力的演员，那这部戏就是鲜活的，而不是说仅仅是完成。这个是我对演员的要求。当然，演员也会有感觉，第一你是认真对待他的，认真研究过剧本、角色和他的表现力的，所以他会觉得这个导演值得尊敬；第二，有的时候演员说出来的和剧本不一样，你要迅速抓到他想要处理的是什么，你要迅速知道他的优点是什么，然后你给他一定的空间，不完全按照剧本上去表演，他就会觉得这个导演懂我，懂戏。但是太出格的呢，你就必须告诉他，你不可以这样，如果你这样的话就会限制别的演员或者伤害别的演员的表演。这个就是导演需要掌握的分寸了，就是导演的情商，这是很重要的，我觉得很多导演身上都具备这个素质。同时，作为导演足够真诚也很重要，可以弥补某些自身的不足。

记　　者：确实是存在有些演员的创作干扰了其他演员的发挥。

杨文军：对，有些演员不说，但是作为导演你是要去体察的。比如这个演员在这句话上做了一个调整，那一连串的反应就会来了。如果没有特殊的理由，尽量按照剧本来，不去改，但是如果哪个演员的临场发挥对整个故事都特别有帮助的话，导演就需要好好研究一下，如何协调和调整，要细心，也要让整个剧组感受到你的全局观。

记　　者：导演需要统一和协调各个岗位的工作人员，这方面您有没有什么可以分享的？

杨文军：我举几个项目中的案例。《离婚律师》当时是导演、演员、编剧对剧本有很多不同的理解，当时一度传得沸沸扬扬说演员带编剧进组修改剧本之类的，不是大家想的那样，是我本身就对剧本也有很多自己的想法和要求。后来，赶着开机，我们就又找两个编剧一块儿帮忙修改，而且一个戏，很多时候，主编剧把控大的方向，一些小的细节也来不及修改。所以当时有一个集体创作，事实证明结果是比较理想的。

《鹤唳华亭》我们在拍摄的时候换了十三个演员，有的是定完妆了我觉得不满意，有的是拍了很长时间后，发现不得已需要换掉，里面好多都是好朋友，但本身我拍古装就比较少，这个戏还是偏正剧，所以我要求比较高。小说原著作者是某名校中文系工作人员，所以他写的台词我几乎不动，这是我唯一不改台词的一个戏，因为你改不了，每一句话都是精挑细选的，很多台词都是非常有文言特色的，语言节奏、语言逻辑、语言重心，突出表现的东西，都很重要。而对演员来讲，这样的台词节奏掌握得好不好，断句在哪儿，力量在哪儿体现，决定了这个人物对不对，对于有些演过古装，但是没有演过正剧的演员就不是很适应了。一些年轻的演员，台词关过不了，我就给换掉了，确实是得罪了不少人，但是我说没有办法，这事关一部戏的成败，所以不能讲人情，这个是要坚持的。

记　者：您对接下来的创作有什么想法吗？

杨文军：以往我挑的剧本一般来讲文化色彩还都比较重的。有的时候我也反思，我应该找一些情节性更强的作品来拍，因为我的文学修养或者从我的诉求来说，我会不停地往里面装一些我的私货，我自己喜欢一些文艺性比较强的东西，那就应该去拍摄一些商业性很强的戏，比如我拍一个人物，原本剧本上只是一个功能性人物，但是我会赋予他人生的价值或者思辨色彩，或者给予他人物的复杂性，这个就是与生俱来，我本能的要求。你要是拍文艺作品，这么去要求那就顺撇了，但是如果你要是拍商业片，这样去要求的话就很好，但是前提是严谨，一些强情节的故事，我最近也在看。当代题材也许是我下一步要考虑的，当代人的情感和社会生活，这方面目前感觉自己还没有真正发力，因为到这个年纪了，感觉自己思考问题的角度都不太一样了，再加上我做记者的那几年还有一些对社会和人的看法，现在都在慢慢开始发酵了。

记　者：您喜欢看美剧吗？

杨文军：刚好借此讲一下我对一些剧的感受。我最近在追《了不起的麦瑟尔夫人》，这部剧我关注的点是这个家庭，美国的中产阶级、高级知识分子的生活是怎样的，我觉得很有趣，他们的生活根本不是我们想象的那样，包括他们父母和子女的家庭伦理关系，比如子女出事情后，父母也会和他们谈话，但都是点到即止，不会把他们的想法一股脑儿地灌输给你，都是很认真地把自己的重要点点出来后，让子女自己去思考，他们特别擅长这点。《傲骨贤妻》第一季里，我印象很深的是有一个黑人，因为目击证人的错误举证被关进去了六年，公益律所重新审查后，遇见了这个男人的太太和女儿，但是那个黑人太太在求助律师帮忙时，拿出了老公和女儿的照片给律师后，讲给了律师一句话就离开了。你看这个就是我们不同的处理方式，没有任何哭诉和激动，拍出了美国底层人民的尊严，就是我要说的话，我会很客观地向你陈述，我始终很克制和冷静，这个是对生命的尊重，自己的尊严不容践踏，这个就是你看美剧里面处处会渗透的东西，它和中国人的很多思维是不一样的，这个是需要我们来学习的。反过来讲，我们拍这种戏是如何处理的呢？你要是这样拍，合作方就会埋怨你不真实啊，说这个媳妇儿好不容易揪住一根救命稻草了还不赶紧跪下来求人啊？狗血剧一般都会这样拍嘛。这就是国情不同，文化不同，思想都不一样，所以好多时候都需要研究和琢磨。其实我还挺想拍摄这种升级版的家庭伦理剧的，但是你看这又有些悖论，在国内拍摄不狗血的家庭伦理剧，话题性不够，热议度不够，又卖不出去。

记　者：您到目前为止拍摄的剧类型特别多，跨度也比较大，这是因为一些客观原因造成的，还是您希望这样？

杨文军：是因为找过来的这么多项目，好多都是打动我的，比如《鹤唳华亭》是情怀打动了我，在里面看到了中国文人的气节，王劲松老师塑造的这个形象太牛了。我接的每一个项目都需要有一个打动我的东西。

记　者：项目有没有遇到过一些困难和问题，比如审查困难等？

杨文军：其实我拍过很多折射这个社会的故事，里面集中反映了变异化的人性，被践踏的还兼具生命力的人性。《剧场》《风和日丽》等几部戏都是和"文革"有关，这几个戏核心都是非常有震撼性、打动我的。虽然有一些波折，但是因为骨子里的东西还是很真诚的、打动人的，审查部门的领导也都特别喜欢，最后都是通过了。

记　者：所以最关键的还是好内容带来的力量是吗？

杨文军：是啊，一部剧的故事第一要看是不是这块料，底子够不够厚；第二要看屁股够不够正，站在什么立场上讲这个事情。我以"文革"为背景的这几部戏，只是我故事的发生背景，无法绕开这段历史，我只是通过这段历史来讲述人内心美好的东西。

记　者：这么听下来，您一路走来都还是比较顺利，那您有没有遇见过特别难过的、不顺利的事儿？

杨文军：当然有。《风和日丽》当初送到总局去，两三个月出不来，能不着急吗？《离婚律师》当时也是要调整剧本，导演、演员和编剧之间本身也有一些意见相左之处，档期一拖再拖，外面也传言说原来定好的两家卫视退片儿了之类的谣言，我说我都不知道的事情，你们都知道了？但是作为导演来讲，这些压力一定要扛，对自己要有信心。《鹤唳华亭》也一样，当时超支很多，档期超了两个月，因为感觉到了电视剧市场要紧缩，反而要把它做大、做好。这个戏中间也是各种波折，一路是雷，这期间的坚持只有自己知道。

记　者：您给未来的新人导演一些建议吧。

杨文军：第一要有自己的一技之长，要问自己什么是别人没有的。当然，这个优势也要慢慢去培养，不要怕有野心，我入行的时候野心就是很大的。我当时看见冯小刚拍摄《一地鸡毛》的时候，就对自己说，将来我的剧组就是这样的，是这种格局的，是如此专业的。我看见他们那么专业和认真地去做一个文艺作品的时候，对待自己职业的崇高感深深打动了我。要相信有野心的话，大部分目标都会实现的。第二个就是影像、音乐、绘画，无论你哪个领域比较强，对创作都是相当有好处的。如果可能的话，还要养成读书的习惯，不读书很可怕。

记　者：您目前还是保持大量阅读是吗？

杨文军：是，我家里沙发上堆的全是书，什么类型的都有。我们拍《鹤唳华亭》这部戏的时候挺有意思的，我认识了个新人，是我们礼仪组的组长，一个研究中国国学的人。他不光是一个礼仪指导，他对中国传统的服饰、文化、历史各个方面都有研究，二十三岁的山西大学讲师，虽然年轻，但是对古典文学很有研究，整部戏我有任何有关历史上的疑问他都会回答得非常精准，这个剧我最大的收获之一就是把他叫过去聊天儿，他让我觉得学无止境。这些年来，我拍摄的电影很少，就是我认为我所学之处，在电视剧方面更能得到发挥，电影反而更多的是感觉，优秀的电视剧凝聚的思考的东西会特别多，我很喜欢拍摄史诗风格的作品。

记　者：您以前也拍过电影，今后还会再拍电影吗？

杨文军：会的。一方面会尝试拍摄情感题材，真实、有厚度、有情感的电影。再有我对科幻也有研究，也会考虑选择科幻题材电影。

记　者：现在很多新人导演特别热衷拿奖，您对此有什么看法和建议吗？

杨文军：其实拿奖是新人很好的一个出路，的确会上一个新的台阶，会站到一个更高的起点上，更多优秀制片人、投资公司都会关注到他，这不是坏事。关键是你在这个拿奖去的途中能否提升自己，拿奖对于每个导演可能都是个重要的目标，努力拿奖这件事无可厚非，但不可只是为了拿奖而拿奖。我虽然也获得了不少奖项，但没有哪个戏是只奔着奖去的，最关键是要把作品做好，获奖是顺理成章的事儿。

（记者：李梁）

杨陌

作品：电视剧《择天记》。

简介：作家、编剧。

记　者：您是如何入行的？

杨　陌：我是经过作家到编剧这样的一个身份转换。做编剧这行陆陆续续已有六年时间了，最开始的时候是玩票儿性质的参与。有一次我去导演卫捷家喝酒，大家聊得很开心，当时卫捷邀请我来写剧本，他说杂志社如果给你千字一千元，那我给高于这一倍的价格来请你写剧本。所以当时我对编剧有了一个有趣的定位——原来编剧比我们这个写作职业的人收入要高那么多啊！挣钱多，这是我走入编剧行业的第一个动机，然后就开始向很多编剧老师学习。

记　者：您认为作家身份和编剧身份最大的区别是什么？

杨　陌：最大的区别是需求区别！写小说是个人需求，就是把自己写高兴了就行，本质上写作尤其是纯文学是为了个人世界观、情怀与志趣的抒发，能够娱己之余有读者共鸣，那是很幸运的事，即使没有，毕竟个人创作的冲动与欲望得到了满足。但是编剧，正好反过来了，每一个流程的参与者都有权利对我写的东西品评，一上来就说哪儿不好，挫败感就起来了。

另外一个是，逻辑性上的区别很大。编剧得预设，阅读的受众不是自己，而是对方。写小说更多是情绪的渲染、心理活动。在剧本里，没有逻辑是构不成关联的，这就导致我需要重新开始训练自己的技巧，这其实是两种不同的思维技巧。因为作为编剧来讲，脑海中如果没有一个完整的画面就没有办法呈现剧本，小说只要是一个心理活动就可以形成一整章，而剧本需要事件、对白、情节，把某种情绪给刻画出来，不能仅仅停留在单纯的文字和描述上。

记　者：更喜欢哪一种写作方式？

杨　陌：两种都喜欢，不同的感受和体验。写作可以使我自己
　　　　平静下来，而剧本是很多人把你的想法呈现出来，不
　　　　再停留在单纯的文字类型，而是有了画面和演绎、有
　　　　了观众和各种载体的综合体。

　　　　两者都无法取代。写作更加自我，但剧本创作更多是为
　　　　他人服务，调教出了不要以自我为中心，需要和不同的
　　　　行业、不同的岗位的人打交道的能力。考验的不仅仅是
　　　　创作能力，更多的是情商。作家的身份只要专心某个
　　　　方向就可以，往这个方向一直走一个类型就很顺利，但
　　　　是对影视剧本来讲，即使你擅长某个题材，更多地还是
　　　　要学习各种类型剧的创作技巧，剧本的创作知识是前人
　　　　不断总结出来的。

记　者：从事编剧这个职业后，所面临的最大的困惑或窘境是
　　　　什么？

杨　陌：举个具体的例子吧。《择天记》我认为剧本已经呈现出
　　　　来了，但是在成片后，有些戏份和场景都发生了改变。
　　　　有一种情况是导演将剧作提升了，另一种情况就是与
　　　　原剧本失真了。当一场戏好的时候，因为有了大家的
　　　　功劳，会听到这样的评语"这个戏拍得真好"（是导演
　　　　的功劳），可是当一场戏呈现效果不好的时候，会听到
　　　　"这戏写得真差"，但是这不是编剧一个人的过错，却
　　　　确实由编剧来默默承受。

记　者：您打算做导演或者制片人吗?

杨　陌：暂时还没有这个打算。

记　者：看您心态这么平和，就没有过有怨气的时候吗?

杨　陌：好吧，实在要说的话，我对北京的某咖啡馆充满了愤怒。这是一个影视入门圣地，刚开始接触编剧行业的时候，每天有不同的公司约见我，奇怪的是，都约到了某咖啡馆。当别人和我谈合作的时候，我是愿意去选择相信的。刚开始的时候，这些约稿的公司都会说，"你回去帮我写个大纲吧"。我就奋力去写，写完之后，他们又说方向变了，又要重新写。时间长了，经验也丰富些，我开始学会去观察哪些人或者公司是靠谱的。所以现在我还是很抵触去咖啡馆谈工作，如果连个正经聊事儿的会议室都没有的话总会感觉这个公司的运作能力还是有待考察的。

记　者：对新入行的编剧有什么建议?

杨　陌：我的一个最基础的建议是，任何不付钱的公司都是不靠谱的公司，你可以约我来谈，但是别约我来写。如果是一个有诚意的公司做一个项目，会安排出来一定的启动资金。新入行的朋友，要么花无数的时间在这个行业去成长、去历练，碰得头破血流，另外一种比较合理的方式就是要求得到甲方的尊重。基于这个，我们不谈预付款，也不谈合作，我们来聊想法，我的想法如果能够与对方契合才有下一步，基本上认可的话，要支付象征性的费用。哪怕就几千块钱，也都是对一个作者最基本的尊重。这种契约精神不仅仅是甲方要有，更要编剧方也要有。

记　者：您经历中这种有契约精神的甲方多吗？

杨　陌：越来越多。我从一开始入行，只做过一次没有收到对方的钱却做事情的工作。我有勇气说这样的话，我所有的字都必须要有回报的。剧本委托创作是一种商业行为，如果对方连付酬劳的诚意都没有，那我们也没有必要和对方浪费时间。话又说回来，越是刚入行的人，越要对自己的创意进行维护。敢于对片方说，要尊重我，我不会免费写！如果刚入行的编剧觉得反正自己有的是时间，我是新人，可以去试错，其实这不是一个良性的开始，也是对自己没有信心的表现。而且对于甲方来讲的话，首先是给对方一个保障，另外也是对对方的一种鼓励、一种动力，让编剧看到诚意，会更加努力把事情做好。

记　者：您比其他人运气更好吗？

杨　陌：也许是吧，我天生不是喜欢钻牛角尖的人，比较豁达，其实朋友们都说我性格好。我觉得我运气真的很好，我人生中很多时候，都会有人愿意伸出援手。从我决定要入行，即使熬了两三年没有作品被拍出来，还是比较平静地往前走，没有什么挫败感，仍然很淡定。

记　者：《择天记》的编剧团队分工是怎样的？

杨　陌：我们四个人的团队，都是好朋友。大家出身都是小说作者，有意愿往编剧方向来发展。我们不会特别具体地形成某一个人的领导地位，每个人都有擅长之处。

比如楚惜刀性格很细致，处理和片方的关系很好，就像是管家一样，校对工作做得很仔细。杨叛有武侠小说的创作经验，王猫猫有大量的影视公司企划经验。大家在这个作品之前，其实有过项目上的合作，所以我们比较知道彼此的长短项，会主动去做自己擅长的事情。我们是团队合作，写一个详细的大纲出来，彼此再一版一版地修改，每一个细节都是大家在一起来讨论。

记　者：《择天记》的创作过程中，有哪些不愉快吗？

杨　陌：其实不多，因为我个人不太喜欢放大这种不愉快，这和我个人比较随性的性格有关。

记　者：因为改编的是网文，面对网友的反映，您怎么看？

杨　陌：网文的改编确实是很难的。网文的创作理念与方法同剧本有很多区别，还需要我们在这个行业不断地探索，总结经验。有很多网友会反映，编剧为什么不按照原著来改编，单纯地按照原著来编就可以了啊。其实，网文是不按照电视剧的改编规律来写的，比如男女主人公在第二百多章才相遇，你说让编剧怎么来按照原著来写剧本？面对网友的责备，我也只能觉得有些无奈。

记　者：关于网文改编有什么样的想法？

杨　陌：以前中国影视剧的类型不像现在这么丰富，各种价值观的呈现没有这样多元化。各种网文的出现，带来信息的多元，这是特别好的事情。但这带来的负面影响是，大家盲目地追求IP的百度指数来作为价值的唯一取舍，还是蛮可怕的。这个风潮会慢慢冷掉，最主要的是，目前制作和播出的数量、级别是没有办法赶上网络小说的发展，出现不匹配的现象。

记　者：您追求的理想生活是什么样的？

杨　陌：我没有想过要成为最厉害的编剧或者是挣够多少钱，我的理想就是开心快乐地活着，再努力地做我喜欢的事情，从事编剧这个职业就是因为创作是我喜欢的事情。

汪海林

作品：电影《铜雀台》《说好不分手》；电视剧《铁齿铜牙纪晓岚》《一起来看流星雨》等。

简介：编剧。毕业于中央戏剧学院戏剧文学系编剧专业。中国电影文学学会副会长，中国影协电影文学创作委员会委员。

记　　者：您是如何入行的？是一个什么样的机缘让您走上编剧这条路的？路途坎坷吗？

汪海林：我是中戏戏剧文学系的，就是要做职业编剧的，毕业以后就写剧本了。值得提及的是，我在考学的时候遇到过很多意想不到的困难，出现了一些阴差阳错的情况。第一年我参加艺考的时候，是1990年，考上海戏剧学院。在考取了的情况下，招办给我打电话通知我被录取，并嘱咐我暑假多看点书。结果当时教委突然临时性地改变，招生把上海籍以外的生员全部取消了，就是已经录取的非上海籍的学生名额全部取消。其实现在看是一种严重的侵权行为，我已经考取了，这不合理啊！我当时特别生气，我还给文化部部长写了一封信，作为一个考生，我说："我们已经考取了，为什么给我们取消了，完全没有道理啊！"

记　　者：这种事情也能发生？

汪海林：哎哟！发生了，那个时候就很乱。然后1991年呢，考电影学院文学系，也是专业课考试通过了，可是体检查肝功能没通过。当时体检只有两个考生没通过，一个是贾樟柯，一个就是我。我们电影学院跟邮电学院挨着，在邮电学院的医院体检完毕后，就说这个班有两个体检不合格给刷下来的。有人说你看那楼梯上报名处有一个人坐那儿，满脸是汗，脸色铁灰，就是贾樟柯，他没通过，我还说他一看就是身体不行，你看冷汗冒的。后来招生办的老师过来说："汪海林，还一个就是你。"哈哈哈……就出现这样的情况。我当时身体很好，所以还在诧异是怎么回事呢。后来知道了，是吃了感冒药造成的，药的副作用说明书里写了会造成转氨酶升高，后来又去部队医院，在北太平庄的二六二医院重新安排了体检，检验结果是肝功能正常。我拿这个结果去找学校，学校就说这个不算数。我说那我再回邮电医院去查，你们派个人跟着我，或者你指定一个医院，都行，随便哪个医院。学校说算了，你反正还年轻，你明年再来考呗！就这样，这一年又等于白忙活了。虽然当时艺考不像现在人那么多，但是竞争也是非常激烈的。我印象中，当时考文学类的水平都很高。每年每个专业大概也就是几百人考，最多的时候不到一千人。但是它几乎把全国水平高的文学青年都吸引进来了，我们在地下旅馆、招待所，大家去聊文学，水平很高。后来就一直考到1993年，考到中戏了。贾樟柯也是考到了1993年。那一年我们在中戏的时候，口试还分到了一组。

记　者：您当时在考学之前，就有目标规划好自己要从事什么了吗？

汪海林：高中毕业以后，我就在写小说，已经发表小说了。十九岁的时候已经成为江西省作协的会员了，差不多是最年轻的会员吧。发了一些中篇小说、短篇小说、散文。当时是一个小说的编辑，跟我说他女儿在上海戏剧学院，他说你可以去考戏剧学院。就这样买了火车票去上海，结果一考就考上了。如果第一年没考好呢，我就不会再想去考，后来接连碰到莫名其妙的事，想着找个工作上班得了，于是就开始在出版社做编务。江西有一个少儿出版社，叫二十一世纪出版社，做小人书的。我负责把那个小人书作者画好的画、写好的文字贴起来，贴到样板上，然后拿去做激光排印，要求画跟内容要对上。我当时做得很好，任何工作都有水平高低，我贴的画跟内容永远是匹配的，不会错。有些人甚至把字给贴反了，有些人贴得不齐，这个工作女孩子做会比较好，因为要求细心，但是我比她们做的还好。干了一段时间后，到了春天考试季节就跑去考试。折腾了有三四年的时间。

记　者：这期间一直支撑您考下去的力量是什么？

汪海林：就是因为第一年考得挺好的，我想我居然能考这么好，却因为文化部的原因、身体的原因，这些莫名其妙的原因不能上学，很不甘心。

记　者：放弃的话也不是您的性格。

汪海林：对。上学以后还挺好的，就觉得全国的文学青年都集中在这儿了，就是"精神不正常"的人都到这儿了。我们那个班也是一个难得的三十个人的大班，文学系是隔年招生，不是每届招生。我们班出来好多优秀编剧，兰晓龙、高大勇、阎刚、郭俊立、孙悦等人。大家都有才所以就互相伤害，动不动就要干死谁什么的，互相打来打去很多次，很极端的一种人际关系，彼此防范和仇恨。我们班聚会是聚不齐的，就是这样的一个班，让人在很恶劣的环境里，对于艺术创作却特别有利，很极致。我们当时的导师是黄维若老师，他在戏剧界是很有名的，他在欧洲学了一段时间回来。他的作业量非常大，理念就是大量的阅读和写作。这对老师来说就很辛苦，他有一个七个人的教学组，专业课每次都是七个老师全部到，而且谈作业都是一个一个到宿舍，挨个儿谈。每天这样，坚持四年，很了不起的一个老师。到后来同学们都快哭了，因为作业量太大了，完不成。阅读量基本上是中戏已有的书都要读，就是硬性的要求，没读就开除你，我们班就开了三个。他的那种非常残酷的训练，我现在还是很受益。我们毕业的时候是1997年，是电视剧商业化的开始，《宰相刘罗锅》后就有人拿着钱，来学校约文学系的人写剧本了。这时候就出现了一些民营的公司，但是还要借国营的标，私人已经可以开始做制片人了，拍完了以后卖带子。我们赶上一个特别好的时候，前面几届，91届前面是89届，史航他们是88届的。史航留校了，在图书馆。他的同学呢，当时中戏分配得好的，去电视台了。91届的束焕也是留校了，他们那个班其实分配也不错。等到我们那一届就完全没有分配了，赶上了电视剧市场商业化。我们大学刚毕业写的戏马上就能在电视台黄金时间播放，现在不大可能。

当时影视市场的专业毕业生都是有数的，一个班就八到十个人。上哪儿找编剧去啊，所以片方不找我找谁啊，肯定他们是来找我的。所以像我们这种完全找不到工作的人机会就多，因为你不去一个单位上班，也是自己坚定了做职业编剧嘛，再困难也是以写作为生，没有大戏写，写小戏。当时是给《大风车》栏目写串场词，写人偶剧，一集拿一些钱，可以维持生活的。

记　者：当时毕业的，有的人就找到了体制内的工作，很安定。

汪海林：对啊！有好多。比如说电视台，或者我们其实对口的工作是话剧团，但到我们那届呢，话剧团的工作很难找，一个剧团只要一两个编剧，演员每年需要新的，编剧不需要，剧团有两个编剧，就不会再招了。再一个就是去文化馆的比较多，我后来想想，算了，就在北京做一个自由职业者吧。

记　者：当时就很坚定吗？

汪海林：对！我也不想去一个地方上班。我们在大三大四以后写一些戏，也可以挣点钱了。但是没想到的是，1997年遇上亚洲金融危机，所有的戏都停了，没有戏拍。所以我只能给电视台写人偶剧，好在中央电视台的少儿部觉得我写得不错，一直就给他们写，维持生计。直到1997年我给周振天老师做助手。我跟高大勇写《神医喜来乐》，跟着他采访、写剧本，写了几个月以后，写完了就碰上亚洲金融危机，尾款还没结清，那个戏就停了，停了以后呢，我们就去写人偶剧了，直到2003年，也就是五年以后，那个剧本一个字没改，拿出来就重新拍了，后来那个戏播了，收视还挺好的。那个戏刚开始找我们的时候，老师说二千五百块钱一集，你们来写就不署名了。写完以后老师说我们写得不错，给署个名吧！这个剧在片尾署了"编剧组成员：汪海林、高大勇"，我们挺开心的。而且现在也跟周老师特别好，我们时不时还聚一聚。后来再翻拍的时候就很多年以后了，第二部我们署名就放到前面去了。这些前辈，其实我到现在也很感谢他们，我们在学校学的东西是一种经典叙事，它跟市场或者说真正地进入市场写作不是一回事。像周振天老师，他作为一线编剧教会我们很多东西。跟他一写戏才知道什么是主线，其实教材也讲了，但和你具体操作是两码事。有的时候你跟一个好的师父呢，用点儿心，点播一句就明白了。

记　者：那要是年轻编剧没有遇到好师父怎么办？

汪海林：他就会糊涂很长时间，得靠自己琢磨。当年大编剧费明找助手，他是一线编剧，只写情感戏，不写别的。我们当时也年轻，情感戏写不来，情感这个东西，需要时间积累。我们就去研究情感戏怎么写，我那个时候甚至研究了琼瑶，因为当时琼瑶的情感戏是最火的，我就看她怎么写。我也研究别人的情感戏写的好在哪儿，调动情感体验人家是怎么设计的，就是这样学习研究的。其实直到现在，我们所有的戏都是情感戏，特别是电视剧。哪个戏不是情感戏呢？所以这段经历我也是受益很多。费明老师也很好，他跟我们一起干活，我们的钱都是平分。因为他确实觉得我们有他不具备的东西，他的关系、资源都很好，我们当时年轻，也接不着活儿，大家有很好的互补。我们一直合作到现在关系也很好。

到了1998年，也给一些骗子写过戏的，那时候骗子很多嘛！然后结不到尾款。我们后来写了《说好不分手》的电影，1999年的情人节档就上映了。我看到冯小刚的回忆录里说，他去研究贺岁档能不能做，他看到的第一个档期排播的典范电影就是《说好不分手》定在情人节档，冯小刚跑去考察，发现那个档特别好，观众很

197

多，所以他就决定做贺岁档了。

我觉得电影界让我很失望，导演或者演员会随意篡改剧本。电视剧就好很多，《神医喜来乐》当时最大的咖是李保田老师，他基本上一个字都没有改啊！

后来找我们的人特别多，活儿就不断。所以对我来说，毕业以后基本上没有什么坎坷，可能就是第一年稍微有一点儿不踏实，很快就上道了，后面就很顺，碰到的人也很好。但是很多事情要自己面对，因为你成为一个自由职业者，很多问题要自己去解决。比如说你拿不到钱怎么办？我们就遇到过。我们到现场把导演打了一顿，后来的尾款全部都赔了他做医药费。我说这样也好，让江湖人知道，不给钱会挨揍。还有一次我催尾款，打电话给公司问你们明天在哪儿拍啊？他说我不告诉你，我说我知道你明天在石景山医院拍是不是？他说是，我说你明天拍不成的。他就很紧张，他说我告诉你我不怕你，你想怎么着？我说我不告诉你我想怎么着，反正你明天是拍不成。过了五分钟，就有中间人打来电话，让我去领五万块钱尾款，我去了就把钱拿到了，这种情况其实还挺多的。

记　　者：您很勇敢啊，不是所有的编剧都这么勇敢的。

汪海林：这个可能也是跟我们上大学之前在社会上的经历有关系。我的搭档是职高毕业的，在国际饭店当过服务员，他干了很多年，见过各色人等，知道社会是怎么回事。我们可能就有这个优点，对社会的认识会深刻一点。我的经验是我们要去主动地做一些事情，要有行动性。我觉得知识分子，或者知识精英有一个大的问题就是坐而论道，不行动。举个我身边的例子，高大勇有个晚上跟一个上海来的导演说，我现在特想去喝酒。那个导演就骂他，说："你说这样的话有什么意义，什么叫'我现在特想去喝酒'，你现在就去啊！"因为那个时候学校十一点以后就关大门了。导演又骂他："你现在就翻墙出去啊，把酒买回来就喝啊！你说'我特想喝'这是什么意思呢，一个男人。"后来高大勇就说，这个事对他刺激很大，对他人生有一个很大的刺激。

记　　者：您当时为什么想成立一家编剧公司？

汪海林：这个编剧公司当时成立的想法是挺简单的。我觉得这个行业原来的生产模式是有问题的，我们发现很多制片人其实没钱，他就是拿着我们的创意、故事大纲去砸钱，跟电视台勾兑一下，跟演员勾兑一下，然后把这个戏做出来了。我们想的就比较简单了，觉得演员我也认识啊，电视台的我们也认识啊，为什么不去掉一切中间商，直接跟电视台对接呢。

记　　者：那您就相当于还是制作公司？

汪海林：对，就是制作公司，我们觉得这些事我们自己可以做，跟美剧编剧的想法是一样的。美国好莱坞的编剧，为了增加DVD的网络分成而举行了大罢工，2008年的大罢工是这个背景，只为了增加百分之零点几，就闹了很长时间，损失也非常大，最后的结果，导致相当一部分好莱坞的编剧投奔了电视剧行业，美剧那个时候就产生了一种新的形态，美国的编剧们纷纷自己成立公司，就是我不跟你们谈了，我让你们给我增加个零点几个百分点的分成就这么费劲，我自己成立公司不就完了吗，我自己做制作人不就完了吗？这个改变也是挺大的，我们也是受这个启发，自己来做。但是后来发现我们的机制，跟美国的差异太大。为什么美国编剧的权利格外大呢，因为它有一个边拍边播的模式。我们有审查制度，我们的审查制度要求必须全部拍完。这个时候，从播放平台的角度，他看不出来故事的好坏，但他能看演员啊，平台通过演员来决定购买，模式就变成演员越来越贵。我们的生产模式、购销模式不科学。美剧模式是科学的，就是我只看剧本，剧本好我就跟你签合同。

所以我们就觉得编剧的地位真正要提高呢，就是购销机制要改革，这个改革就是要回到以故事为中心来评判一个项目的好坏，而不是以演员卡司来评判项目的好坏。现在其实各个播放平台，它也有剧本的评估机构，但这个评估机构呢，我们认为依然还是淘宝思维，也就是说它研究受众，反复研究，根据受众的趣味、爱好来迎合，这跟创作思维是背道而驰的。

记　者：所以说如果作为一个创作者来讲，他一定要坚定自己的创作初心。

汪海林：对，他自己的表达是什么。

记　者：有一个很现实的问题，有些编剧接受平台定制剧，那人家让你怎么干，你就得怎么干，没得商量，怎么办呢？

汪海林：要商量，你不同意的一定要说出来。你要教育他，你别老被他教育，他又不懂，他只是掌握了权力而已。

而且你不断地告诉他，不断地跟他碰撞，才有可能改变他的方向。你老迎合他，大家就一块儿完蛋了。你跟他形成阻力，他自己也会反思，他们是商人，商人追求的生产模式是效率最大化和成本最低化。像美剧的模式就是反复磨合过的，制片人中心制、明星中心制、平台中心制它都试过，最后的结果就是编剧中心制是最佳的。为什么呢？效率最高，成本最低。实际上美剧的结果就是这样。

我们现在的状况呢，消耗特别大，我们每年的购销机制浪费很多剧。我国每年生产一万五千集剧，能够播出的不到五千集，加上网剧也没多少。那么剩下的剧集到哪里去了呢？美国人就不理解，为什么没有签协议的时候自己就生产，他们认为这就是浪费。但是事实是我们根据什么签协议？就是这个问题，我们要不断去斗争。以前这个事呢有一个强大的制片人群体，他们是专业的，不需要我们编剧去斗争，他们自己会去把握这个方向。但现在进展太快，资金受平台的控制，转换太快了，大量的原来成熟的制片人被洗牌洗出去了，是被强行洗出去了，并不是说优胜劣汰，取而代之的是新的体系。其实按理说互联网视频理应带有天然的先进性，先进战胜落后是自然的，但是它的产品确实是降级，就是说我们的故事它是降级的。通过作品品质碾压其他剧，这是互联网平台该做的事，我们的平台到目前为止没有，只是把售价提得很高。

我们原来特别羡慕《来自星星的你》做到五百万一集的成本，当时我们最好的售价就是《咱们结婚吧》，中央台加湖南台一边出一百五十万，总共三百万，这就是一个超高售价了，当时我们单集成本将近两百万吧。如果我们什么时候能够单集成本做到像韩剧一样五百万甚至六百万，那我们是不是碾压它了？结果是后来我们能够做到单集成本八百万甚至一千万的时候，品质上我们依然不能碾压它，因为我们做到一千万的时候，明星拿走了八百万，就是你原来怎么制作的还是怎么制作。这个情况就非常不科学，钱大量涌入经纪公司。这种情况的产生就源于我们的购销模式，购销模式不进行改革的话肯定是不行的。包括平台的问题，国外就是平台方不能兼制作方，或者兼的话它有一个控制的比例，制片公司不能兼经纪公司，不能做制作，院线不能做制作等等。我们的互联网平台太爽了，平台可以做经纪，又做综艺，没有人制衡，互联网平台权力太大，想让什么流行就什么流行，它垄断了。

记　　者：这个行业为什么一直都没有类似于美国的工会？

汪海林：我们有行业协会，行业协会还是类似于工会的作用。制片人协会、导演协会、编剧协会每年都相互谈判，把职权分清楚，然后有些事情要联动，都交给协会来办。

记　　者：您经常鼓励大家积极地发声维权，也会在维权的事情上提供帮助，是这样吗？

汪海林：对，尤其是年轻的编剧，他们的议价能力、博弈能力太差了，处在被挑选的位置，有些事情只能妥协。而且在业务上，也存在着低水平的白热化竞争，大家水平都不高的情况下，谁更能玩儿命，谁就能进阶，甚至不要钱给人家干。这种情况下会带来很多的问题，这种恶性竞争以后，编剧会丧失很多本应该属于自己的权利。

记　者： 有些编剧是不给钱，一个字也不动。可是从制片方的角度来讲，会质疑说以前没有合作过，也不知道编剧能力如何，当然不愿意先给钱了，那如何寻求这个平衡点呢？

汪海林： 这个平衡点要有的。就是你跟我之间，我们签了协议，这才是真事。哪怕制片方给一点儿钱意思一下，也是一个真事。比如宁财神当年见到徐克时，他对徐克说："我特别喜欢你，我可以免费给你写《智取威虎山》。"于是徐克就在家里等着，等了半年，人家一个字也没写。人家说我最近状态不好，我就没写，那徐克你拿他一点儿辙都没有，因为没给钱啊，你哪怕说你给一块钱，那也是个契约。

我们现在就是号召年轻的编剧，再怎么样也要拿定金，哪怕很少，也要拿。年轻人是这样，价格可以退让，程序不要让。大编剧几十万一集，你几千块钱一集是可以的，但是你也依然要拿定金，依然要签合同。一步一步按照程序来，这是一个有尊严的工作，是一个负责的工作。这个事很简单，就是这样的，哪怕我们没什么活儿，也不会免费给人家干。这一点一定要坚持，大家都不坚持的话这个行业就完了。不坚持是对自己没信心的一种表现，编剧不要光想到自己个人，你要想到你是行业中的一员，你不收钱，他也不收钱，最后这个行业就会形成不收钱的惯例。

记　者：请您分享一下编剧协会的事务。

汪海林：我们国家有两个这方面的协会，一个是电影编剧协会，一个是电视剧编剧协会，它们名字都不叫编剧协会。电影叫"电影文学学会"，夏衍在1984年成立的，是一个一级法人组织。电视剧是"中国广播电影电视社会组织联合会"下面的"电视剧编剧工作委员会"，刘和平是会长。

记　者：您现在主要在协会里面负责哪一块工作呢？

汪海林：我负责两个协会的维权工作。最后打官司都找到我，我经常出现在《法治进行时》节目。我没有进入我们国家的戏剧史，反倒进入了审判史。哈哈哈（笑）。琼瑶老师告于正的案子，我是专家负责人，我是我们国家第一个知识产权的专家负责人。法官不具备鉴别剧本的能力，他需要有一个专家负责人。

记　者：这种行为算是作证吗？

汪海林：算是专家辅助，控辩双方都可以请。

记　者：很多编剧维不起权，到真正打官司的时候就会面临一些经济困难，那是不是应该有一些公司或者社会组织能形成这样一个联盟来支持编剧的维权行为？

汪海林：现在是这样，协会存在财务管理的问题。我们国家对非营利组织的财务账户监管非常严，外面的钱进不来。所以我们大家捐的款，当时是委托打到余飞的工作室，余飞单独成立了一个账号，他的律师跟他说这个钱不能老放在那儿，得想办法。我们也不知道该怎么办。

记　者：有没有可能成立一个专门为编剧维权的基金组织？

汪海林：这个很麻烦，成立基金会，要去民政部，每年还要年检。本来编剧们自己每个人出点钱，谁需要帮助就帮助他一下，但是这个钱怎么管理，这些都是问题。

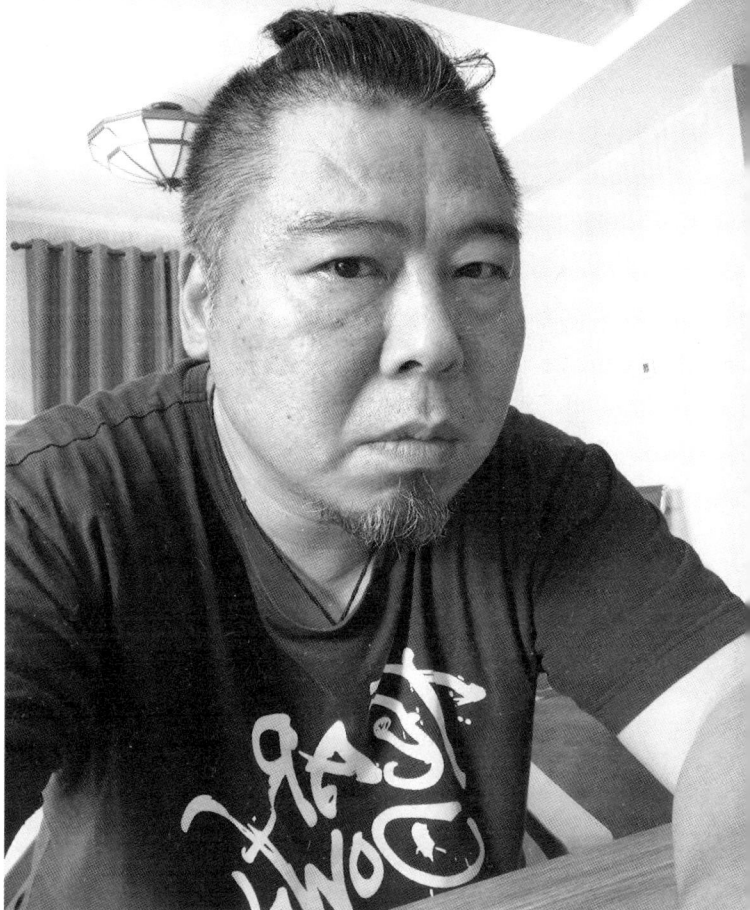

张莱

作品：电视剧《中关村风云》《零距离》《就像美丽蝴蝶飞》《梦想光荣》《郎心如铁》《鹰与枭》《惊天大营救》《异镇》《和平饭店》等。

简介：编剧。服装设计专业，毕业后任职于电子游戏制作公司，2000年正式转行，从事影视剧编剧工作。

记　者：您正在做什么题材的项目？

张　莱：我和我的团队在做一个喜剧《明明可以在路上》，原著
　　　　小说叫《可以在路上》。这个小说很有意思，我特别喜
　　　　欢它是真正的女性主义，其他电视剧里那些女性的艰
　　　　辛、苦楚、付出与回报不对等之类的问题，在这个小
　　　　说的世界观里，就是既定事实，是人生本就该承受的，
　　　　谁都这样，没什么不公平不甘心的。作者在这个世界
　　　　观基础上讲故事，感觉有点自黑，但很骄傲，像是一
　　　　个豁然了的女人在对读者说：来，姐给你讲个当年的
　　　　段子。原作者王可以是我的初中同学，她在写到十多
　　　　章的时候就给我看了，我觉得不错，就问她有没有兴
　　　　趣再赚一笔钱，于是就一起合作开发电视剧了。

记　者：那您的这个编剧团队，他们的来源是？

张　莱：他们都跟我很久了，以前有过合作的。李柯影以前差
　　　　点儿是我的甲方。创作《和平饭店》的时候，很对不
　　　　住他们，很少有时间和耐心能够坐下来跟他们一场一
　　　　场从头到尾讲戏。正好《明明可以在路上》开发剧本，
　　　　我就从头到尾跟一个全程，从搭结构、设计情节到分
　　　　场节奏、台词节奏，完完整整地跟大家走一遍。

记　者：您在1993年毕业之后去了一家游戏软件公司工作，没
　　　　有一开始就进入编剧这行。

张　莱：我是学美术的。当时游戏行业和现在完全不一样，刚刚
　　　　起步。我们当时是中国（大陆）第一家游戏软件公司，
　　　　前身是先锋集团的先锋卡通公司，当时这家公司拿到了
　　　　IDG在中国的第一个风险投资，转为前导软件公司。

记　者：那个时候您应该才二十多岁？

张　莱：对，刚进公司时，我是整个公司里面年龄倒数第二小的员工。当时是应聘去的，应聘的是先锋卡通公司，那时候已经开始做八位机的游戏了，最普遍是红白机。成立前导软件公司之后，就开始做WIN 93的单机版游戏，《三国之官渡》《三国之赤壁》，等等，都是我们做的。前导软件一直被称为中国游戏界的"黄埔军校"，现在很多游戏界好的技术人员、经理人都是从前导软件出来的。1998年金融危机，公司的资金链断裂倒闭了，我才从这家公司出来。

之后，我和《中关村风云》的第一编剧张锐锋很有缘地应聘到同一家公司，做项目开发。因为我们都是从中关村出来的，很想把对中关村的一些感受表达出来，于是张锐锋就写了一个纪实的中关村论证片。因为他是电影资料馆的研究生，所以他有这方面的资源，拿给影视公司看，这部剧的导演叶青醇我们现在还有联系。叶导告诉我们，论证片在市场上发行有些困难，就问我们能不能写成电视剧。我们就问，电视剧好卖？他说，当然。好！我们俩就和另外一个在IT行业的朋友张雪江一起，三个人写了《中关村风云》。写的过程还算畅快。我当时也没做过编剧，总是问张锐锋一些特别基础的问题，比如什么叫分场、怎么分，他不停地教我。这部剧是这么写出来的。写出来一稿之后，大家都觉得还不错，我也没有觉得有什么障碍。之后调整了一些情节和节奏，就进入拍摄阶段了。播出之后反映也还可以，至少我坐公共汽车的时候能够听到乘客聊剧情，所以我自己也比较满意。

记　者：所以进入编剧这行是一个很偶然的机会。

张　莱：对，等于是大师兄带入行。之后我做了一个非常市侩的思考，在IT行业，我感觉自己在跟一个强大的技术团队博弈。我好不容易把这个软件掌握熟了，又出了二代，我又得学，然后学了一半，又出三代了，我又得学。活到老，学到老，我会累死的。

　　　　加上当时美国一家游戏公司，印象中应该是暴雪公司的一个高薪主程序师，曾经在英特尔开发商大会的时候给我们讲过课。四十多岁不太干得动了，就被很无情地炒掉了。这件事情刺激我觉得IT这个行业很悲凉，这样下去不行的。反而写作会随着年龄增长，能力不断升级积累的，不会被技术升级淘汰掉。

　　　　我那时候穷，又算了一下成本。写作的成本便宜啊，投资一台电脑，那时候还打印，就算上纸的钱，还有一台打印机。这点投资就能干了！我心想，还不错，那就做吧。

　　　　之后就受到了老天的惩罚。因为我不太熟悉这个行业，也不知道怎么摸索。光会写没有用，我没有资源，很多的规则也不懂，折腾了好一阵。当时写了一部叫《黑客危机》的剧，大概折腾了两年，拍了，但是也没见响。这个过程非常难受，不像当初在IT企业上班的时候，我的东西做出来后交给编程，马上见到成果，编剧不是。

　　　　可能几个月的事情，你需要花一年半的时间在那里等待。所有的问题都需要等待，等待审批部门的意见、资金落实之类的，那时团队组建之后才能支付编剧费用，问题是我当时又特别穷，需要经济支撑。因为我写作这段时间是没有收入的，不像原先在企业里面是每个月高工资拿着。2002年，当时刚在北京买了房，首付之后基本上没什么钱了，还需要还贷款。

记　者：那时能在北京买房也很厉害了。

张　莱：那时候便宜，四千来块钱一平方米。

记　者：但还是有按揭对吧？

张　莱：对，我记得特别清楚，每个月的按揭是两千六百元。但是我这一年半的时间也没有收入，所以就会很恐慌。

记　者：您在转行的时候，没有预料到编剧行业就是这种朝不保夕的一个生存状态？

张　莱：我完全不了解。因为处女作《中关村风云》太顺了，我完全没有想过这些问题。直到我离开组织做一个自由职业者的时候，才发现是要为自由付出代价的。在这之后，中间也算是拿到了一些酬金，让我比较快地又还了一笔贷款。

记　者：其实每个编剧最开始都会遇到这样的情况，有不同程度上的压力。

张　莱：是的，我记得很清楚，当每月的还款从两千六变成一千七八的时候，我心里面才踏实了很多。

记　者：这期间除了自己难受，家里有没有压力？

张　莱：家里倒没什么压力，我老婆心大，她是北京人。我们没有穷到吃不上饭或者还不上贷款。但是我看着银行卡里的数字一点点在减少，其实会很焦虑，但这就是自己的选择，又跟老婆说不明白这种感受，很多心理上的东西，是没有办法诉说的，说出来就像是矫情。

记　者：这是编剧这个行业的痛苦，是编剧这个职业所带来的一种本质上的孤独。

张　莱：因为你全身心投入到写作里是很愉悦的，但是写作结束了，你每天要面对等待，无所事事。每天遛着狗，跟院子里最悠闲的人聊天，但内心很焦虑。你又不知道它能不能成，但它永远给你一个希望。一年半时间，我其实就是靠希望撑着的，同时也是被希望折磨的。因为我当初在游戏行业，在技术领域还是有一点点名气的，期间还有一些公司想找我，问我要不要回游戏行业，我内心也是各种纠结。在最纠结的时候，我的新项目终于拍了。我心想，我什么也不管了，拿着钱了，落袋为安。你们不要笑我，我当时真的一点儿追求都没有。

记　者：因为被折磨得太久了。

张　莱：折磨的时间太长了。后来还比较顺利，托张锐锋的福，他有一些资源，也托叶青醇导演的福，我们通过《中关村风云》树立了一个好口碑，于是就开始接活儿了。

记　者：这些活儿谁找的？

张　莱：也是介绍的。我非常感谢一位老制片人、导演，叫习辛。他找我们写剧本，解了燃眉之急。也是在这个过程当中，我从他那儿学到了很多剧作上面的技巧，对我后来的发展有着莫大的帮助。现在他儿子都长大成人了，也做导演了。

开始接活儿之后，我们写了《雨夜惊情》，这是一部情感悬疑电视剧。后面还接了一系列的剧，包括中韩合拍的《就像美丽蝴蝶飞》，主演是任泉和金素妍。一个个做下来之后，有成绩了，自己的状态变得越来越好，在行业里也慢慢积累起来自己的资源了，之后就有剧写了，收入也有了保证。基本上写一个剧本，自己吃一两年是没问题的。

记　者：那个时候稿酬如何？

张　莱：一万到一万五一集。

记　者：那很贵了，零几年的时候吧？

张　莱：零几年的时候，不贵，真的不贵。我们几个编剧还要分的，不是我一个人。但我也很快把贷款还掉了。我慢慢习惯了几个月连续工作，然后又几个月闲着的状态。那时候写剧本也快，想的不多，所以写得快。

记　者：您写东西很快吗？

张　莱：我其实是越写越慢了。那时候年轻，体力好，埋头打字，一天一集的量。我有时候去帮剧组救场，比如要开拍了，没有剧本，或者原来的剧本被推翻了，就是一天一集交剧本。有个剧，剧本加起来的量不到七集，剧本跟不上，没的拍，就得停机。导演李骏，就是《和平饭店》的导演，当时他问我，你怎么样？我说，那怎么弄啊？然后我看了他那时候剪辑过的已经拍的东西，删删减减构成新的故事点，然后去创作新的剧本，一天一集，就这样出来了。

记　者：当时李骏导演为什么会找到您来救场呢？

张　莱：《黑客危机》他是导演，那是我们认识后的第一个作品。虽然因为各种外部原因做得很不理想，双方都很不满意，但是我们之后的合作，包括《零距离》《对峙》等等都非常默契。

记　者：其实您没有系统地学过剧本的相关知识，怎么知道怎么写呢？

张　莱：对，我确实没有系统地学习过。我进这行之后，反而一直搞不懂，为什么编剧会卡壳，为什么有写不下去的时候。在我看来写剧本太容易了，不就是过关打怪吗？故事情节就是小难题要解决、大BOSS来了要打完，打完这个大BOSS，再去打另一个大BOSS，核心无非就是解决困难，解决障碍和阻力，对吧？无论是爱情还是工作，对剧里的人物发展来说，就是小阻力、大阻力这样的思路。包括警匪戏，我也按这样的思路来走，觉得没什么障碍。

在成长过程中，我慢慢知道情感怎么成为情节的推动力，人物之间怎么裹得更紧，等等。所以到后来，我考虑的东西也越来越多，对自己每一场戏的那种信息量和准确性的要求越来越严格，然后就越写越慢了。

记　者：您的剧本创作得益于游戏的帮助？

张　莱：真的是托游戏行业的帮助。游戏有一个特质，摆在第一位的，我不能让它没有趣味，我现在带学生也是这么要求他们。至于搭建结构，这是每一个剧自己生成的，一剧一个结构，可以先放在一边再说。但是我对学生最核心的要求就是，每一场戏都要有趣，要么让人笑，要么让人紧张，一定要有刺激点。好像我天生就知道怎么设置冲突，比如《中关村风云》时针对开会的场景，我本能地就会安排他们之间的冲突，我不能让它静下来。

节奏也是如此。我对节奏的把握大多是来自动漫的启发。所以做《零距离》的时候，制片人马珂说，莱哥你剧本节奏很好啊。我的剧本里从来没有过场戏，真的是近似动漫的那种风格。

记　者：所以好多人说，编剧分题材类型的，有些人特别擅长这个题材，有些人特别擅长那个题材。到您这儿，是不是就不存在这个问题？

张　莱：我不太存在题材的偏向。其实情节剧和情感剧对我来说没有区别，我依然会以这个节奏去创作它们。只不过一剧一命，就很怪，情感剧上没做出特别好的成绩。

记　者：我们再接着聊前面的话题，您开始一部部接活儿了，可以保证基本的生活，这个时候生活压力应该已经解决了吧？

张　莱：这个阶段其实并没有，基本上就是比原先上班多一点。因为那时候基本上一年一部戏嘛，做一部戏闲半年那种。后来自己写了很多小的创意和剧本，很多现在我还存着呢。

记　　者：这个时候已经开始考虑原创了，是吗？

张　　莱：其实我们是一直想原创的，但是没有这个机会。还是因为缺钱嘛，有活儿来了就赶紧接。不过，你说的也对，就是经济压力慢慢地不那么大了，还完房贷之后有积蓄了，而且积蓄还可以。这个时候人就嘚瑟了，加上几个剧的收视率还不错，就开始矫情了，有底气了，开始嫌剧本创作当中很多人左一个意见、右一个意见很烦，因为有时候一些妥协让我非常恼火，我甚至都能预见它的效果很不好，但是没有办法。
谁来保证故事的质量呢？我向你妥协，那你能告诉我，你来保证故事的质量吗？对于故事质量的保证还是在编剧。当你不再为经济压力所迫的时候，你就开始会想接近自己的追求。
后来有一个戏，我还是给朋友帮忙，最后弄得非常不愉快，就不做了，双方都很别扭。那个时候自己有很多想法，就想干脆做原创吧。也算了一笔账，感觉停个一年半载只做原创没关系，我在那个情况下，很愉悦地写了一段时间。

记　　者：那个时候应该状态很好，手中有粮，心中不慌。

张　　莱：写得很愉快，但是中间也有问题，不断地有各种谣言，包括总局不让播谍战剧等等。原创的谍战剧名叫《异镇》，不断有各种声音来干扰，但是我已经不忍心放下它了，中间也会有诱惑，问我要不要接个剧先干着，我告诉自己要挺住、抵御住。

写到二十多集的时候，我跟《异镇》后来的制片人吴红琼联系说，我给你看个东西。我先给你十二集，你就当个小说看。没想到在第三天，她就给我打电话了，她说，你这个剧写到多少了？我要了。我说，你别着急，我现在写到二十集，剧本一共是三十集，你把这些都看完再决定。我的意思其实是，剧本基本就是这个样子了，谁再来意见可能也不会有太大改变了。她看完之后，我们很快就达成了合作。然后一稿也很快就写完了，写完之后开了一次研讨会，也请了些专家。我那时候还没签合同，心里多少有点烦。我就不表态，说你们看着办吧，第二天我就收到合同了。

这个剧不管钱多少，那时候更大的快感并不是这个交易成了，而是我原创的这个作品，竟然这么厉害。十二集剧本她一晚上看完了，这么快就拍板要做。这个剧后来命运有些坎坷，但还算欣慰的是，口碑很好，重播率也比较高。

因为这个剧，我开始感受到了原创的快感。同时从这个上面我开始理解制片方。因为原创的话，你写出来的是一个完整的东西，拿给制片人看，他脑海里马上就有画面，有直观的印象。当他委托你创作的时候，你是张白纸，你什么也没有，要从大纲开始进入，信息是不完整的，你脑海里面的画面跟制片人的不一样，你们的语境也对不上。所以这种相互磨合就会很麻烦，这是委托创作必然要付的成本，就看你怎么取舍了。委托创作特别简单，一笔定金打给你，你是先拿钱再干活，但是你要为它付出代价。付出什么代价？你要为它付出磨合成本和时间代价，你要反复地跟甲方对碰。原创就免去了这个麻烦。好就是好，不好就不好，你要就是要，不用花过多的时间在反复沟通上。如果在沟通中有反对意见，也相对可以坚持自己的想法，再有别的需求我也写不出来了。

记　者：那编剧的费用是一次性打给您吗？

张　莱：也不是，也是分几次，因为还有二稿。我后来又做了一个感情戏，销售成绩也不是很好。然后就写了《和平饭店》。到这个时候，你就看到我的写作周期变长了，越写越慢。我创作《和平饭店》就用了一年半的时间。在写《异镇》的时候还是几天出一集的量。我有特别良好的生活习惯，包括每天健身，晚上不加班，周末双休。但是这种生活规律就被《和平饭店》打乱了。

记　者：聊聊您的养生之道，这很重要，做好编剧最重要的是要照顾好自己。

张　莱：对，我经常会讲，编剧不管怎样，每天至少要抽出一个小时锻炼身体。《和平饭店》一个礼拜一集，是着着实实的一个礼拜一集。一天就那么几场戏，从早到晚，中间没办法断掉，因为逻辑非常地严密，我也进入了一个对戏有点偏执的状态，就挤压了健身的时间，期间我长了整整二十五斤。

记　者：是因为进入到一个真正创作的状态当中，就很难有心思去健身了吗？

张　莱：写《和平饭店》的时候，自己都觉得慢，因为它的逻辑牵得太紧，又怕忘，所以就挤压了别的时间。以前写的东西，逻辑我隔天还没问题，可以记起来。《和平饭店》是一个完全需要逻辑来对缝的戏，全篇都是逻辑战，所以我怕第二天睡起来忘了要从哪儿对缝。刚开始我在家里写剧本，后来觉得不行，我就搬到了房山和河北交界的一个宾馆闭关。在那样的情况下，我还是强迫自己晚饭后一定要走十公里路。

记　者：您闭关了多长时间？

张　莱：闭关是从第十三集开始，写到二十多集。闭关完了还没写完，回家又继续创作了几集。但大部分工作是在闭关期间完成的，大概有半年时间。

记　者：其实情节高潮部分确实也需要半年时间来写。

张　莱：对，而且这还只是其中一部分，前面已经消化了很多了。在写到第七集的时候，我就给我现在的合伙人朱洪波看了，他说，看给你累的。我说，我是有点累。他说，到第七集的时候，情节上面你要放松一下。我说，我正有此意。然后我就去玩了一圈回来，在情节上面给它舒缓一下。这个时候就是写到陈佳影好不容易要坐满铁的专车离开了，但是又被请回酒店帮忙查案。

记　者：您的写作过程有人和您搭档吗？

张　莱：以前一直有搭档，锐锋、雪江、李晖我们一起。原创开始就只能一个人来做了。当时跟李晖不再搭档的原因特别可惜，是因为她要生孩子了，也是没办法。我现在越来越认识到搭档的重要性，缓解孤独、分担焦躁。李晖前一个作品叫《乱世丽人行》，口碑很好。我在写《异镇》的时候，她在写《爱情面前谁怕谁》。我们那时候保持每个礼拜要交流一次，交流的时候总抢着说自己的戏，"你听我说，我这个情节是这样的！""我的情节是这样的！"每个礼拜有这样的一种交流形式，我觉得特别地解压，然后我们能给彼此肯定，这也特别重要。

写《和平饭店》的时候就没有这样的待遇了，一个人在封闭的环境里创作。我写《和平饭店》的时候，李晖特别反对，她说我会把自己写爆。最后也还好，我的体重分担了压力，长了二十五斤着着实实的肉，然后体重就一发而不可收。

记　者：《和平饭店》创作的机缘是什么呢？

张　莱：机缘是《异镇》当初遭遇到一些坎坷，我心里很不舒服，就想要写一个根正苗红的戏，让大家都看到我是怎么认识早期共产党员的。同时，很多工作人员一直嫌我的戏场景多、人物多，"拍出来好麻烦，你看你写那么多场景，我的天"，大家怨声载道。我就想，好！我就写一个场景。

记　者：这是当时真正的创作心态吗？

张　莱：真的是这个心态！我说，行啊，好，我要写在一个场景里面的戏。他们就"好啊好啊好啊"，我心里想，拍死你们。

记　者：但实际上还是给自己挖了一个坑。

张　莱：对，是给自己挖了一个坑。因为我当时就想尝试，我本能上觉得是可以的。那时候有很多人说这个做电影可以，做电视剧不行。其实我也不是所有都在一个场景，我有外景、有B线，还是决定试试看。

记　者：这个是您想出来的，还是片方的需求？

张　莱：这是我自己原创的。封闭场景，然后一定要选择一个很不靠谱的角度，一个最脆弱的谎言。我做的一切其实就是给自己找碴儿。最脆弱的谎言就是夫妻关系了，把最不搭的两个人放在了一起，最后也很成功。

记　者：片方和导演也很支持您？

张　莱：对，因为制片人朱洪波和我认识很久了，我给他看剧本，他基本知道出来会是什么样的。怎么说呢，我也想告诉年轻的编剧们，你们不要着急，资源是一步步积累的，只要你不断地把所有的事情做好，最终会形成一个朋友圈，是能够百分之九十以上彼此信任的。

记　者：我们还以为这个项目是刘燕铭找您去谈想法的。

张　莱：最先我是跟朱洪波交流的，刘总都是他的人脉，现在我们是合伙人。

记　者：还是他信任您。因为有很多很成功的编剧，哪怕他有创新、大胆的想法，片方未必会接受。所以，信任很重要。

张　莱：坦率地讲，我单纯提概念的时候，也没人信任我。都是一样的，光提概念没有用。我跟别人提《和平饭店》

的封闭空间概念的时候，大部分反应都是"怎么可能拍电视剧，电影倒是没问题"。一开始没有人信你，你得拿出东西来，还是要有剧本。

记　者：所以您有《和平饭店》这个设想之后，已经开始在写了，给别人看的都是成熟的剧本了。

张　莱：对，交到刘总那边已经是完整的剧本了。

记　者：您的核心概念设计是个封闭环境，有些编剧是不敢尝试的。大家会以为您有这个概念的时候，拿去谈就被接受了，其实不是的。

张　莱：表面上是接受的，大家都会说这个好，说这个想法太厉害了。问题是谁给钱呢？

记　者：实际上您真的是写出作品来给别人看，这才是您的诚意。从有这个想法到写出剧本拿去给别人看，这中间多长时间呢？

张　莱：我这个想法大概是产生在SMG的一个交流会上，编剧们在一起讨论男性剧。因为我那时候受了《异镇》的创伤，想创新又有风险，下笔须谨慎啊。我当时住在上海的和平饭店，就很有感觉，感觉这个老饭店特别有故事，正好之前就有一个封闭空间里都是间谍的创作想法，就套了这个壳子，回来没多久就开始动笔了。第一集的开场想了很久，但写的过程中推翻了很多遍。中途想过放弃，因为单是第一集就写了小一个月，后来一鼓作气写了七集，波哥让我出去玩一下。其实我说的这个真的不是开玩笑，《和平饭店》的创作过程中，我特别感激他这个建议，这是一个老制片人的直觉。剧情不能一直往上顶，再往上顶的时候，编剧就顶废了，观众看剧也挺疲惫的。

他说，你要停一停。不仅他那么说，我自己也能感觉到，等我回过来再看的时候，没错，确实是要让观众舒缓一下。把角色的对战能力都降下来，情感方面开始细腻地往后走。

记　者：《和平饭店》您创作完了七集之后，合伙人就拿着这个去推了吗？

张　莱：还没有，只是他给我吃了一颗定心丸。之后差不多一稿弄完了，想来想去，无论从审美还是沟通上，李骏导演是最合适的。因为彼此了解，我们交流特别无障碍。我们只聊了两次，一次在香格里拉，一次在他家附近的饭馆。我跟他说，二稿的时候我想如何弄。他说，一稿在多少集的时候，我觉得有点拖了。我说，对，我也是这个感觉，这个地方我想把它提出来，把这个事情结束掉，重新来找发动机。他说，这个发动机我们能不能在人物上面想办法。我说，太好了，这还有一个人没有用到。我们两个就是这样，很默契。聊完我们就开始筹备了。趁这个机会，我就回老家杭州待了一段时间，然后再到横店，差不多是一个来月的时间二稿就修改完了。开机的时候二稿还没写完。因为我是二十四集之后换了发动机。还有就是横店多好玩啊，那么多好朋友，要和大家在一起碰一碰，进度就会慢一点了。

记　者：这一年除了不想写的状态、放空的状态，再加上构思，这期间是需要您自己去支撑的，包括您这会儿应该没有收入、没有项目。您的心态如何呢？

张　莱：当然是自己支撑。但是也还好，经济上面对钱的欲望也不是太强烈，因为有自信了。我知道自己的这个作品肯定没有什么问题，再加上岳父岳母身体不是很好，我岳父在我写《和平饭店》期间过世了，家里有很多事情，心情也有些低落，所以人就愿意无所事事。然后忽然觉得要动笔了，我每回开笔都是忽然有一天下定了决心，打开电脑就开始写了，很怪。

记　者：这个真的很关键，这就是编剧职业的一种状态。不要以为放空是没有意义的，但是好多人在这种时候就焦躁了，内心很矛盾。编剧行业没有什么固定工资，不像在企业，每个月都给你开工资，心理上有一定的安全感，编剧的安全感从何而来呢？

张　莱：不要贷款！我所有的安全感都来自不贷款。我宁愿不捡这个便宜，也不贷款。这点对我的心态真的是有很大的帮助。你知道北京有几个很好的买房的时机点，我告诉自己不要被诱惑，要那么多房干吗？我要的是没有压力。因为我体会过有压力的时候的创作状态，那是不负责任的，是唯利主义的，会丧失自我的。

记　者：还是要认清编剧的职业属性是什么，如果想挣大钱就不要入这行，有好多从业者会觉得编剧是挣大钱的。

张　莱：真不是这样的，这个钱你得挣得到呀。很辛苦的，还有很多风险，包括被拖欠稿酬之类的事件。

我现在算是半个甲方，说句比较公平的话，如果你写的达到了我需求的百分之七十，我也不会欠你薪。除非资金链断裂，那没办法。但在正常情况下，是不是应该多追问一下自己，多注意一下自己是不是剧本质量还不过关？如果你写的东西能够达到要求，不会遇到欠稿酬的问题。反正我是没遇到过这种问题。你如果能满足对方的预期，他干吗要欠你钱啊，肯定会赶紧拍啊，因为最终目的还是赚钱，而不是欠人钱。

有的编剧把自己放在弱势群体的位置，其实弱势群体可能是因为个人能力弱。拍《异镇》的时候，我们会在食堂贴"不许改剧本"之类的字条，这是由你的文字质量来决定的。如果台词很水，演员念得很别扭，当然会做修改。真的不是说自己是弱势群体就能甩锅的。

记　者：作为南方人，您的有些剧情是非常有北方特色的。

张　莱：其实我觉得你细看起来，还是蛮有南方腔调的。我是1991年就到北京了，我在北方待的时间比在南方长多了，当然是会北方化一些。我从头至尾就很排斥地域化。市场上可以有一些很地域的内容，比如说老广州、老北京特色的剧，但它不会成为主流，主流一定是去地域化的作品。

记　者：那当您在创作谍战剧的时候，有没有考虑到同类型剧？

张　莱：当然，你看我从来就没写过正正经经的谍战戏，从《异镇》到《和平饭店》都不是正统的谍战剧，我写不出其他编剧的那种谍战剧。而且我多聪明呀，这一类剧前面已经有好的作品来对标了，我换个角度走，没有对标啊。以前很多人问我怎么选择题材，其实在我看来，没有什么所谓好的题材，关键是你进入的角度。找到一个新的角度，什么题材都能做。

记　者：您应该是一个很喜欢社交、很喜欢交朋友的人吧。

张　莱：其实我不是很擅长这点，这几年倒是好多了，有时候特别不适应各种社交场合。

记　者：您以后的职业规划是扎扎实实做项目，还是有别的想法呢？

张　莱：我现在最大的目标就是可以带出一个班子。《明明可以在路上》这个项目我就是用带班子的方式来带他们。从创作意识开始，整个的编剧流程大家都在一起，效果还挺好的，这几个人都进步神速。

记　者：在作品当中，可能会有一个很核心的、创作者想通过自己的作品传达出来的东西。对您而言，是什么呢？

张　莱：其实我并没有在刻意传达什么东西，我觉得好的作品，它透射出来的其实就是编剧自己的世界观和修养。你看《和平饭店》，特别有意思，不是我有意识的，成片之后我回过头来再想，才发现整个故事走向胜利的过程，跟陈佳影的世界观一模一样，就是利己、利他、利众，这不是我刻意规划出来的。

很多人说编剧你要传达什么、表达什么，其实你不需要用力去表达，你自己的修养和世界观，会主导你笔下的人物，或者情节怎么选择，这是潜移默化的。真正好的表达一定不是你说出来的，不是生硬的，不是刻意的。

我之前碰到一些编剧，特别想表达。我就告诉他们不要急于求成，你如果刻意地去表达什么东西，很可能让情节变干枯。你不能为了表达而表达，那就变成愤青了。每天在那儿犟，有什么用呢？争取这个、争取那个有什么意义呢？就跟人生一样，一切都是你做出来的。你是怎样的一个人，引领了什么样的趋势，大概影响了多少人，这些都是做出来的，一味地喊口号是没有用的。

（记者：霍驰）

张海帆

作品：电视剧《青盲》；网剧《天舞纪》等。

简介：作家、编剧、影视策划人、影视制作人。曾为慈文传媒集团总编辑兼艺术总监，现任完美世界子公司完美海岸总经理。

记　者：您是IT出身，并且已经跻身为IT高管，为什么想转战影视圈呢？

张海帆：当一个人能够预测到自己职业生涯的尽头是什么样子，其实是很苦闷的，看到了自己的天花板是一件很可怕的事情。我曾经在互联网行业经历过惨痛的教训，自己拿着项目去找别人融资，也投过资，甚至也曾经做过手机，最后身无分文！我知道互联网行业的竞争性有多大，如果没有找到正确的方向有可能一直被困在瓶颈处。

2006年我创作了第一部连载小说《冒死记录》，我是想把对世界的感受和对世界的认识用另外一种反方式表达出来。于是我在天涯网上起了一个特别狗血的名字叫作《冒死记录——我一个朋友口述的神秘事件》。这是一个标题党，万万没想到的是，在网络上反响很好，斩获最佳人气奖连载小说。转年我又创作了第二部作品《青盲》，反响也很好。从此以后，我就没有以前那么恐慌了。2008年，我决定辞职，毅然决然踏上了写作之路。就像马克思、恩格斯所说的，劳动的最高境界就是用自己的兴趣爱好来挣钱。所以我找到了我自己的生存方式——写作！

记　者：听说您是理科生？

张海帆：我虽然是理科生，但是很喜欢写文章。我学生时代是石油系统的理科生，在我们那个年代重理轻文的现象比较严重。但是我从小就很喜欢文学，地区作文竞赛都是第一名。上了高中后，就不喜欢写文章了，因为当时学校要求写的都是"八股文"，我不喜欢写。我总喜欢写科幻、悬疑的东西。上了大学，投稿都不被采纳，我写的文字不被人认可，大家都会认为很奇怪。

你将来的样子

真要感谢网络，因为它的共融性、开放性，使得我的文章容易被大众所接受，让更多的人看到并认可。

记　　者：刚开始创作的时候有没有什么困难？

张海帆：有，经济上的困难。但是2009年《大魔术师》写成了，被改编后有了新的希望，收入还是很可观的。

记　　者：您是如何看待跨行做编剧这种行为的呢？

张海帆：确实也要和想走向影视文学之路的朋友说一句：爱好归爱好，天赋归天赋。有很多朋友和同学很刻苦地写作，但是就是写不出来，所以也请这些朋友清醒地认识到自己是否具备写作的灵性和天赋，这个是很关键的。如果不具备这样天赋的人，最好选择做编辑或者策划人员。讲故事是需要有天赋的，我切身感受很深。

记　　者：也就是说编剧这个行业也是需要灵性的？

张海帆：编剧是文字工作者中的蓝领工人，如果有很好的底子，加上天赋、机遇和勤奋，从某种意义上讲，会更容易脱颖而出。好莱坞有很多有经验的编剧，为什么有些编剧那么厉害？因为原创性的编剧是有一定自己的天赋和思路的。有些作家转换为职业编剧时，会感觉到很束缚。这是因为编剧是在框架中工作的劳动者，忠实于商品的属性，必须在套路下工作。作家雄心勃勃地转行做编剧，会遇到很多挫折，要做好扒几层皮的准备，到了"拉抽屉"的时候还是很痛苦的，要承受一定的辛苦，要把作家的个性消磨掉，同时再展露出来。

记　者：编剧会把自己的作品做得理想化一些，而制作人在不懂艺术的情况下，会打压编剧的创作思维，您如何应对这个现象？

张海帆：不好的现象有，好的现象也有。每家制作公司都在剧本创作中有争执，制片人要迎合市场，有市场的需求。比如，有些电视台硬性地要求要有强烈的剧情，所以编剧就要迎合电视台对制作公司的要求。制片人有的时候要对市场进行妥协，他们在大的方向上要忠实于市场，但是在小的问题上就需要放手了。比如，编剧最害怕面对的情况是"这一段讲述得不好看"，这是一句很让人崩溃的话。"不好看"怎样解释？它是一种很主观的描述。可是有些制片公司就是愿意发表这样不专业的修改意见。所以编剧要学会如何和制片方打交道。只看了一小部分就大放厥词的导演或者制片人的话，是很可怕的。这就需要编剧如何巧妙地既保留自己的语言风格和叙事方式，同时还能用文字将制片方的意图表达出来。

记　者：您觉得影视圈在这样一个阶段，怎样才能维护编剧的话语权？

张海帆：呼吁尊重编剧，因为编剧是最了解剧本中的人物以及人物的行动和语言的人。出来做编剧要有写过几百万文字的能力。如果没有这种文字上的积累，是很难站得住脚的。编剧要有自己的尊严，别尿！要对自己的作品有底气。但是很残酷的事实也是存在的，那就是真正做到"剧本为王"的人或者团队还是很少的。

记　者：您如何看待编剧这个身份？

张海帆：编剧的身份很尴尬。影视作品做得好的，可能不会是编剧的功劳，但是做得不好的肯定是要先找编剧的麻烦。所以编剧的基本技能之一是有忍耐力。

记　者：《大魔术师》是如何呈现成影视作品的呢？

张海帆：这是机缘巧合！当时写这本书的时候是春晚刘谦第一次亮相之后，掀起了一系列的魔术狂潮。我个人喜欢关于魔幻题材的东西，但是我发现中国的影视作品还没有出现关于魔术题材的。于是有了动笔写作的欲望，初衷是扬我国威，想让世界上的人也知道，中国的魔术是很厉害的。在写作的时候有意识地画面性比较强。我之前写作《青盲》的时候，结识了一些朋友，马中骏和张纪中对我的帮助很大。继《青盲》之后他们极力引荐我的《大魔术师》，在影视圈里引起了注意，会有一些感兴趣的人拿去看。看过之后，得到其他从业人员的认可与产生兴趣才是最关键的。

记　者：为什么现在的小说改编权比之前受重视多了？

张海帆：很多小说作者在影视改编权的转让中尝到了致富的甜头。现在小说的价值越来越高，影视制作公司都认为买一部有一定影响力的小说来操作的话，是有基础在，而且会有一部分固定的粉丝群，所以现在的小说比以前更有市场。

记　者：您如何看待小说改编权的问题？

张海帆：以前一部小说的改编权如果能卖到三十万的话，都已经是天价了，一百万的小说版权几乎没有。但是现在一百万一本的小说改编权屡见不鲜。我劝有些从作家转编剧的朋友，要注意自己原创的小说如何转变成影视作品，实现更好的对接。

记　者：都说编剧是戴着脚镣跳舞，对于这个现象您怎么看？

张海帆：这个是编剧有的时候也很头疼的问题，我们跟着政策走的同时，也需要判断某些模棱两可的规定，比如"谍战片不能娱乐化"这是一种很泛泛的说法，"军事历史传奇剧不能色诱"这个也是没有办法界定的。所以，作为一个编剧来讲，解读政策也是一项必修课。

记　者：谈谈您的《冒死记录》。

张海帆：《冒死记录》有大量删减，小众读物，影响力还是有的。有一段时间《冒死记录》和《三体》并称为中国科幻的代表。

记　者：您这样的位置，还会有些困惑和烦恼吗？

张海帆：最大的困惑是自己的坚持，别人会认为你是孤芳自赏，理想的作品和现实的差距无法弥合。作为一个编剧来讲的话，理想中的影视作品永远是还没有呈现出来的那部。因为影视作品是团队作业，集体作业，整个影视圈的氛围比较浮躁，踏实做事的人相对来讲比较有烦恼，所以需要更加坚定的信念。

记　者：请给非科班出身的新人编剧一点省时省力的办法。

张海帆：最省力的方法，是有作品。哪怕是做枪手也要尝试着有自己独立的作品。

张巍

作品：电视剧《杜拉拉升职记》《陆贞传奇》《女医·明妃传》等。

简介：编剧。北京电影学院文学系剧作专业教师、副教授、硕士研究生导师。

记　者：您是如何进入这一行的？起点在哪里？

张　巍：我1999年考上了电影学院的硕士研究生后，很想学习写剧本，但我的专业是外国电影史。我考上了之后，发现我们那一级没有剧作专业，所以一开始连旁听其他同学上课的机会都没有。当时关于一切涉及编剧的工作，我都会很感兴趣去做。我的朋友也都知道我爱写东西，所以都介绍给我相关的工作。我陆陆续续给一些香港导演、编剧、制片人干过一些枪手的活儿，虽然都没有下文了，但确实也在其中学到了一些经验和教训。

我本科是北京广播学院的，毕业后有一些给电视台撰稿的工作，可以挣得一定的生活费。2000年夏天，我的一个表演系的同学，是我的陕西老乡，他签约的一个公司在找编剧，帮公司改一个青春偶像剧的剧本，剧本已经完成了六集，但是公司不满意，问我是否愿意接受这个继续写作的工作。我觉得应该去试一下，于是就认识了这位制片人，开始尝试着为他写新的大纲，几天写完后打印出来的大纲就被制片人拿走了，当时我还对他说，你就这样把我的大纲拿走了？你应该付我一部分定金吧？万一你要是骗我东西呢？我当时就呈现出了任何一个新人在那个状况下的担忧。我说你需要留下一千元到两千元的定金，但是对方的反应是说，你的东西我还没有看，我怎么知道它值不值这个钱呢？于是就发生了很不愉快的争执，最后他把东西拿走了，我在楼下散步，心情特别不好，感觉自己仿佛遭遇了骗子。

记　者：那个时候您大概多大？

张　巍：我那时二十三岁，读研究生一年级，是标准的新人。就在我特别沮丧的时候，接到了一个电话，是来自那位制片人的，说他已经看完了，特别感动，他马上来找我和我签约。我就这样接到了人生第一个剧本的合同，那个时候的合同都没有打印，是手写的。制片人给了我三千元每集的稿费。我总共写了二十集，我拿了四万，和我一起搭档的同学拿了两万。制片人把我带到了剧组筹备地，一个夏天都扑在了这个剧本上。当时特别热，我每天冲着空调吹着写剧本，因为长时间不动，腰肌劳损，有一天晚上写到动不了，直接被送到了北医三院。这个是我人生的第一个剧本，我就是从这个剧入了行。但是没有人教过我写剧本，当时整个人就是一个很开心的投入状态。我是从这个戏写完了后，才知道什么叫作编剧。事实上我作为编剧的大部分经验是在实践中渐渐摸索出来的。

记　者：您有上当受骗的时候吗？

张　巍：有啊，很多。我碰见一个很有名气的香港编剧，在国内搞影视工作室，签约让我们在他麾下工作，不给署名，也很难要到钱。白天不来开会，来开会的时候就会把我们商量好的全部推翻，不尊重人等等的事情都会发生。

记　者：现在有很多新人编剧是经过学校系统的学习后出来写作的，可是您没有经过这些，也得到了行业认可。

张　巍：周迅也没有上过演艺学校，张曼玉也没有接受过专业的表演训练。有一种东西比学习更重要，叫作天分。

还有一个东西比天分还重要，叫作勤奋。我觉得这两点比一切都重要，在我们这个行业里，如果有专业的学习经验固然很好，但是如果不具备这两项素质的话，受再多的教育也没有意义。从北大、清华、哈佛、斯坦福毕业的人，没有发展的也多了去了。而且我在广院、电影学院和中戏的求学生涯，确实也给我很多理论上的支持。

记　者：制片方和您的矛盾多，还是和您合作的创作人员的矛盾多？

张　巍：我已经有十几年没有跟人一起合作创作了。大部分情况下我都是自己写（担任剧本总监、剧本顾问这种情况除外），所以我避免了好多需要去协调合作写作的困境，我只需要把我自己管理好就好了。和制片方的矛盾，我觉得制片方也不会故意找碴儿。比如我来讲的话，这几年我大部分都是跟合作过的老的合作方再次合作。当然碰见过各种各样的情况，其实大部分矛盾也都是在磨合期产生的正常现象。

记　者：勤奋对于一个编剧来讲是至关重要的。

张　巍：我可以坦诚地讲，我还是比较勤奋的。到今年我已经出道快二十年了，工作时间真的很长，而且我一直都在尽力求新求变。一直在想如果我来写时装剧、写职场、写古装，我如何能和别人不一样。我一直会寻找一个结合我自身优势的市场定位。所以我创造了一种类型，这种类型在之前是没有的，叫古装女性职场剧。未来还能如何求新求变，如何创作新的好作品，这些都是我一直在思考和尝试的。

记　者：您自己没有团队吗?

张　巍：未来不排除，但目前都是我自己去写的。这是保证质量的唯一方法。我要求自己每天都要有严格的工作时间来保证可以顺利交稿。所以，每当放假的时候，我就玩儿命玩儿，到全世界各地去玩儿，拍照，穿漂亮衣服。这个对我很重要，那个时候我是真的很放松，全情投入去玩儿。平时带孩子、工作、运动是我每天要做的三件事儿。

记　者：每年都能出去玩儿几次，这已经很奢侈了。

张　巍：我规划得还好，因为我是大学老师，我有寒暑假。

记　者：您平时的日程是怎样安排的呢?

张　巍：我每天早上7：20起床，洗脸、刷牙、吃早餐。7：40送孩子上学。8：00回家，读书、看朋友圈、听一些音频网站的历史课程。9：00去健身房健身一个小时。10：00多回家后洗澡，敷一张面膜，喷好香水，整理好自己。11：00开始工作。12：30也许会吃饭。13：00—17：30会一直工作。17：30—20：30是陪小朋友，练钢琴、看动画片，或者是做一些亲子瑜伽。等小朋友睡觉后我会继续工作，或者阅读、看片。凌晨一点前睡觉。

我每天必须写三千字，我已经可以保持不多不少的状态。不拼命写，也不少写。已经很少有日产八千字的情况了，除非剧组着急开工。

记　者：可是您也需要教书啊。

张　巍：我基本上是职业编剧的生活。一周有一到两天的时间去学校上课，我日常会和我的学生有很多互动和交流，我们感情非常好，他们看见了什么新鲜的片子会和我说，我觉得我有很好的新鲜的知识来源。我和年轻人的接触还是比较舒服的，我没有觉得我是他们的老师，他们就一定要怕我之类的。我也受到了他们的很多启发和影响，比如他们会教我用很多电子产品，我买车都会听他们的意见，他们陪我去买，帮我挑选。我现在的手机是他们帮我调试和教我用的，他们还强迫我买苹果电脑，教我到网红店去吃什么网红食品。

记　者：您的性格很乐观。

张　巍：其实我也有过很抑郁的时候，也曾经求助过心理咨询师，甚至都服用过抗抑郁的药物，近一年也都是在和比较糟糕的情绪来做斗争。可能因为我经历过，所以我的学生经历同样的事情的时候，我会比较真诚地把我的经验和他们分享，告诉他们我是怎样渡过这种困境的，是如何处理的，我建议他们要如何处理。前不久还有一个学生过来找我谈心，说他不想上学了，他觉得没有意义，他现在做的事情他都不喜欢。我深知这个行业的不容易，每个人的孤独，能够坚持下来的人真的需要特别大的勇气来抵制抑郁、孤独、空虚、寂寞的时刻，无法和外界建立连接的时刻，对于那些愿意抱团取暖的人，我总是会心怀感激。我很少会拒绝对别人的帮助。

记　者：编剧是弱势群体吗？

张　巍：我不这么认为。现在比起我出道那时，编剧的地位和收入很显著地提高，比起一般的白领或者金领来讲，我觉得已经很幸福了。又没有像制片人一样承担那么多的风险和压力。我们的压力更多的是来自不被认可。我觉得要是和韩国和美国的编剧比地位的话，比不了，但是国内已经进步很快了。而且对于编剧自身来讲，如果写不了那么好，还要那么高的地位，那样就叫自视甚高了。

记　者：如何看待现在的大IP剧？

张　巍：我们要把心态放平衡，比如现在的大IP，如果能形成一个潮流，我们也不要想办法封杀它，要研究这里面之所以能形成潮流的原因。

我学外国电影史出身，我知道如果一个新鲜事物出现的时候，靠一己之力想要封杀或者否定，这是螳臂当车。举个例子，1927年，华纳兄弟拍了《爵士歌王》，这个是电影史上第一部有声电影，挽救了濒临破产的华纳公司。在几年之内，这样的技术就开始风靡世界，但是当时电影市场是默片电影主导，这个现象引起了很多默片时代影人的反抗，其中甚至包括卓别林。因为有声电影破坏了无声电影静默的美感。卓别林一直抵抗到30年代，才去拍摄演出有声电影。如果一个时代新的技术来临，技术已经变革到一定程度，即使是非常厉害的大师，以一己之力对抗这个新事物，也是不行的。当时有声电影刚出现的时候，确实有很多粗制滥造的作品，这个是必然现象，比如当时的收音技术很差，大家也都急急忙忙地展开工作，所以刚开始的时候肯定是出现很多草率的情况。

我的态度是面对无可变革的时代潮流，最好的态度不是抵抗，而是拥抱。慢慢用经验来判断哪个部分是需要接受的，哪个部分是需要改进的。但是关键是要有开明的态度和尝试的心态。对我来讲，如果没有做过就说什么事物不好，比如大 IP ，这个本身就是错误的，活到老学到老，不要排斥接受新鲜事物。

记　者：已经播出的作品，您最满意的是哪一部？

张　巍：《长大》和《女医·明妃传》。《女医·明妃传》是和新丽合作的剧本，新丽找唐人制作的。这两个剧本都倾注了我许多的心血和感情，导演也都不错，尤其《女医·明妃传》在当时的影视剧荧屏都是一片阿宝色的调色环境下，配色是比较高级的，看起来很清秀和典雅，包括刘诗诗的演技也是可圈可点的，演员的搭配组合是霍建华和黄轩，我也是很满意的。还有很多中医案例的调研等等，都是很宝贵的经验。

记　者：如何处理和制片人之间的关系？

张　巍：要看和制片人的立场是怎样的，编剧要理解制片人就要看是不是和他们站在同样的一个立场上，信不信这个制片人是一个有能力的人等等，这些想法都决定能不能和制片人产生基础信任。

记　者：《女医·明妃传》的构思用了很久吗？

张　巍：想做这样的一个项目已经想了好多年了，但是把它落实下来就是灵光一现。我经常在很多题材上真的是想了好多年，思考很久，但是当我真正开始写的时候就是那一瞬。

记　者：有没有项目是比较顺畅的?

张　巍：其实我现在真的是越来越少遇见顺畅的项目了。我现在合作的制片人是行业里最好的制片人，他们就是要求高，那就不可能特别顺畅。他们需要顶尖的演员，那些演员也会要求很多修改和沟通。

记　者：您和合作方出现过纠纷吗?

张　巍：我不会和合作方发生纠纷，但是难免会出现不愉快或者倒霉事儿，因为这么多年的从业，这个比较正常的。日久见人心嘛，我总还不至于走到打官司的地步，不过就是合作不愉快就不合作了。

记　者：聊下《陆贞传奇》吧。

张　巍：有一些遗憾吧，电视剧其实就是遗憾的艺术。当时因为种种原因删除了两百多场戏，导致播出时后边部分进展太快了。

记　者：有想过去转换身份吗?

张　巍：有一些自己很感兴趣的原项目，我还是想自己去做制片人把它做起来。但是我没有执念，如果有机缘的话，我不会抗拒。

记　者：会有什么规划吗？

张　巍：暂时不想做古装了，我最近还是想做时装剧。因为我其实挺不服气的一种现象是，片方或者平台方动辄就说我们现在是全民少女的时代，一上来就说什么偏网或者偏台的操作方法。但有些剧真的是全民都会关注的，而不仅仅是针对网络或者仅仅针对电视台的观众。我觉得生活中有很多现实主义的东西，必须要表达，不能抛弃三四十岁女性观众群体，她们需要有戏去看。作为编剧要有这样的责任感。

宋方金

作品：电影《飞》《夏日里最后一朵玫瑰》等；电视剧《甜蜜》《热爱》《手机》《决胜》。

简介：作家、编剧。毕业于中央戏剧学院。出版《清明上河图》《故事向暖心向远》《给青年编剧的信》等著作。

记　者：我们这本书主要读者群体是年轻人，帮助他们了解编剧、导演入行经验。请您分享这一路是怎么走过来的，这期间有什么样的艰辛？

宋方金：我先大概介绍一下编剧的基本状况，编剧分为职业编剧和专业编剧。职业编剧指的是以编剧为生的人，他是没有其他职业的。专业编剧指的是在剧团或者电影制片厂有编制的，这种体制内的从业者叫专业编剧。那么现在狭义的专业编剧主要指的是话剧和戏曲编剧，各个话剧团比如人艺他们还有一些剧作家。其实咱们现在谈的一些编剧，主要指的是活跃在影视市场上的从业人员，这些编剧叫职业编剧。职业编剧的来源主要是大专院校，比如说中央戏剧学院、北京电影学院、上海戏剧学院、中国传媒大学，这些学校贡献了很多的职业编剧。包括《士兵突击》的兰晓龙是中戏的，《老炮儿》的编剧董润年是中国传媒大学的，《归去来》的编剧高璇、任宝茹属于北京电影学院，目前咱们中国影视市场职业编剧大部分是这些学校贡献的。当然还有大量的业余编剧，今天不展开讨论。我本人是中央戏剧学院2001大专班毕业的，算是科班出身。其实我的背景比较复杂，我最早喜欢写诗，在校园时代就开始写诗，之后又写小说，然后觉得都不是很适合自己，后来我又到北京来上学。像高璇、任宝茹、汪海林、兰晓龙等目前活跃的编剧，大部分都是这样从高中考到了大学，然后毕业出来做职业编剧。我中学毕业以后是在社会上工作了几年，然后又觉得写作，就是原有的诗歌写作和小说写作不符合我的写作理想。我又来到了中央戏剧学院，想看看怎么选择方向。然后就接触到了戏剧，接触到了影视。接触了影视之后，在课堂上看的第一部电影是伊朗电影《小鞋子》，非常震撼，意识到了原来文学能够做到的事情其实影视也能做到。以前的偏见是影视是浅显的，或者影视是大众化的艺术，其实完全不是。就像《小鞋子》这样的电影，已经进入到非常高的文学命题和人生命题里了。当时我们中央戏剧学院有个黑匣子剧场，那个时候经常演一些话剧，有一天我就去看了一场话剧，是1936年诺贝尔文学奖获得者奥尼尔的《天边外》，看完之后，我就很震撼，我发现文学能做的话剧也能做，而且话剧也有它独具的形式魅力。就这样我开始对戏剧、影视产生了强烈的兴趣，觉得原来影视这个行业是很有意思的，然后我就开始想做编剧了。

其实我原来最早想的就是到了中央戏剧学院之后，学一点文学知识、戏剧知识，还是想做小说家去写小说。但那个时候看了这些戏剧作品之后，知道原来影视和戏剧本身就是非常重要的一种艺术手段，就觉得可以尝试做编剧。但当时只是个想法，因为我毕业的时候，咱们国家的电影产量还很低，全年的电影票房不到十个亿，可想而知市场是多么小。这样的市场环境下，编剧出来之后是没有工作的。我们当时只能去写栏目剧，去写一些小脚本、文案之类的维持生存，没有那么多的影视剧去写，市场比较萧条。我的一个好朋友作家刘震云，他那个时候和王朔等人策划成立了一家公司，他对我说要不你到我这个影视公司里来做策划吧，之后我就到了刘震云老师这家公司做了三年的策划。所以我不是一上手就先写剧本的，是先做策划。我也想跟年轻的编剧说，好多编剧他一上来就想做编剧，其实完全可以做一阶段的大公司或者平台的策划工作、责编工作，会对你以后的编剧工作有非常大的帮助。我在刘震云和王朔的这家影视公司待了三年，这三年我基本上没有写剧本，做责编，做策划。我们拍了冯小刚导演的《天下无贼》、黄建新导演的《求求你表扬我》，还拍了姜文导演的《太阳照常升起》，赵赵编剧的电视剧《动什么别动感情》等等，都是在我做责编和策划的过程中参与的项目。就是这些策划工作让我了解了与编剧合作的流程，也是在这个编辑和策划的过程中了解了大量的影视专业知识，包括剧本的写作，整个项目的运作流程，怎么策划、怎么筹备、怎么拍摄，包括后期怎么对接，一系列的专业工作。这些工作当时看上去是比较琐碎，但是这些事务性工作本身对我后来的编剧工作起到了一些开阔视野和如何理解合作方的作用。

离开这家公司之后我就开始写剧本了，做职业编剧。做职业编剧之前是有工资的，每天要打卡上班的。现在好多人都说我不想上班，其实我觉得应该有上班的经历，编剧不应该说一毕业了就回家写剧本去了，天天在家待着，这个不利于写剧本，编剧还是一个与人打交道比较多的职业。三年之后我不上班了，大量写剧本，把自己当作职业的编剧对待，那个时候就没有固定工资了，没有固定收入了，完全是自由职业，写的剧本不能被采用的话，就没饭吃嘛。原来你好歹每个月有工资，有福利，那是一个很安逸的状态，之后就完全进入一个野生领域，你必须去接到工作，必须去把别人交给你的工作做好。

这个时候就开始进入到了职业编剧写作的状态，我上班的时候，主要是写电影剧本，电影剧本比较短。那个时候我白天要上班，都是晚上写剧本，所以说写大量的电视剧剧本是不可能的，我写电视剧剧本是做职业编剧之后。两个方面的原因，一个是电视剧剧本体量大，收入高。电视剧剧本最少也是二十集，不管怎样，你一集一千块钱，还好几万块钱，是一个生存的选择。另外一个对编剧来说，写电视剧的成就感更高一些，电视剧写出来后，导演和演员基本上不能完全改变你的想法。但是电影，我们惯常来说，电影是导演的艺术，导演可能干涉得比较多，或者说电影主要表达导演的想法。所以从这个公司出来后我就开始从事剧本写作，以电视剧为主，一直到今天，就一直在写剧本，大概就是这个过程。

记　　者：从事职业编剧时是多大年纪呢？

宋方金：三十出头 。

记　　者：那时候就已经开始自己出去找活儿了？

宋方金：对。

记　　者：如何去找活儿呢？

宋方金：基本上是很迷茫的状态，所以说我为什么劝很多的编剧毕业后去工作一段时间呢，就是因为在工作的过程中会接触大量的业内资源，编剧、导演，包括各个公司的CEO，你会接触到很多这样的人。我写的第一部电视剧剧本是编剧李樯给我介绍的，他是《孔雀》的编剧，因为我在公司做策划工作的时候，与李樯接洽过一部电影，叫《姨妈的后现代生活》，这个电影本来是我邀请他拿到我们公司来做的，因为各种各样的原因，这个电影没有在我们公司做，但是我和李樯成了好朋友，我们结下了很深厚的友谊。后来我出来做职业编剧，他就给我介绍了一份工作，给他的好朋友写一部电视剧剧本，所以就这么开始写剧本的。策划工作除了给我带来了无形的资源以外，也带来了人际资源。李樯虽然说是我师哥，但是我们彼此认识是在社会上，他毕业比较早，他是87届的。

记　者：您刚才特别不避讳地表达了您是中戏大专班毕业的，现在有很多的新人编剧会有这样一种心理，觉得自己不是科班出身，羡慕那些科班出身的人资源好，他们自己可能是其他院校毕业的，入职的时候担心自己的处境不如科班出身的学生。这个情况，您怎么看？

宋方金：从我参加工作到今天为止，没有任何一个合作者问我是哪儿毕业的，大多数人不在乎你是学什么的，我中戏的毕业证早就不知道放哪儿了，也没有人问我要过这个，也没有人在乎这个问题。包括我现在也给别人做一些兼职工作，我们从来不在乎谁和谁是从哪儿来的，我们最多也就是说：哎，这是师哥，也就是化解尴尬的一种社交手段。从来不会因为你是中戏的就高看你一等，也不会因为你是别的院校的就低看你一等，这个行业是最没有学历意识的。相反还有一个很奇妙的现象，就是中戏出来的几个特别好的编剧都不是正规的，比如李樯是个很好的编剧，但是他是中戏河南班毕业的。什么叫中戏河南班呢，就是现在想起来都不可思议，当年中戏在河南招来一些学生就在河南上课，不在中戏本部上课，中戏的老师要坐着飞机、坐着火车去河南给他们上课，上了两年。到最后一年，李樯这个班就觉得我们为什么在这儿上学，我们连中戏都没去过，我们怎么能算中戏的学生呢？然后他们就跟学校谈要去本部上课的需求。中戏还是比较开放的，就把中戏河南班的这些学生弄到了中戏本部，到北京来插班，李樯就插到了鹦鹉史航的班里，所以严格意义上来讲，李樯也不是正规的本科班的学生，但是不影响他成为优秀的编剧。另外还有个编剧兰晓龙，他是《士兵突击》的编剧，他是自费生。还有贾樟柯当年也没考上，后来上了文学系做了导演，张艺谋也是一个特批的学生，那孙悟空还是从石头里蹦出来的呢，所以说我觉得不要纠结这个。编剧这个职业它不问你从哪儿来，因为你写剧本，不是去外企，不是去大企业就职，涉及定级问题，学历是起作用的，你是"985"的、"211"的还是哪儿的，给你定多少工资，那是起作用的，但是在艺术创作领域，就不用自卑，学历不起那样的作用，对于编剧来说好好写剧本就是了。

记　　者：您一路走过来，哪个阶段是您觉得特别迷茫、特别困苦的？

宋方金：刚毕业的时候。我相信很多年轻的编剧也是这样的，他面临着两个迷茫，一个是我怎么能够进入到所谓的这个影视行业。我毕业之后，面临的第一个问题：我想写作，我到哪儿去写呢？这个跟写小说不一样的，写小说是你自己在家写，写完了之后，找个杂志社的地址，找个信封寄过去就完了，写剧本不可以这样的。你写的这个小说好，发表在杂志上，杂志社还给你钱呢，对吧，成本低啊。但比如说你的这个剧本要拍摄，投资可能要花一个亿，剧本是跟资本结合非常紧密的东西，一个剧本到底要不要投拍，衡量的指标是很多的，不光是文学性、可拍性、商业性，各种各样的指标加在一起。所以说很多编剧他自己在家里，闭门造车是不行的。如果你不了解市场，可能你也有才华，你写得也很好，但你写的这个剧本呢，跟时代接触得不紧密，没有话题性，没有一种商业性。这是编剧面临的第一个迷茫，就是影视行业在哪儿？现在我能写剧本，我给谁写？我写了怎么办？初入行的编剧都会面临这个迷茫。第二个迷茫就是，谁来评判你的剧本写得好坏？到今天为止大部分编剧还是有这个迷茫，就是我写这个剧本，我觉得很好，别人觉得好吗？或者投资人觉得好吗？有的时候甚至播出来之后呢，那些很烂的剧本得到了很高的评价，什么情况？就是剧本评判机制在哪儿？我觉得这是第二个迷茫。但是编剧首先要解决的是第一个迷茫，就是你能不能先在这个行业里生存下来，先别谈什么发展，先别谈你到底能有多大的成就，先谈这碗饭你吃不吃得了。编剧跟其他行业有微妙区别。比如说美术、灯光、摄影之类的，这些是技术工种。你去找个师傅带着你就完了，长年累月地积累。剧本是技术加艺术，这就是它特别微妙的地方，就是你必须得有一些剧本写作的技巧，你还得有艺术创造性。技术工种这方面要求少，比如现场灯光师傅说，去把那个灯搬到那儿去，你就搬过去呗，加大两个色温，你就加大呗，你就是成为一个螺丝钉也可以，就能拿到一份工资。编剧不是，编剧写出来的东西往往会被否定，而且有的时候是很没有道理的否定。我觉得到今天为止，不管是成熟编剧还是年轻编剧，他都面临着这个问题，就是剧本谁来评判，如何评判，有没有标准的问题。这就是两大迷茫，一个是在影视行业如何生存下去的迷茫，第二就是如何跟这个市场跟这个行业形成微妙的平衡，因为这个市场不可能完全听你的，你也不可能完全听命于别人的指令或者说市场对你的强压。否则你的价值也不存在了，变成秘书了，就是人家让你写什么你就写什么，而且即便这样其实你也生存不下去。

第一个问题的解决，相对来说是容易的，你迷茫的话可以先找个平台，先找个公司做做策划，做做责编，慢慢接触到这些资源。在这个行业里或多或少会认识一些人，不管他是制片人、导演、编剧还是什么其他职务，需要时间，慢慢地撬开之后就是要思考如何磨炼技艺，如何增长艺术能力。我觉得我最大的迷茫就是刚毕业那会儿，不知道给谁写剧本，没人找我写剧本啊，所有的新人都会面临这样的问题，谁找你写剧本啊？所以我当时没有办法的情况下，就去了公司做了三年的责编和策划。

记　者：写完了第一部作品之后，后期还存在没有活儿干的时候吗？

宋方金：不存在，这个行业非常奇妙，只要有人觉得你会写剧本，全世界都会来找你写剧本，比如说我现在想写的话，找我的项目，不夸张点儿讲，我五年都写不完。我觉得只要是成熟的职业编剧都面临这个情况，因为我现在也在做策划，除了我自己写着剧本之外，我也在策划剧本和监制别人的剧本。几乎天天在找编剧，好编剧永远等不到他的时间，因为他的事情太多了。凡是有时间的，大部分都是不成熟的或者新人编剧。我一直说这是一个充满希望的行业，你只要会写剧本，不用宣传。假设我现在知道一个人会写剧本，比如是张三会写剧本，他马上就会被全中国的影视公司知道，因为我们内部会说呀。有时候聊天说你最近干什么呢？我就会说你知道吗，我发现了一个编剧，太厉害了。这个编剧他马上就会被所有的人追逐，就是这样的。影视行业内部的信息流通是相当快的，只要一个编剧红了，马上就会被所有人疯抢，身价暴涨。而且你知道编剧的时间是最宝贵的，为什么呢？他写一个剧本至少需要一年时间，就等于下一个剧本要等到明年了，你一直在等待，不停地等待。所以说咱们现在的编剧不是多了是少了，我说的是优秀的编剧，很少很少，我一直呼唤，希望有更多的人进入到编剧行业，因为咱们现在缺好编剧，缺得非常严重。

记　者：当初也是面临着像现在职场新人一样的工作、生活压力吗？

宋方金：一样的问题，那时候压力比现在大，现在是什么呢？现在工作机会多了，比那时候多很多。现在有网大、有网剧、有综艺节目，我们那个时候只有电视剧、电影。而且那个时候谁找你写电影啊？不可能啊，电影的产量很低。现在每年是九百部电影，四万集左右的电视剧，我说的是备案要拍的，加上不备案的不拍的，那得六七万集电视剧，那是多大的工作机会。我们那个时候是没人找你写剧本或者是不需要你写，你写得好都不需要你写。所以我们当时是一样的，房租交不上，吃不上饭，每天都面临这种压力。

记　者：这个压力是从三十岁自己独立想做职业编剧的时候开始的吗？

宋方金：不是，就是来到北京从中戏毕业之后就面临这个问题。这是常态，大家都面临这个问题。最开始这种状态是一样的，就是导演、演员也面临这个问题。

记　者：有些人认为编剧这个职业很能挣钱，可以发家致富，您怎么看？

宋方金：这个行业我觉得除了顶级的那一拨人之外，大部分人就是一个温饱和小康状态。不会发家致富的，那不可能啊。这一行可以保证的是，如果你写得不错，可以活得很体面。

记　者：需要从业的年轻人要很清晰地认识到这个职业的属性，不要以为它是影视行业，就可以挣好多钱，有些人从事编剧工作单纯地是认为编剧挣的比小说作者要多。

宋方金：这个只是相对的。三年不开张，开张吃三年，我指的这是好编剧。一般的编剧都是三年不开张，开张吃不了三年。还有不好的编剧，几乎永远不开张，你知道很多在这个行业里混的编剧，都是拿定金生存的。就是咱们签个合同，你给我一笔定金，之后这个事情也就无疾而终了，有各种原因，可能写得不行，可能操盘的失误，等等。我们称这种编剧为定金编剧，就是只拿定金的编剧。让人感觉好像是在欺骗一样，其实编剧主观上也没有说想骗人，但是客观上就是自己写的项目老是写不成。你去看微博上，好多人说自己是编剧，你问他写过什么？他什么也没写过，但是呢，他确实也是在这个行业里生存的定金编剧，这种情况就是不该当编剧的编剧太多了导致的。

记　者： 怎么会出现这种不该当编剧的编剧呢？

宋方金： 他入错了行。就像您刚才说的好多人觉得做编剧很光鲜，挣钱很多，做编剧很好玩，很牛，还可以经常和明星打交道。没有这回事！做编剧很苦的！有人认为编剧的收入比小说家高，其实我也不怎么认同这个概念。确实一部电视剧的编剧稿费往往比一部长篇小说的稿费要高，但是反过来讲，中国的编剧里边有几个收入高过莫言和刘震云或者余华的呢？就更不用说郑渊洁这些超级畅销书作家了。这种比较不科学，比如余华的《活着》一本书，不光才华滚滚，也财源滚滚，每年都要卖几十万册甚至上百万册。这个收入是任何编剧都比不了的。而且真正收入高的编剧，是金字塔尖儿上的，我们可以把它量化到五十个左右，就是收入很高的，一部戏几百万的，也就四五十个编剧。中国每年收入几百万的作家很多，网络小说作家也有很多。莫言、余华、苏童、刘震云，这都是很有市场的作家。另外还有一些畅销书作家，比如说大冰或者李尚龙，他们一本书一百万册以上，收入是非常高的，所以说根本不是大家想象的编剧收入就高。我认识的编剧当中，说起来很可悲，成了老赖的也有，吃不上饭的也有，过得很狼狈的很多，就是到现在为止还要考虑房租的也很多，其中有一些也都是科班出身的，还有一些是写了好多年的。尤其是这两年影视行业深度调整，所谓的影视寒冬，有一批原来过得还可以的编剧又遇到了困难，所以我觉得还是要提醒一些想入行的编剧得想好，就是这个领域不是一个遍地金钱的领域，这个领域是很艰苦的。能看到的光鲜亮丽的编剧，那都是少数。

记　者：职业选择是一件很严肃的事情，要理性地看待编剧这个职业，您怎么看好多编剧后来改行做制片人的现象？

宋方金：这是个趋势。在美剧的体系或者韩剧的体系里，有些有能力的编剧往往会身兼制作人的角色。这个角色有助于帮他实现一个艺术世界。尤其是在美剧里面，基本上制作人就承担着剧作人的角色，就是剧作总监、制作剧作一肩挑。韩剧体系中编剧的角色也非常重要。咱们中国目前有一些编剧已经做到了，比如像王丽萍的剧本，她的代表作是《媳妇的美好时代》，她基本上就是既是制作人也是编剧。还有像刘和平老师，他的戏他都是编剧兼总制片人。

记　者：有人说编剧的思维和制片人的思维是不一样的，因为制片人要和人打交道多一些，要和资源、资金打交道。但一个真正写作的人，需要沉静下来，少些外界的干扰，一个潜心写作的人是做不了制片人的。

宋方金：不一定，这个因人而异。我觉得不是说所有的编剧都
要去当制片人，有能力的编剧去当制片人就可以了，
这个不矛盾的。我是鼓励编剧去做制作者，但不是鼓
励所有的编剧都这样，因为有的编剧他只能写作，他
干不了制片。但是如果有能力的就去干呗。

记　者：有人说制片工作会分散编剧在剧本上或写作上的精力。

宋方金：不会啊，比如说王丽萍，她写完了剧本，就顺理成章
地去进入制片工作。而且制片人也不是说什么事都跟
着，制片人主要是一个审美和策略上的把控者，一个
项目里面还有执行制片人、联合制片人等职务呢，他
更多的是一个引领者，是个领袖。

记　者：您目前的发展方向是?

宋方金：我主要是自己会写一点剧本，但写的也比较少，更多的
我会去做一些监制的工作，制片的工作我不太参与，比
如说预算、生产周期的排布等，我的工作是整体把控一
个审美上的东西，比如说，导演的挑选、演员的组建、
拍摄风格的把握，尤其是剧作的实现，这些我把它称为
监制的角色，我会在风格和审美上做一个把控者。

记　者：您刚毕业或者刚开始从事这行的时候有没有想到会有
今天这样的市场环境?

宋方金：没有想到。我们刚毕业的时候叫影视行业，后来升级
为产业，就是你原来的文化行业要升级为文化产业，
需要有更大的市场。那个时候全国两三万块银幕，现

在六万块，咱们国家现在的银幕数已经超过美国了。当年全年的票房不到十个亿，现在一部电影的票房有可能就四五十个亿啊，你想想多大的变化？电视剧也是，电视剧加上网剧，现在是四万集左右，那个时候就一万多集。市场规模和市场量级加大了，对于编剧、导演、演员肯定是遇到了一个很好的发展机会，那时候没想到，不敢想啊，你想连工作都找不到，哪敢想今天这样一个万马奔腾的局面呢？

记　者：您目前还有困扰的地方吗？

宋方金：当然有，很多。比如说如何使得具有审美的作品能够畅通无阻地到达观众的面前？新人编剧要解决生存问题，职业编剧得解决生活问题，但对于行业的领头人，或者说行业的顶尖从业者，那要面临着一个要带领大家或者说尽可能地使大家实现一个生命意识的东西。什么叫生命意识？比如说市场上现在甜宠剧流行，大IP流行，这种审美显然是不健全的，至少是不健康的。我们作为行业走在前面的一拨人，有责任和义务去扭转这种导向。

记　者：它是市场导向啊。

宋方金：对啊，所以我们也要跟市场为敌啊。我们这几年一直在批评市场上的不良现象，一直在批评IP推手，一直在试图影响和改变目前的审美局面。

记　者：现在IP这个事情大家已经慢慢开始觉醒了，不再迷信了，但是新的问题又出现了，比如各个网络平台评估机制的问题。

宋方金：对，他们还是在浅薄化、庸俗化。

记　者：那怎么办？

宋方金：那我们就跟他们打吧。这个也没办法，这个就是堂吉诃德大战风车。他们有他们的逻辑，我们有我们的逻辑，这个就必须最后达成一种平衡，现在不是平衡的状态，是一个完全失控的状态，就是他们想怎样，基本上市场就会怎样。所以我们现在在想办法，在不断地做演讲、出书，这都是跟他们博弈的结果。我们出了很多书，做了很多演讲，想了很多办法，包括私下也会跟各个网络平台沟通，公开也会沟通，我们也会用自己的作品跟他们对抗。我们必须为审美奋斗。

记　者：美国的影视市场相对来讲更健康一点吗？

宋方金：美剧形成了一整套能够自洽的市场逻辑和艺术逻辑。比如说边拍边播，美剧一季是十三集，他们按季去拍，这些都是常年形成下来的一整套行之有效的作品逻辑，而且也出现了很多好剧，那就证明他们这个市场机制是有效的。但是照搬过来行不行？我也不认为照搬过来就行，因为每一种文化里边都有它自己的一个逻辑，我不觉得把美剧的模式拿过来，就一下子好使了，不是。要有属于自己的逻辑，这个逻辑是什么，大家要共同去摸索、想办法、去试验，最后也会形成自己的行之有效的作品生产逻辑。

记　者：您经常会发表一些具有抨击性的言论。

宋方金： 这是正常的批评机制，应该有监督，有批评，有言论自由。这个环境总需要去维护，如果大家都不出声不维护的话，这儿就变成了一个资本的自留地，就是它们可以在这儿随意提款，但却不生产审美作品，这不就变成一个传销的局面了吗？不就完全变成一个金融骗局了吗？这是一个生产价值观的行业，它应该有价值输出。

记　者： 您是喜欢电影多一点，还是更倾向于电视剧？

宋方金： 我觉得都好，我没有什么偏爱。我最早主要是写电影剧本，现在写电视剧多一点，很多时候，不是自我选择的结果。比如说写了电视剧之后，有朋友来找，就做下去了。也可能写了电影剧本之后呢，有朋友来找去做电影，那也就做下去了。就是机缘的问题，我没有电影和电视剧之间互相偏颇的这样一个想法。

记　者： 职场上是有那种宿命性机缘推动力的说法吗？

宋方金： 当然。编剧一定是宿命的。艺术创作就是宿命的。

记　者： 所以别太纠结，还是要松弛一点。

宋方金： 对，我觉得有一句话说得特别好"云在青天水在瓶"。如果你这辈子就讨厌电视剧，非要去写电影，也可以啊。我建议大家随缘，能写什么就写什么，写什么都能体现你的水平。

记　者： 您现在自由吗？

宋方金： 自由。

记　者：您最喜欢的电影或者电视剧是哪一部呢？

宋方金：我最喜欢的电影是伊朗电影《小鞋子》，它作为一部儿童电影，抵达了悲剧的深度。电视剧我喜欢《生活大爆炸》，因为我本身喜欢喜剧，我觉得它非常迅速地通过情景喜剧的方式，展现了我们生活的方方面面。

记　者：您现在还有固定的读书时间吗？

宋方金：我每天主要的工作是读书，不是写剧本，也不是策划、监制。我现在至少每天要拿出四个小时阅读。对于编剧来说阅读是生命，编剧能够写下去的唯一的源泉就是阅读。

记　者：那看片呢？

宋方金：很少。影院的电影我基本上能看还是去看的，因为要看现在影院正在发生什么，一个编剧要有在场感。另外好的剧集我会挑一部分看，但是我不是剧迷的状态，不是说这一部剧特别好，我要追着看完，我不是这个状态，是一个研究者和观察者的状态。

记　者：那您看书主要涉猎的领域是什么？

宋方金：社科类比较多。最早刚刚学艺术的时候，主要阅读的是虚构类，就是小说、诗、剧本，现在随着写作生涯的延续，会感觉到知识的匮乏，所以要阅读社科类作品，要了解生活的方方面面。

记　者：您会不会比如说给自己下这样的一个任务，定期去和

你将来的样子

外界产生什么交流？

宋方金：不会，都是随遇而安。行到水穷处，坐看云起时。

记　者：编剧难道不需要多体验生活，多和人聊天以及感受生活吗？

宋方金：正常生活就可以。但是如果你这一阶段写的是一个你之前没有接触过的领域，那你必须专门去体验生活。我举个例子，假设你现在要写飞行员的生活，那这个是必须去体验的。体验生活分两种，一种是你本身的生活，你就有正常人的体验。另外一种你写的是个行业剧，特殊领域，那你就得去这个特殊领域体验生活，那个是专业的体验生活，需要采风和采访，那是另外一个概念。

记　者：您是那种晚上创作的类型吗？

宋方金：我什么时候都可以写，晚上是阅读为主。我写作的话，早晨中午晚上随时都可以写，咖啡馆也可以，我哪儿都能写，不挑环境。

记　者：那为什么有的编剧那么挑环境呢？比如人多的地方就写不出来，必须在家里才能写出来。

宋方金：个人癖好，作家也一样，有的作家必须得深夜写，有的作家必须得下午写，没有规律的。但是辛苦是一定的。

记　者：而且这种苦你没有办法分享给外行的人去听，只有自己能够感受到，是吗？

宋方金：别人可能觉得你坐在那儿还挺舒服的，其实往往是抓耳挠腮写不出来。我也有写不出来的时候，经常写不出来，而且我觉得写不出来的时候比写出来的时候多。

记　　者：您会经常健身吗？

宋方金：我不健身，但我会每天散步，没时间健身，运动就是散步。其实散步的时候也主要在构思，在想。真正写剧本那个过程，无论多艰苦，它还是短暂的。大量的时间你是在构思，想人物关系，想这个故事的结构、主题。构思往往占据了你生活的方方面面，可能喝茶的时候也在想，可能散步的时候也在想，甚至去洗手间的时候也在想，就是它是占据你全部身心的一个工作。你真正拿起笔了或打开电脑那是个物理时间，就是我要开始写剧本了，那是物理时间。你比如说我写过的一个剧本，后来也出书了叫《清明上河图》，那个前后想了有十年时间，写的话一年多就写完了。但你老是在想，我这个故事应该怎么去结构，我应该加入哪些素材，应该删掉哪些素材，这个过程是漫长的。

记　　者：您遇到过不靠谱的合作方吗？

宋方金：遇到过，这是每个编剧都会遇到的情况。

记　　者：为此您会维权吗？

宋方金：我不会维权，当然这个是不对的，我本身也替很多编剧维过权，但是我自己是不会去维权的，太消耗时间。我没有遇到过比较严重的侵权事件，我遇到的都是不靠谱的、忽悠的，或者说他对你进行了一些软性的伤害，可能就是不专业了，我遇到的都是这样的，没有遇到过特别严重的，比如说不给署名了或者说不给钱了。这些轻微的我没有去维过权，因为太耗费心神了。所以我给编剧的忠告就是，尽可能在之前把合同的条款签好，这样即便以后要维权也有个依据。

记　　者：好多编剧会遇到甲方提出不专业的评估意见。

宋方金：这个很多。

记　　者：而且甲方还不觉得所提出的意见不专业，比如人物不出彩、节奏不紧凑之类的审读意见，或者是在分集阶段的时候，要求把整体的主题、主调进行改动，把本应该在故事大纲或是在前面解决的问题，到分集阶段重新推翻，再来做。这其实是一种不专业的意见。

宋方金：是的，这是不专业。

记　　者：编剧要如何应对呢？

宋方金：首先说预防，为什么跟对人很重要，就是一定首先要寻找好的合作方。好多编剧也跟我讲：宋老师，我们没有选择的权利的时候怎么办呢？那么这种情况下一定要有止损意识。什么叫止损意识？如果你遇到的这个投资方或制片方特别不专业，应该及时退出。在这个行业里，很多馅饼是陷阱，不是机会。好多编剧就觉得，哎呀，我获得了一个很好的机会，我觉得对于这种情况，因为我也遇到过类似的情况，你只能终止和不专业的甲方合作，止损。另外一种，如果说确实产生了这种创作上关于好坏标准的纠纷，我觉得好你觉得不好，那就尽量找到对方能够拍板的人，一锤定音。

记　者：如果拍板的那个人就是不专业的呢?

宋方金：那这只能止损了，必须立即退出这个项目。因为既然拍板的这个人都不专业的话，那这个事情显然已经没有什么余地可言了。现在好多编剧遇到的大部分情况还不是拍板的人，是他遇到的责编、策划，提出的非专业的意见，我们经常接到新人编剧的这种投诉，我们一般就是建议找到有决策权的那个人，然后去跟他沟通，尽可能挽回局面，毕竟大家都付出劳动了。如果像你刚才说的，拍板的这个人他都是不专业的，那就得立即退出，没有任何留恋的余地。

记　者：创作上的纠纷又无法上升到法理层面，那就只能靠编剧自身的强大来对付了。

宋方金：对。我一直跟很多编剧讲，编剧遇到这个问题，你觉得没有办法处理，那么你这样来假设，就是你写的一个人物遇到了这个问题，需要通过你用编剧的智慧让他去解决这个问题，你怎么办？我跟很多编剧讲，我说编剧不能是手无缚鸡之力，我一直强调编剧不能只有写剧本谋生这一条道路，就是你得有强大的生存能力。这辈子你不做编剧，做别的也会成功，这样你做编剧就比较容易成功。如果这辈子你觉得你只能做编剧，做别的不会成功，那么我相信你做编剧也不会成功。很多人跟我讲：宋老师，我这辈子就只会写剧本，不会干别的。我说你这样的话剧本你也写不了，因为写剧本需要强大的能力，你的人物会遇到各种各样的困境，你要去替他解决这些困境，你自己的困境都解决不了，那你做什么编剧呢？所以说编剧得是有头脑的人，有智慧的人。

记　　者：请您给现在想要入行的或者在这个行业上走得很艰辛的年轻人一点儿建议。

宋方金：建议就是选对方向比努力更重要，如果选错了你越努力就越错。我是希望新人编剧进入这个行当，你得考虑自己能不能吃这碗饭，要检测一下自己会不会讲故事，有没有语言才华？如果没有，只是羡慕讲故事的人，而自己不是个讲故事的人，那就立即退出，不要在这里耗费时间。一个编剧的养成，至少需要十年时间，所以说你去看，编剧成名基本没有三十岁以下的。编剧是个很艰苦的职业，光靠热爱也不行，光靠有毅力也不行，最重要的一点，做编剧必须拥有天赋，没有这个天赋立即退出。因为人生可以做的事情实在是太多了。

编剧是个不容易出成果的职业，第一你有没有天赋，第二你有了天赋之后你努力不努力，你努力了之后你有没有机会。好，你有了机会，写出一个好剧本了吗？然后你有没有运气？什么叫运气？就是你写出的这个剧本，找到好导演了吗？找到合适的演员了吗？你有了好的导演有了好的演员，有了好的播出平台了吗？因为我见过很多优秀的编剧写出的剧本无与伦比，但是最后就是被拍砸了。很多这样的情况，那怎么办呢？所以说得想好了，然后得选好，就是不要糊里糊涂到这儿来，因为有可能你在这儿耗费十年，一无所成，最后你抱怨这个行业。真相是，不管你爱不爱这个行业，这个行业不爱任何人，就是你成与不成它根本不在乎。这就是一个无情残酷的行业，你觉得你热爱，但是它不爱你。年轻人不要想着老天眷顾，一定要想着自己适合不适合。

你将来的样子

郑晓龙

作品：电视剧《北京人在纽约》《甄嬛传》《红高粱》《金婚》等。

简介：导演、编剧、出品人。第十三届全国政协文化文史和学习委员会委员。

记　者：您是如何当上导演的？如何入行的？

郑晓龙：我大学毕业之后，是回原单位上班，我是带着工资上大学的。当时工龄超过五年，就可以带着工资上大学。所以我大学毕业后就要返回原单位工作。我的原单位是北京人民广播电台。后来北京广电局下设了四个单位：北京电视台、北京人民广播电台、北京电视艺术中心、《北京广播电视报》。当时回来后，领导说，你可以随便挑一家单位就职。我想了想后，就挑选了北京电视艺术中心。因为我大学的专业是中文，不是学新闻的，不想去电视台，就开始了电视剧的拍摄，当时整个行业才刚刚了解什么是电视剧。其实在1958年的时候，我国就已经有了第一部电视剧，叫《一口菜饼子》，但这之后就没有拍什么片子，电视剧当时不普及。我们中心也没有拍过什么剧，我就去做了编辑，一年后我当了编辑部的主任。当时应该是1982年左右，我是1953年生人。我当时升职很快，几年的时间就当上了电视艺术中心的主任。当编辑的时候我写了《空中小姐》《迈克父子》等剧本。当上了中心的副主任后就需要管理导演、管理制作、管理生产等环节。管理多了，但是自己却没有做过导演，时间长了，总是想知道作为导演是怎样的一种感受，于是就拍了一个片子叫《怯懦的誓言》，我和冯小刚、赵宝刚合拍的，他们两个是执行导演，我来看监视器，我说了算。拍完了之后当年就获奖了，所以我当时就觉得没有什么好难的。然后又拍了一个小短片《血腥的希尔顿》，播出反映也挺好。这个片子比较商业化，但是当时没有特别明确的商业化意识，只是觉得拍得好看就行。我拍的第三个片子就是《北京人在纽约》。拍摄的前三

你将来的样子

天，我对轴线还没有太多理解。当时是沈涛做摄影，我对他讲，机器放在这儿，他说，导演，机器放在这个位置有点儿越轴儿。然后他来给我讲了讲机器轴线的概念。过了几天后我就可以挑出他在技术上的问题了。其实我认为技术上是比较容易的，因为导演更需要一个综合能力。《北京人在纽约》奠定了我在导演行业的地位，我就这样当上了导演。《北京人在纽约》之后，我被任命为艺术中心主任，就没有时间来拍摄影片了，变成了我组织团队来拍摄。

我在北京电视艺术中心主任的职位上干了十七年，副主任干了十年，整个组织一共就成立了三十多年，在我的"黑暗统治"下二十七年（笑）。我总说，我拍摄的片子不多，但是影响还都可以。

记　者：哪一部片子才是您最满意的?

郑晓龙：我真正拍摄的有五部片子《北京人在纽约》《金婚》《甄嬛传》《芈月传》《红高粱》，我组织拍摄的有《四世同堂》《渴望》《编剧部的故事》，都是我觉得比较不错的。我辞去中心行政职务后拍摄的第一部片子是《金婚》，之后就基本上一年一部的拍摄速度。到2010年，彻底辞去中心职务后三个月拍摄《甄嬛传》，然后就是《新编辑部的故事》《红高粱》，《芈月传》后稍微有点儿步子放缓。

记　者：网上评价您是"电视剧教父"，每一部戏都达到了百分之五十的利润，里面有什么诀窍吗?

郑晓龙：和我的创作态度和对影片的要求有关系。首先是我用一种现实主义的态度来拍摄影片，也就是说把片子当成是我自己对世界的一种看法，拍历史剧也要当作是现实主义的东西来拍摄，而不是把它单纯当作一个浪漫主义的东西来拍摄，需要有一些价值观的引领。比如现在市场上的一些仙侠题材的影片纯粹是为了好看而已，没有任何价值观的引领可言。

我觉得一个现实主义的态度很关键。比如《北京人在纽约》反映了当时出国潮和出国这些人在国外的生活现实；《渴望》反映了老百姓具体的生活，人民对善良，对美好的一种追求；《编辑部的故事》虽然很搞笑，但是每一个故事、每一个话题都和现实关系特别紧密；《甄嬛传》也是如此，小说讲的是"飞"的，我把这个爱情故事变得落地，变成了一个女性对婚姻制度的批判，广告语是"一个弱女子对整个大清帝国的批判"。这个就是一个现实主义的态度，是一个历史唯物主义的态度。包括《红高粱》也是这种创作态度。我每一个片子都会直接上手去改剧本，而且每一次的剧本讨论会我都会参加。

记　者：文学功底对您导演工作有什么影响？

郑晓龙：会影响我如何讲故事。其实我的镜头也没怎么好，但是我作为导演，我始终是要瞄准戏的，瞄准演员的。导演的意识太强烈的话，能看出导演的手法。我恰恰希望的是，在影片中不要看到导演太明显的东西。观众应该看到的是故事、是人物，是要让观众感受到故事和人物所带来的感动，而不是突出导演的拍摄手法，导演是幕后的角色。

记　者：这个是不是电视剧导演和电影导演的区别呢？

郑晓龙：我觉得不应该。电影也一样，好的电影让人看到的是故事和人物本身，是情感本身。而不是说这个电影里面我看到了张艺谋，我看到了陈凯歌等人。只有这样，你的片子才能是永远把观众放在最前头，别把导演自己放在最前面。

记　者：国外有些电影很具备导演个人风格也很受欢迎，比如昆汀的影片。

郑晓龙：会游离在大众与小众之间。很个人化的影片往往是小众电影，但这并不是说好不好的问题，小众电影也好，之于寻找是很有意义的。往往这样的导演是比较安于自己表达自己的风格。但是国内的导演是既想要自己的风格，同时又想要大众都接受，又要票房。其实像《泰坦尼克号》这样的电影就是我们应该学习和追求的，它有一些商业价值，同时也有一些价值观念的引领。

记　者：导演需要具备哪些素质呢？

郑晓龙：其实我没有学过导演。我觉得有两种现象比较有意思，一个是导演其实是什么都不会干的人。他不干具体的事情，具体的事每个组都有相应的人去执行。有个段子形容导演，说一个剧组里招人，问"你会干吗？""我会照相。""好，那干摄影去。"问另外一个人说，"你会干吗？""我干过电工。""好，那你去灯光组。""你干过啥？""我在理发馆里理过发。""好，化妆师是你。""我做过两件衣服。""好，服装师是你。"最后问到了这位，说"你会干吗?""我什么都不会。""好,那你来当导演。"

对于导演来讲,所有的工种都要知道一些,都要有感觉。比如导演想要什么衣服,你要说给服装师听,他去做,但是你要会把你想要的讲给他听。这个就需要导演动用自己的能力了,这个是导演具备的审美能力。比如镜头拍完后,构图不好,导演感觉到了,要表达给摄影师,比如对他讲,你这个镜头没有给到位,再收一下,或者镜头再紧一点儿、再移动一点儿等等,都需要导演自己明白后说给摄影师听,摄影师就懂得如何调整了。比如和灯光师交流也一样,你要同他沟通究竟是怎样打光才能和你的风格一致,光打得太黑就和明亮的气氛不符合,光要打出层次感来,这些都是需要导演来指挥的。

记　者: 要如何获取这种光感的直觉呢?

郑晓龙: 看的影片多了自然而然就会记住在什么样的场景下,光是怎样的才对。慢慢感知到了怎样的光适合怎样的场景或者是适合自己的影片。

我没有接受过电影课的教育,但是我接受的都是电影院的教育。怎么讲呢,因为电影院里是大众看的电影,不是艺术电影。艺术电影里有很多特殊的构图,特殊的影调,明暗对比不同。我的电影教育是看内部电影形成的,所以我没有那种想法,我只想搞成大众爱看的影片。我的剧,出发点就是老百姓喜欢的。

另外,我觉得这个行业一个有意思的现象是技术的革新——监视器的出现。因为之前拍摄片子是没有监视器的,导演只能站在演员前面,他看不见拍出的是什么样子，只有摄影师能看见拍出的样子，所以摄影师很重要，摄影师和导演关系好的话，可能会说，"来，导演你也看看"，正常来讲，导演只能是在胶片冲出来后才能看到全景。后来小的监视器出来了，当时拍摄《北京人在纽约》的时候就已经有小监视器了，导演抱着，看得还不太清晰呢。随着发展，监视器越来越大，越来越清晰，越来越便捷。光哪里不好，哪个角度不好，构图哪里不好，演员的表演等等都能看得相当清晰。演员的服装在灯光下和自然光下是两种感觉，哪里不合适，都能很清楚地呈现。这个时候导演的感觉一下子就出来了，更加容易判断。

记　者：导演是需要具备综合素质的，您认为最主要的素质是哪个？

郑晓龙：文学素养，剧本是根本。一个合格的导演要会看剧本，也要看得懂剧本，而且要能动手改得了剧本。导演要具备三个基本素质，第一，文学能力。不单看得出剧本哪里不足，还要懂得如何改剧本。好导演不是说你遇见了一个好剧本才能拍得出来好剧，而是要做到如何拿到一个比较好的剧本变成一个非常好的剧本并拍出好剧来。第二，要具备导演本身的专业素养，要懂镜头，懂画面，懂灯光，懂表演，懂剪接，等等。第三个素质，是识人能力和组织能力。因为电视是一个综合艺术，要把每个人的能力都调动起来，包括如何调动演员的积极性。这些都需要在实践过程中来学习和积累经验。

记　者：这是需要多进一些组才能学到的吗？

郑晓龙：不进组也可以，我就没进过什么组，直接上手就拍了片子，而且还获了奖。

记　者：但是现在有些导演会跟年轻人建议说，比如必须要跟多少个组，或者是一年看懂摄影，一年看懂灯光，几年下来再说其他。

郑晓龙：没这一说。要讲究悟性，我当年拍摄电影《刮痧》的时候也没有那么多经验。我再举个例子，你比如说一直在聊的文学素养问题，你说文学素养是学出来的吗？它讲求的是悟性，你说好的作家是学出来的吗？

记　者：您选择演员的方式是什么？

郑晓龙：我不了解其他导演是如何选角的，因为我直接参与创作，包括我最后还要修改一稿，所以在这个过程中，这些人物在我的脑子里面是活的。我寻找演员要看这个人身上的气质和我的人物是否符合。所以我通常是要和演员先聊下天儿，主要的演员，还要吃个饭，进行其他互动，就是为了感受他身上的气质或者味道。如果和角色气质吻合的话，那就合适。其次我才看演员的外形。当然气质也包含了外形的东西，包括演技等等。我们现在很多演员都是受过专业教育的，演技或多或少都有，如果气质吻合的话，在拍摄的过程中，稍微调整一下戏就好，也很省力。但是气质如果不吻合的话，怎么调整都不对味道。我举个例子，《甄嬛传》拍完了后很多演员都火了，就有很多导演打电话咨询我说，那个谁会演戏吗？我说，可以啊，在我这儿演得挺好的。然后电话里的导演说，那怎么这个演员在我这儿不会演戏啊？我就问他说，你让她饰演什么角色？他说，我让她演一个八路，地下党。我说，你们让她演地下党，你得让她看看那样的片子，你让她体会一下地下党的生活，或者是培养出来这种感觉，你没有给她经过这个训练，那她怎么能有感觉呢？再说，这个演员本身的气质也不对啊，她本身的气质就不适合饰演地下党。

当时在选择《甄嬛传》里华妃这个角色的时候，有两个人选，宁静和范冰冰，性格上和气质上比较搭，但是不太可能。我的脑子里有这个角色的概念，当时蒋欣来了，对我说，导演我想试一下华妃这个人物，我就说可以试下啊，然后她就演了一段。我和她聊天的时候，她还挺逗，不发怵，很适合。所以，挑演员是需要沟通、碰撞的。再比如，安陵容这个角色，小女孩不是特别知名院校毕业的，但是我看着她有种小家碧玉的感觉，就是觉得特别适合这个人物。

记　者：对于一个新人导演来讲，这个市场环境，他们最应该着力的点在哪里？

郑晓龙：最紧要的是要抓好剧本，这个是投入最小、产出最大的阶段，是事半功倍的作业。有好剧本就能有好导演，因为所有的导演都在找好剧本，演员也在拼命地找好剧本，好的演员有的甚至是要降价参演。只有好的剧本才能成就好的导演。

岳小军

作品：电影《心花路放》《疯狂的石头》《未择之路》等。

简介：编剧、导演。毕业于中央戏剧学院。

记　　者：聊聊您自己入行的经验，您是怎样从事编剧这个职业的？

岳小军：我从中戏毕业后，拍了一个纪录片，拍了两个月，也不太会，就是玩儿得挺高兴。做纪录片之前，没有想好表达的主题，后来和别人又拍了很多纪录片，我觉得纪录片要有尊重在，对当下现实的问题要有一定的思考。后来经朋友介绍去了一个叫雅迪星的公司，他们当时在做一个轻喜剧《天生我才》，这是2000年的事儿，当时有四五个编剧，共五十集，分配每个人写十集。

记　　者：当时的稿酬还记得吗？

岳小军：一千五百块一集，后来还得了一个飞天最佳短片奖，是中央八套播出的。我第一次看的时候是在大理，我哥的一个朋友看见打出来的字幕还问我，这是你吗？我说是我，是我。

记　　者：当时这个酬劳在行业里是处在什么水平？合理吗？是否偏高或偏低？

岳小军：根本没有这个概念，因为是第一次写，之前也没有写过，只是上学的时候写过一些小品作业。感觉有人拿着钱找我写就已经很高兴了。

记　　者：那您做编剧来讲，起步就算很高了吧？

岳小军：算是吧。后来我也当了一段时间的枪手，最早给人当枪手时是三千块钱一集的电视剧。

记　　者：这个阶段干了多少年？

岳小军：干了三四年，写过乱七八糟的很多，曾经还写过《铿锵玫瑰》，讲述的是挖宝的故事。我印象是在北京台下午四点播出的，我们署名是文学策划，在片尾打出来。这是给一个老编剧改的稿子，一个烟厂老板投资，印象最深的是这位老板给我们住的地方塞进来一箱中南海香烟，让我们边写边抽。

还给陈道明写过一个电视剧，改编自张欣的一部小说《深喉》，导演是郑大圣，我们抱着想出名的想法，演员有黄志忠、夏雨等。据说拍摄完毕后，审查有问题，没让上星，就在地方台播出了。那之后我就开始写电视电影，写了一部电影叫《老费》，两部电视电影后，就写了《疯狂的石头》。

记　者：当时是怎么开始启动《疯狂的石头》的？

岳小军：宁浩去了趟香港，刘德华说可以投资。刚开始找的是张承，我做策划。但是张承白天要上班，晚上才能工作，只有我陪着导演聊天，所以编剧那儿就署了我的名字。

记　者：在创作《疯狂的石头》的时候有什么印象比较深刻的事儿？

岳小军：改了无数稿。宁浩当时住院，我还陪他聊了好久。当时在亚运村的华庭公寓，二十九层，每天都在打地铺，每天吃的都是驴肉火烧。

记　者：《疯狂的石头》之后您有没有觉得自己成为名编剧了？

岳小军：没有，我到现在都没有成为一个名编剧。因为每部新戏都是从零开始的，戏有胜任和不胜任的时候，不胜任的时候可能就是一个不及格的编剧，那就要多做些准备工作，当然，有经验了，知道该如何准备了。价值观和世界观是否对位等等，都是从零开始，得去挖掘自己。所以每做一个戏，都如履薄冰，尤其是和宁浩合作，更难。因为每个人对社会的认知不一样，都有想法。最起码你要先理解导演，再融入自己的创作。

记　者：在创作故事的过程中，有没有刻意设想和以往的电影不一样？

岳小军：完全没有，播出了之后大家都说火了，我们也没有感觉很火。当时的环境，不像现在这样做电影都成了风气了。现在这么多热钱涌入，外面的人也进来当导演，那时候不是这样的状况。别人都说火了，我就是觉得正常，有人看了后说喜欢，我就是挺高兴而已。

记　者：您是从什么时候开始知道自己特别适合干编剧的？

岳小军：不是适合，是逼到那儿了。也可以上班啊。

记　者：对呀，您也可以上班啊！

岳小军：找不着啊！

记　者：您谦虚了吧，所谓找不到工作，可能是因为没有那么大的生存压力吧？

岳小军：我是北京人，没有那么大的生存压力。所以也就愿意做些自己喜欢的事情，还能挣点儿钱。在上中戏之前，我在中关村倒买倒卖办公设备，也练过摊，装过空调，卖过糕点。我第一个工作是装空调，本来我的第一份工作应该是回石油大院上班，我不喜欢，就没去。这些经历对我后来的写作很有帮助，那段时间大概有四年。

记　者：《心花路放》还是有些悲观的，是中年男人的悲观吗？

岳小军：因为讲的就是中年男人的故事嘛，宁浩1977年的，我1972年的，正好有很多想表达的。

记　者：您只是和宁浩导演合作吗？

岳小军：也有些和其他导演合作的，但没有太成功。

记　者：您觉得和宁浩相比，存在哪些方面的认知差异？

岳小军：我认为这个社会很复杂，他也认为很复杂。

记　者：能理解很多编剧叫苦不迭吗？

岳小军：市场不规范。

记　者：您遭遇过吗？

岳小军：这当然，收不到尾款，钱被人骗了。

记　者：您都经历过？

岳小军：当然，不过钱对于我来讲并不是最看重的东西，还是最看重最终出来的作品。

记　者：现在应该不会再有这种事儿了吧？

岳小军：会有。有的时候和制片混熟了不好意思催款，所以钱就被拖着。不过现在的编剧比我精明多了，更懂得与片方打交道的艺术。

记　　者：您自己对于合格的编剧有标准吗?

岳小军：踏实，忍得住寂寞。

记　　者：给自己写东西需要花多长时间?

岳小军：我给自己写东西，都不是一个时间段写出来的。比如，
　　　　　一年中我会蹦出来十个创意。我不一定上来就写哪儿，
　　　　　我可能会放个一年或者两年，然后我翻出来，看哪个
　　　　　是有热情的，再找人去体验生活。如果特别感兴趣的
　　　　　创意，我可以先写出来一稿先放着，然后再翻出来，
　　　　　再看，不是一气呵成的，要两三年的周期。

记　　者：您的作品都是原创，眼睁睁看着自己的作品被别人草
　　　　　率篡改是非常不好的体验。如果导演拿到剧本之后准
　　　　　备大刀阔斧地修改，您会难受吗?

岳小军：不会，首先是自己愿意交给的导演，大家合作之初肯
　　　　　定会先有一个世界观方面的共识，而且脾气秉性也要
　　　　　相投才能正式展开合作。如果导演对这个作品有自己
　　　　　的见解，觉得能拔高一步或者是可以换个方式去提升，
　　　　　那当然是更好的事。
　　　　　但是有些演员上来就自己颠覆，上来就改，就没有必要。
　　　　　首先我这是一个原创作品，如果不尊重我的劳动成果那
　　　　　肯定是不行。

记　　者：和宁浩吵过架吗?

岳小军：吵，也吵，但毕竟都十好几年的朋友了，吵完也就过
　　　　　去了。

记　者：如果发生了争吵，事后怎么去协调呢？

岳小军：讲、谈、沟通，一般最后还是得听导演的。

记　者：有很多编剧都抱怨过自己的工作被导演裹挟的现象，您怎么看？

岳小军：这是不可避免的，因为毕竟编剧只是经手初期创作的部分，导演才是最终把剧本转换成影像的人，一定会发生某些颠覆性的转换才能成就好的作品。

记　者：您觉得编剧怎样才能最大程度地掌握话语权？

岳小军：话语权也不重要，为什么说不重要呢？因为只要是踏踏实实干活，东西好了自然就有人赋予你话语权了。如果东西没做好，还一上来就争夺话语权，那只能靠故弄玄虚、骗来骗去，这无论对人对己都是没有任何意义的。

记　者：您怎么看待编剧行业薪酬低的现象？

岳小军：不是吧？其实都挺高的。不过也看怎么比，比起大腕儿演员来那是很低。

记　者：您自己做编剧的底线和要求是什么？

岳小军：我现在做现实题材的东西多，所以我必须要去采访。

记　者：您为什么这么喜欢现实题材作品？没有想过写玄幻什么的吗？

岳小军：我也想过写古装剧。但是对于电影来说，并不吃香，到了瓶颈了，该拍的都拍了。得找到更加合适的形式。我真正愿意写的是真实的、掷地有声的东西，对环境、对人物有思考的。我喜欢日本的那些武士精神，像《黄昏清兵卫》《隐剑鬼爪》都是我喜欢的电影。《黄昏清兵卫》中塑造了坚定的目标和理想的人物，在中国当下的环境很不容易。我觉得人有时候需要停一下。编剧或者导演，关键还是要表达。最重要的是，干这行，就是想把我知道和我所理解的传达给他人，抱着一个真诚的态度。

记　者：您生活目标是什么？

岳小军：不违背自己信念，真诚。

记　者：在工作中有什么不能忍受的事物吗？

岳小军：剧本写不好，着急。

记　者：您自己想过当导演吗？

岳小军：想过，但觉得现在当导演的人太多了。如果我做导演，就要做一个有风格有质量的导演，不是单纯地多角度拍一遍，剪完了就了事的，有点儿犯怵。在拍电影之前，我想多拍一两个短片。

记　者：您觉得编剧有方法论吗？

岳小军：有最笨的方法，只要写够一百万字就能锻炼出来，历练是必需的。不管是给人当枪手，还是自己写，都得历练。我觉得给别人当枪手还是好事儿呢，在别人的指导下写东西。

记　者：影视圈经常会冒出一些新风潮，比如此前火过一阵的互联网思维和现在正热火的IP热，您对此持什么态度？

岳小军：就是一股潮流。这种东西又结合当下年轻人的一些想法，比如像《鬼吹灯》或者是《盗墓笔记》，很新奇。已有的艺术形式从故事性上没有满足年轻人的需求，那么这种东西的出现就是必然的，应运而生。在国外也一样啊，像《哈利·波特》《魔戒》，也都是小说改编的。

记　者：您在写故事的时候，有没有事先考虑过审查问题？

岳小军：我有过作品被毙的经历，确实是有为了审查而束手束脚的时候，但关键是如何平衡，找到合适的表达方式。

记　者：您的观影习惯是怎样的？阅片量如何？

岳小军：我之前都是一天看一两部电影，但是最近出现职业病症状，就减少了些。我曾经写作写到凌晨五点的时候，突然间什么都看不见了，眼睛差点儿没瞎了。

记　者：更喜欢演戏还是更喜欢写戏？

岳小军：当然更喜欢写戏了。

记　者：是被动的演戏还是主动演戏？

岳小军：被动的演戏。都是朋友之约，很耽误时间，中间完全干不了别的。

记　者：最理想的职业状态是什么？

岳小军：随时有两部戏在操作就行。一方面能满足我的表达意愿，另一方面还能挣到钱。做编剧最大的痛苦，是无时无刻不在工作，看到某个引发灵光的事物或者情景就想要马上去写出来。

记　者：在写作上会卡壳吗？如何解决？

岳小军：会有，找别人聊天，吸取别人的建议。

记　者：《未择之路》的寓意是什么？

岳小军：就是选择了自己认为对的一条路。

记　者：公路片是您擅长的一种题材吗？

岳小军：不是擅长吧，就是喜欢。

（记者：小茸）

你将来的样子

姚晓峰

作品：电视剧《带着爸爸去留学》《恋爱先生》《虎妈猫爸》《假如生活欺骗了你》等。

简介：导演。毕业于北京电影学院摄影系，北京电影学院青年制片厂副厂长。

记　者：您之前是摄影师出身，为何选择导演这个行业？

姚晓峰：被动原因和主动原因兼具。我当时在电影学院学习摄影，故事片摄影。毕业之后我就留校了，一边做老师，一边拍戏。做了十年的摄影师，拍了七部电影，其实挺顺风顺水的，但是随着时间的推移，我就觉得，单纯作为一名摄影师已经满足不了自己的需求了，有了转行的冲动。我二十四岁开始做摄影师，2005年转行去做导演了，当时是三十四岁。

作为摄影师来讲，职业要求是要服从导演，与导演是一个从属关系。但是当时我对很多作品其实都已经产生了自己的看法，所以就想要自己去拍一个作品，来表达对一些事物的看法和理解。

当时转行，还是比较困难的。因为当时的电影环境不像现在这么好。当时的电视剧市场还是比较好的，电视剧的商业化刚刚开始，电视台扩大买卖电视剧的交易，所以电视剧市场有很大的需求，这个市场给我带来了转行的契机。本来是想着做几年电视剧导演后转入电影导演的，可是没想到，电视剧导演一做就是十几年过去了。

记　者：接下来还是会打算做电影导演吗？

姚晓峰：当然，电影导演是我的梦想。因为电视剧还是不能够满足我对艺术上的表达和追求。电影是导演的艺术，电影导演更具挑战性和趣味性。

记　者：很多电视剧导演转行电影导演，都不太成功，原因是什么呢？

姚晓峰：长期拍摄电视剧的人比较啰唆，电影更加洗练和简洁，手段更加简练。这是两种思维模式，电视剧要求面面俱到，拍摄要求是深挖，是延展，要不停地丰富内容，丰富所有创作环节，要做一个加分项。但是电影恰恰相反，电影不可以面面俱到，要提炼一个清晰的主题，一个主题故事要在一个半小时内表达出来，电影和电视剧是两种叙事结构。长期拍摄电视剧的导演会忽略这个问题，会把电影拍摄得面面俱到，想在电影里表达的东西太多了。因为电视剧的话，一个主题是不够的，需要好多个情节线索，至少三条情节线索。如果是电影拍摄的话，那么就会杂乱无章。而且电影更加需要强烈的风格，风格化更加鲜明。

记　者：有人说，好的电视剧导演，不会在作品中体现太多个人化风格，您怎么看？

姚晓峰：一个作品一定会体现导演的气质。如何体现气质，就是这些元素所体现的：如何用镜头、如何叙事、如何抒情等。风格是一个人的世界观和性格的综合体现，每个人的世界观是不同的，好的导演要有一个属于自己的世界观。

记　者：拍电影有什么计划吗？题材选择有什么想法？

姚晓峰：我打算不拍摄纯商业化的电影，我想做一些情感表达的，有些文艺属性、有思考的影片。还是想拍摄现实题材的，最想拍摄一个父子情的故事，家庭救赎，用一个情感表达的突破口来打动其他人。

记　者：最喜欢的电影是哪一部？

姚晓峰：我最近看了一部影片《以你的名字呼唤我》，觉得特别不错。《西西里的美丽传说》也很好，有种浪漫的情感，很唯美，比较细腻、抒情。

记　者：您现在的剧很多都是倾向都市情感，但之前的剧都是正剧、传奇历史剧，等等。哪种题材是您偏爱的呢？

姚晓峰：其实这个也是和我的导演规划有关。刚开始做导演的时候特别想证明自己的能力，能否驾驭大题材是个标准。以前也是比较偏重挑选这种大格局的戏，比如早期的《叶落长安》年代跨度比较大。如果能把这个驾驭好，是比较能考验导演功力的。为什么最近题材偏向改变了？一是近年来市场的需求，二是我个人的关注点也发生了很大的改变。近年来对现代人们的生活越来越感兴趣了，我觉得可以在生活中挖掘到更深的东西，我自己对生活的理解和思考可以辐射到我的作品中去。我拍摄的都市剧有我对生活的态度，有表达，这种方式让我觉得更加有创作欲望。所以现在在都市情感题材上想要继续深耕。

记　者：《恋爱先生》《虎妈猫爸》等作品是您施加在剧中的因素多一些，还是剧本本身优秀？

姚晓峰：都有，都给力。但是我觉得导演对作品气质的改变是非常重要的因素。比如，《恋爱先生》写了一个故事，写了人物，但是发生在什么样的背景环境下，是导演提供的。我界定了一种理念是引领生活时尚的表达，我认为必须要加入一个元素是现代都市中产阶级的品位追求和目标。我们引领的时尚是什么？比如，现在的基点生活，这是一个生活理念，能不能把这种东西加进来，观众在观看的时候，可以看到他们想要追求的理想状态。那么除了内容本身之外，他们会被另外一种氛围代入，这是他们梦想追求的目标，有代入感。其实我这个理念在《假如生活欺骗了你》这部剧的拍摄过程中感受最深。当现代戏拍到一半的时候，就可以特别明确接下来的方向和结尾是什么。我现在所有的戏结尾都是有改动的，因为作为创作者之一的导演，我们已经完全融进了这个氛围里，我已经开始和角色进行置换。我知道，如果我是这个角色我要往哪个方向走，如果我是生活在角色的世界里，我会奔向哪个地方。然后就顺着这个感觉，改变最终的人物命运和故事走向。所以，真的特别有意思。比如《恋爱先生》中，结尾他们为何又回到了比利时？因为我感觉主角要回到原点，这与剧本的结尾不一样。我经常会拍摄到一半和编剧来商议修改剧本。《虎妈猫爸》《假如生活欺骗了你》《小丈夫》都是这样。这个也是都市情感剧特别有意思的一面，可以和角色一起成长。

记　者：《恋爱先生》发生在比利时，这个是原剧本就有的设置，还是后来的设置？

姚晓峰：原剧本是境外。但是制片方对比利时比较熟悉，采景后觉得还比较浪漫。地点的最终设定，需要导演实地采景，看哪个国家或者是城市更加有味道来定。

记　者：作为一个导演来讲，需要具备哪些品质呢？

姚晓峰：首先，专业素养要够，对电影的了解程度，用好镜头，对摄录美服化道等的充分了解。我对美术的指令直接到细节，哪怕墙壁的颜色、选材等，某个道具的陈设都需要指导到底的。对服装、化妆，包括对音乐的需求等等，想表达怎样的感受，这些都要导演清楚传达给相关部门。导演更加是一个读解者，对文本的读解，如果连原始文本的意思都不懂的话，肯定是会拍错的。导演需要能够举一反三，比如画面、构图、镜头的运动，这些都是专业素质。我是摄影师出身，所以相对比较了解。确实是有很多导演到了拍摄现场后，连机位线在哪儿都不知道。摄影师转行导演比较容易也是因为摄影一般对现场的把控是相当好的，工作比较容易上手。

其次，导演得会沟通，要懂得如何与人合作。虽然导演是摄制组的灵魂，但是如果没有每个成员的配合，也是做不到的，要用方法让别人帮助自己实现设想。一要善于沟通，有比较好的沟通能力；二是要有执行能力，能把想法至死不渝地贯彻执行下去。这个是最关键的，有想法，但是这个想法能否实现，这个考验导演的能力。实现不了的话，要懂得如何在不降低艺术标准的情况下处理问题。

最后，还需要具备领导力。得能服众，能在最困难的时候带领大家突破困境，每个剧组都有困难的时刻。我最深刻的体会是导演是整个剧组中最孤独的人，因为拍摄过程中，导演要坚持到最后，要成为最坚毅的代表。

记　者：最大的难处是什么？

姚晓峰：其实都市情感剧对于我来讲，拍摄上的难度就很小了。

我之前拍摄《唐山大地震》的时候，那时候的置景确实是在拍摄上遇到了很多困难。但是现在都市情感剧的难度，往往都体现在沟通上，与演员的沟通或者是与制片方的沟通。比如我所追求的东西需要花钱的，能不能让制片方同意，按照我的想法去投资实现。《恋爱先生》我对里面的服装不满意，需要购买高档的西装，后来我说我来垫资买，可以从我的导演费用里面扣，制片方看我这么坚持也就懂得要批费用给我了。所以说导演要舍得为作品做个人的牺牲，维护作品的纯洁度。

记　者：您接下来的项目安排是怎样的？

姚晓峰：依旧是现代都市情感话题剧，我想做现实题材导演中最好的。

记　者：您和现实题材的导演，比如沈严导演有竞争关系吗？

姚晓峰：他是我的同学，我们惺惺相惜。其实我和这些导演都关系很好，比如郑晓龙导演，他是我的偶像。我崇拜他这么多年一直好作品不断，直到现在这个年纪依然在探索好的作品，他是一个很有生命力的导演。沈严导演，虽然我们都是关注现实题材，但我们有不同的领域，路径不一样。他更加犀利和尖锐，从《中国式离婚》到《我的前半生》都非常冷峻和犀利，而我是比较偏向温暖的，比较偏轻松的。

记　者：您所拍过的剧，相对来讲最满意哪部？

姚晓峰：《假如生活欺骗了你》。我认为这是我作为导演来讲最成功的一部，也是我导演气质的一个代表，其他的作品都不是特别满意。

记　者：《恋爱先生》全网点击率最高，有什么不满意的地方吗？

姚晓峰：我觉得不够深刻。它可以延展的话题还应该更加深刻，火候稍微欠一点儿，因为时间太仓促了，如果时间再充裕一些，应该能够更好。

记　者：最大的困扰是什么？资金上有困扰吗？

姚晓峰：现阶段来讲是成本压力没有那么大，而最大的困扰是时间和拍摄周期。以前我觉得拍摄还是很快的，不知道为什么，现在拍摄越来越慢了，我以前拍戏的时候像打了鸡血一样，全组都是这个感觉。而且现在的制片方也越来越不给足时间了，我比较喜欢以前拍摄的氛围，拍完一个场景后，都会有一个现场的讨论，所有演员都会围坐在我身边，来讨论一下戏。现在条件越来越好，反倒是这种交流越来越少了，比如之前拍《虎妈猫爸》的时候，赵薇拍完后都会来和我进行各种讨论。我是一个比较重视现场调控的人，我经常会在一场戏上做一些即兴的改变，这个现场的创作过程是比较吸引我的。

记　者：一部作品拿到多少集剧本后才决定是否接拍？

姚晓峰：一般是十到二十集剧本就可以决定是否接拍。

记　者：会希望比较早地介入剧本吗？

姚晓峰：其实我认为太早介入也不是一件好事，因为我定义的导演对剧本的身份是一个读解者，而不是一个创作者，导演是二度创作者，剧本是编剧的创作。

记　者：香港导演和内地导演的区别在哪里？

姚晓峰：香港导演的能力也都比较强，他们拍一些类型片经验很丰富。不过都市剧都是探讨身边的社会生活，香港导演生活在香港，观察的是香港的城市生活，内地导演拍的则更贴近内地的城市生活。

海飞

作品：电视剧《谍战深海之惊蛰》《麻雀》《旗袍》《大西南剿匪记》《隋唐英雄》《花红花火》等多部。

简介：作家、编剧。

记　者：在您的心目中，是如何理解小说和剧本与故事的关系的？

海　飞：我们这个创作群体的人会经常聊天，也会现场飚桥段，就是给出一个开头，创作者往下接故事。你突然会发现，有些作者讲的故事如此苍白无力，而有些作者讲的桥段，却是如此新鲜，令人诧异。有很多时候，你不得不服，或者你拿什么去不服？在我只写小说的那段时光，说实话我对剧本一向轻视，当然，前几年影视剧中也出现了好多雷剧，这更成了我们轻视剧本时的一种谈资。而当又写小说又写剧本时，我突然发现，每一个行业，都不允许我去轻视，哪怕我是收废报纸的，你得有本事比别人收得多，才能令人服气。

记　者：您觉得什么样的小说和影视作品才算得上好作品？

海　飞：什么样的作品才能算得上是好的小说或影视作品，有时候，我们可以用一种笨拙的方法来界定。我觉得界定好的小说和好的影视作品最好的方式是时间。现在这样信息发达的社会，事实上已经很难让一部好的作品被埋没，就像现在不可能有一个怀才不遇的人一样。在我的眼里，《繁花》《白鹿原》《尘埃落定》《活着》等等，都是好小说，它们有一个共同特点，就是小说好，销量也好。在我的眼里，就电视剧作品而言，《潜伏》《北平无战事》《人间正道是沧桑》就是好的电视剧，经年播放，仍然拿得出手，收视率与品质的双丰收。

记　者：您现在手头正在进行的小说项目和影视项目是什么？

海　飞：我已经完成的小说是《唐山海》，按照网络文学的说

法，这种从《麻雀》中化出一个人物来的小说叫"番
外"。手头刚刚完成的是《风尘里》和《战春秋》两个
中篇，一个写的是明万历年间的锦衣卫故事，一个写
的是春秋年间楚越争霸的故事。当然，我选择了全新
的视角，用新鲜的故事，来诠释我心目中那个朝代的
人和事。我对旧的时光，有着敏感的捕捉细节的功能，
并且十分迷恋这样的一种美好的时光。

我正在试图构建一个"海飞谍战世界"系列小说，它们
是《唐山海》《捕风者》《向延安》《麻雀》等等。现在，
《陈开来照相馆》和《苏州河》也进入了修改阶段。从
剧本来说，《棋手》和《向延安》正在进行中。

记　者：说到谍战小说，这真是一个技法上很容易故弄玄虚的
文学类型，一般我们对标的名家会是勒卡雷，在我看
来，谍战小说难写的，恐怕不是事件的真相，而是事
件背后折射出的人性，所谓"与恶龙缠斗过久，自身
亦成为恶龙"，所以我挺想知道，您为什么会对谍战小
说如此情有独钟，是想要剑走偏锋呢，还是觉得这是
一种有意识的自我挑战？在您眼中，目前中国的谍战
小说或者谍战影视剧的瓶颈在哪儿？

海　飞：我对谍战小说情有独钟，并不是意味着我只写谍战小
说。我也写战争小说，比如长篇小说《回家》。我也写
当下生活的一些中篇，比如《像老子一样生活》《我叫
陈美丽》等。其实我更喜欢的两个小说是发表在《十
月》的《长亭镇》，发表在《人民文学》的《秋风渡》。
但我承认，我对谍战小说是迷恋和钟爱的，因为它十
分考验智商，而且在那种高压环境下面，也十分考验

小说中主人公的人性。男性读者可能更爱读这样的小说，而在求新求异求真求变之路上，谍战小说又在时刻要求作者作出努力和贡献。

在我眼里谍战并不是写谍，而是在写人丰富的内心。其实，宫斗也不是写宫斗，传奇也不是写传奇。所有的小说与影视作品，其实都是在写人的丰富的内心，不然也不可能被读者和观众所接受。我觉得地球上自从有了人类，那些爱恨情仇就一直在生长和延续着，从未改变。包括世俗功利，包括迎来送往，包括爱恨情仇。我一直认为，人生的美好是因为我们的生命是有限而且短暂的，所以我们期待各种事件的发生，然后经历。这和许多人渴望旅游没什么两样，四处奔走是因为我们其实从来都不可能有来生。正因为人有许多的欲望，所以人的内心会越来越丰富。我自己对复杂人性的探究，就有一种固执的疯狂及兴奋的迷恋。

谍战剧的创作本身确实让我特别过瘾，我常常用"深海"来形容谍战。因为在我看来真正的谍战就是看似水面平静，水面以下却暗流涌动，甚至潜藏着巨大的危险。而正是由于这样的平静勾起了许多读者和观众强烈的窥知欲，恨不得穿戴上潜水设备，深入海底一探究竟。而这种烧脑的写作挑战也让我十分有兴致。我常常在码字特别顺畅的时候，按捺住小小的激动，停下来小酌一会儿。我甚至可以想象观众看到一些精彩桥段时那种痛快的感觉。

谍战小说和影视剧，瓶颈也就是在故事陈旧上。现在此类小说和影视作品越来越多，很难让人耳目一新。但我觉得一定有，以我为例，一直在追求着每部小说的不同，尽量避开自己曾经的创作。这是一种追求，我甚至认为，这也是一种品德。

记　者：我们一般会认为，历史讲述的是事实，而剧本在本质上是虚构，请问您是如何在历史中找到虚构的空间，并尽可能地将它与事实缝合起来的呢？

海　飞：其实影视创作中，一般创作者都会不约而同地遵循的一个原则是，大事件大背景不变，小细节小桥段自由生发。所以，切入点的不同，让你有十分开阔的创作空间。比如，如果不写秋瑾，而写追随秋瑾的一名年轻人，他的所有细节都可以虚构。我在小说《长亭镇》中就是这么做的。只要做到用心，就能做到严谨。因为，把握情节的历史合理性并不难，主要是看你有没有花费足够的做功课的时间。比如小说《麻雀》中的苏三省叛变，原型就是军统上海区副区长王天木的叛变。
当然，讲故事需要专业知识，但这些专业知识肯定不是主要的，更重要的是讲好故事。一个小说家和编剧，会写到厨师，写到木匠，写到各种职业，你能了解的专业知识终究还是不多。但重要的是讲故事讲人生，裁缝下刀，一匹布怎么裁剪并不是最重要的，而这个裁缝突然被人诬陷了，才是人生变故。当然，这并不等于说专业知识不重要，专业知识会影响到剧情。

记　者：在您眼里什么样的剧本才能算是好剧本？

海　飞：好剧本不多，但也不少。在这种剧本里，总能出现让你大呼过瘾的"瘾点"。而我评判剧本好坏的其中一个重要元素是，剧本"有新意"吗？

剧本最忌四平八稳，就如同姑娘看不上一个没有缺点的男人。因为没有缺点，你不能张扬。我更喜欢的剧本是，有错字，前后不连贯，都没关系，但一定得有好桥段、精彩的台词。粗糙有时候也是一种力量，粗糙可以经过修改而变得精致，但平庸就没法改了。

记　者：最近网络上已经开始探讨您的新作《惊蛰》，观众反响很好。从编剧工作的角度，我们想了解，您如何不断发掘新鲜的题材？灵感或者说创意的源泉是什么？

海　飞：我现在创作剧本的过程中，会养一些故事。所谓养，就是不停地吸收与消化，和酿酒没有两样，一定的时间内，这些故事会发酵、成熟、饱满。我同步在养的会有好几个题材，我为每一个题材建立一个文件夹，不停地添加我认为有用的资料，然后找合适的时间筛选故事，把没有新意的故事去掉，选一个相对成熟的，直接和公司进行开发和制作。这相当于，我有好几亩地，种下了各不相同的庄稼，然后随着季节的更替，选择性地收割。

　　　　我一直以为，养故事很重要，循序渐进和慢工出细活。在我的创作经验中，凡是匆匆上马迅速编、迅速拍、迅速发行的故事，都会显得生涩而且不接地气。而养久的故事，一定是酣畅淋漓，充满张力和生命力的。个人认为，题材没有过时之说，但剧本有好坏之分。

记　者：您在写剧本的时候有没有遇到过"卡壳"的情况？遇到这种情况的时候一般是怎么解决的呢？

海　飞：不晓得是什么原因，我没有碰到过文思枯竭的时候。

我在想，可能这个时候还没有到，还能有几年的创作旺盛期。我相信作家的创造力，主要是靠天赋的，其次才是靠勤奋的。我这个人天赋不高，也不低，就那么刚刚好。我想，我讲故事的能力也许可能是好的，我现在需要解决的，其实是精修。我要怎么样把一个原本成立的故事，修得更好。

记　者：在您的那么多作品中，您觉得哪部作品中的哪个元素（比如某个情节、某个桥段）是您最满意的？或者用现在流行的话来说，您觉得哪个元素是最能够称得上"教科书级"的？

海　飞：《惊蛰》里有一段余小晚拿着菜刀，披头散发追砍周海潮的戏份，做到了情感功效和剧情功效的完美结合。余小晚，舞皇后，年轻有为的外科医生，可以为了心中的爱人陈山，不顾形象，亡命出逃，赤脚追砍对陈山构成极度危险的叛徒周海潮，最后自己中枪昏迷。这部分既表达了余小晚对陈山能豁出命来的情义，感人至深，又在剧情上，因为她的"捣乱"，使得尚公馆的阴谋没有得逞，推进了故事发展。

我想我是热爱着这个余小晚的，如同热爱着整个的《惊蛰》。

记　者：您如何同时去把控整体故事的大节奏和每一集的小节奏？

海　飞：我觉得那不是一个大故事，那应该称之为一个大构架，是两种不同的说法。因为大构架其实可以不只是一个大故事，有时候可以有两三个大的故事。这些故事分布在一集集小故事里，并不是平均分配的。写剧本和书法家练字没有区别，书法家写字，一定是一气呵成的，那么对一个经过长期剧本训练的人来说，如何谋篇布局，也是第一感觉瞬间发生的事，他会有一个相对准确的基本判断。把握大节奏和小节奏，这和跳舞一样，只能意会，不太好言传。

而从谍战小说或侦探推理小说，或者说剧而言，强大的逻辑是最基本的要求。情节好看和逻辑服人，这是相通的。其实逻辑服人，也有程度上的不同。一个寻常的悬疑桥段，你逻辑再好也不足以让故事精彩。只有新鲜的，同时又悬着双重危机的桥段，如何用强大的令人信服的逻辑来推进，才是精彩的。

记　者：您是如何做到在细节上精益求精的呢？

海　飞：细节提升的不仅是作品的品质，而且会很好地提高作品的识别度。我熟悉一些当时上海滩谍战的资料，包括中共"红队"如何在上海滩九死一生地执行任务。在《麻雀》《惊蛰》等一系列作品的创作上，小到衣服上的一颗纽扣材质，教堂（鸿德堂）的地理位置，当年的人事细节，我都做了严谨的历史考据。

比如《麻雀》里的军统假夫妻唐山海和徐碧城，原型就是唐生明和徐来。唐生明曾入黄埔军校第四期学习，是湘籍风云人物。唐父是大地主，湖南东安有名的"唐半城"，其兄唐生智是国民党高级将领。而徐来更是与胡蝶齐名的明星影片公司的"台柱"之一。当年，这样一对才子佳人奉戴笠之命，背负被唾骂的委屈打入敌人内部，可谓"我不入地狱谁入地狱"。同时，唐生明参与的一次重大情报传递，还让美国取得了美日海战的绝对优势。

在剧作中，细节十分重要，甚至可以这么说，细节决定成败。

记　者：在关于《麻雀》的一次访谈中，您说自己"倾向于人物关系有更多纠葛，人物性格也有很多转换和不同"，请问您一般如何去构思人物的性格与行动？

海　飞：人物关系推动故事发展，这是剧本创作者都知道的，这是一个共识，《雷雨》就有着非常紧密的人物关系。像《人间正道是沧桑》就是家族人物结构为主，像《我的前半生》的人物关系，你会突然发现，就那么几个人在办公室里、家里和陈道明开的日料店里展开故事。而这些人相互之间又有纠葛。我想，这种相对紧密的又十分复杂的人物关系，是推动剧本自动向前发展的最强动因。

至于构思人物性格与行为，不停地设立与推翻，这是常态。而在众多的故事走向中，确定最好的故事，是最后要进行的选择。这个世界上并无多少笨人，而只有聪明人与聪明人的较量，才是对等的，是匹配的，是可以相互绞着对决的。需要步步紧逼，首先把编剧自己赶上绝路，不停地设高难的"扣"。我特别愿意各种类型的剧都有这样的状态，这才是观众愿意看到的剧。

记　者：您既是一位小说家，又是一位编剧。小说家和编剧面对的是不同的行业规则和创作经验，小说家对于作品的自主权更大一些，而编剧势必要与其他的创作人员一起合作，并且要考虑到观众的口味，请问您是如何完成从小说家到编剧的身份转换的？

海　飞：小说个人化的东西较多，只要有好的叙述语言，哪怕是写一种心情，作为小说也是成立的，读者可以随时停下来感悟和体会。但是作为剧本不行，剧本有一个大众评判的过程，它对情节感、画面感、对白要求都很高，剧情必须嗖嗖嗖地带着观众往下走。对于剧本质量好坏，包括导演、演员、制片人、电视台等，都会介入作出评判。也就是得有几方面说好，这个剧才成立。说得直白一些，剧本不好，演员就不接戏，这是十分简单的一件事。

就我个人的小说和剧本创作经验而言，小说家身上那些制约剧本创作的毛病我身上相对很少。我能把小说忘得一干二净，然后进入剧本创作。同样我也会把剧本忘得一干二净，然后进入小说创作。但是相对而言，剧本仍然是一种乏味的文体，少有读者会喜欢。但是行业内的从业人员，能从剧本中一眼看出子丑寅卯来。我注意到一个现象，顶尖编剧如邹静之、刘震云、刘恒、朱苏进等都写过小说，连导演贾樟柯也是小说家出身。所以我觉得小说家写剧本有一个长处，细节把握能力特别强。但是，大部分的小说家转型为剧作家路途遥远，一是因为本身没有剧本思维，二是因为对剧本相对轻视。

记　者：您如何辨识一部小说是不是适合改编成剧本？网上有顺口溜："变格式，留对白，加动作，删心理，定人物，磨线索，改节奏，换风格。"个人觉得影视的趣味在于观众通过观察人物的行为去理解他的内心想法，小说读者习惯的却是直接倾听人物的内心想法。您觉得从小说到剧本的改编过程中，有哪些重要事项值得我们注意呢？

海　飞：三个点。一、有没有好的立意及切入点，有没有好剧的品相；二、有没有十分牢固的故事构架和走向，以及十分精彩的人物关系；三、有没有频频闪现的新鲜感的故事桥段。如果这三点都成立，那么这个小说基本上是可以改为剧本的。至于剧本改编过程中，有哪些重要事项需要我们注意，这个问题有点儿大了，很难回答。如果一定要说，可能需要有一种检验方法，比如说：一、台词；二、情感；三、代入感；四、每集两次小高潮……

一个好的剧本，那一定是干净、饱满、接地气、有力量的。新意，也非常重要。电视剧做到今天的程度，我们甚至不得不放弃好看但老套的剧情，换句话说，视觉冲击力和新鲜感要同时具备。同时，需要体现人性的复杂和真实，好的情感纠葛和人物关系往往会给观众留下唏嘘回味的空间，大大提升剧的品质。我始终记得莫言在高密的文学馆里的题字——"把坏人当好人写，把好人当坏人写，把自己当罪人写"，事实上，这对剧本写作同样适用。

记　者：我们有时候会认为观众看电视剧无非就是图个乐呵，但是从论坛上、贴吧上、公众号上又能看到观众对于热门的电视剧和电影有非常细致甚至是专业的讨论，请问您如何看待这种现象？

海　飞：如何看待这种现象？其实很简单，因为他们关注，一个庞大的群体在关注。您说到他们其实评论得十分专业，这说明观众有着相应的观影热情和一定的专业认知。

从谍战剧的观众来说，相当一部分人群很有经验甚至非常厉害。我清楚地记得，一个观众和我说，她在看一个悬疑推理的电影的时候，只开场三十二秒她就猜到全部结局。这对我们来说，是个非常有危机的信号。我甚至在想，如果这事发生在我的作品上将是一个多么糟糕的体验。

所以，作品的精良、扎实和有智商是十分要紧的。其次呢，我们当然会照顾到整个电视观众的接受度，对电视剧来说，对白非常重要。好的对白要明白易懂，有节奏感，既交代前因后果又让人听着津津有味。同时，还有一些好的技巧，比如适当地用闪回来解释剧情。

记　者：我之前看过一个访谈，讲一个跑了二十多年龙套的演员四十多岁半路出家去做编剧，一出手就是《边境杀手》（被提名美国编剧工会奖的最佳原创剧本奖）、《赴汤蹈火》（提名金球奖最佳剧本奖及奥斯卡最佳原创剧本奖）、《猎凶风河谷》等，他说得轻描淡写，"我的确不知道写剧本是怎么回事，但我这辈子起码也读了上万个剧本了，大多数还都不怎么样。所以假如我避开剧本里那些在我当演员的时候困扰我的问题，说不定就行了"。这会让人误解编剧是一份挺容易上手的工作，那么您对青年小说家和青年编剧或是有志从事这份职业的晚辈，有什么中肯的建议吗？

海　飞：对于小说家而言，最好是专心去写小说。如果你一定想涉足剧本，那么你得想清楚：一、有可能写不成；

二、可能写成了，但是你的小说家生命也完结了。当然，我仍然要鼓励那些讲故事有天赋的小说家可以尝试影视创作，影视化以及这个产业带来的强大的传播，更加对得起你精良的故事。

对于青年编剧而言，我的建议是，第一，要重视剧本，不要以为剧本很容易写，你要有敬畏之心。那些认为剧本容易写的人，一定没有写成过剧本，或者说没有写成过好剧本。第二，脚踏实地，一生只做一件事。一年写不成剧，两年，两年不成，三年。第三，把身段放低，这个世界没有你地球照转，没有你的剧本，电视剧和电影也照样在拍。第四，虚心学习，你可能确实优秀，但是优秀的同行实在太多。博采众长，苦心经营，记住一条：不要以为你所有的认知都是对的。第五，不要埋怨，不要怕被埋没，从来没见过哪枚针的针尖被布袋给挡住了的，也从来没有怀才不遇的人。

最后要说的是，有一天你功成名就，你仍然要把身段放低，老天爷会因此而高兴，并且大笑三声，接着就会给你更多的收获。

最后给你一点儿信心。这是一个最好的文创时代，以后也会是。十字路口，以前闯红灯的多，现在闯红灯的少。同样的，以前剧本差的多，以后剧本差的少。因为投资风险的问题，剧本会越来越精良，剧也会越拍越好。这个行业的产出，将越来越大，中文也会越来越在世界上流通、普及。

（记者：走走）

袁克平

作品：电视剧《大江大河》《下海》等。

简介：编剧。湖南省艺术研究院国家一级编剧。

记　者：我们这本书就想注重实践，请您把在实践过程当中得
　　　　到的经验分享给现在想要入行的编剧学生，或者是对
　　　　编剧感兴趣的、想以它为职业的人。有好多人不是这
　　　　个专业的，但是也很喜欢写东西。让他们了解一下真
　　　　正在写东西的人，他们的心理状态，还有背后的故事。
袁克平：我是个"野"编剧。以前也没有受过足够多的教育，
　　　　是在生活中慢慢学起来的，所以出道也很晚。像我这
　　　　种情况，现在还在写戏的，应该不是很多。"文化大革
　　　　命"开始的时候，我刚好小学毕业，虽然后来也发给
　　　　我们一张初中毕业证书，但因为"文革"期间我们那
　　　　个地方一直闹武斗，乡下的农民和城里的工人打仗，
　　　　所以我们那几年没读什么书，三年时间一到初中毕业。
　　　　所以，我是个合格的小学毕业生。我的老家在湖南西
　　　　南部的一个小县城，"初中"毕业以后我就当了工人。

记　者：参加工作那年您多大？
袁克平：十六岁。1970年参加工作，在湖南省建五公司当了十
　　　　年木匠。当时为了防备超级大国侵略，国家决定把很
　　　　多工厂建到深山里去，以保证工厂的安全。工作十年
　　　　间，我一直在湖南的深山里，跑来跑去修房子。在深
　　　　山里修房子有个统一的名字，叫"三线建设"。
　　　　后来我离开建筑公司，到农村的一所学校做初中语文教
　　　　师。那时候已经有了全国统一教材，所以我当了三年语
　　　　文教师后，我也总算初中语文毕业。后来我又调到武冈
　　　　县的电影公司做宣传工作，再后来因为想上进，就不断
　　　　参加各种考试，考干部、考高中文凭等等，最后考上了
　　　　邵阳师专的汉语言文学专业。

我在邵阳师专成了大学生，我也是在这里开始发表作品。我从1972年开始写小说，写了十七年，我一共写了两个长篇，二十来个中篇，再加上一些短篇，总之是一边自学，一边一通乱写。

记　者：那您当时想过想要什么样的生活吗？讲讲您一路走过来的生活历程，是如何进入到编剧这个行业的？

袁克平：我想过。我最大的理想就是能拥有一个不需要搬家的两平方米的住所，能放下一张七十厘米宽的床，一张床占地一点四平方米，然后还留下零点六平方米可以放一张小桌子。我当了十年建筑工，少说也搬了三四十次家。能够不要搬家就是我的梦想。我不敢奢望，有两平方米就行。

三十五岁前我没想过当编剧，但我在县电影公司工作时，几乎天天和电影打交道。二十世纪八十年代初期，刚开始改革开放，因此许多不许播放的老电影都可以拿出来播放。黑白电影、彩色电影、外国电影，电影院几乎天天放不同的片子。我是做电影宣传的，当时中影公司会发下来每个电影的宣传资料，资料中一定会有一个分镜头的电影台本。于是我得到了一个一边工作一边学习的机会。我在三四年的时间里，阅读了一千多个电影分镜头台本，老实说这些剧本对我影响很大，我后来能写剧本，与这些阅读是有关系的。

后来我就去进修了大学，毕业后，进了文化馆，办了一个文学专刊，这都属于群众文化，业余的。但是这期间有一个很重要的工作影响我很深远。当时国家搞了一个民间文学集成的工程，也就是把那些古老的、流传民间的口头文学故事、诗歌、谚语等收集起来编成书，让这些口头文学能保留下来，流传下去。我是县里负责民间文学集成的干部，所以我得去全县的每一个乡、每一个村，去把这些流传在老百姓口头的故事、传说、诗歌记下来，编辑成书。我是从事编剧工作很多年以后，才明白民间文学这笔财富对于我的重要。我记得当时我很热情地投入了民间文学的集成工作，整整一年时间，我拎着个录音机满世界跑，那时候的录音机很大，很重，可我被我收集来的民间文学激动了，震撼了。

中国的民间文学太了不起，它和唐诗、宋词、元曲一样，是中华文学的瑰宝。我还记得那些民间歌谣、民间故事曾让我开心和陶醉。当时我已经三十五岁了，多少已经有了点文学功底，可我还是被那些朴素的伟大的民间文学弄得痴痴呆呆。那些口语化的东西太美了，有首诗我直到现在还记得，那首诗名叫《妹莫丢》："妹莫丢，妹莫丢，同去江边看水流。你看江边回湾水，去了去了又回头。"就这几句诗，我从1988年听到，一直记到现在。这诗是一个六十多岁的老头给我唱的，我还记得他演唱时的模样。

我的第一个小戏叫《电话夫妻》，写于1988年，刊登在《剧本》月刊上，《剧本》是中国戏剧界的最高刊物，相当于文学界的《人民文学》。小戏发表后给了我一笔稿费，是一百元。省里居然也给发了奖金，而且还超过一百元。然后是市里给奖，县里给奖……发表一个小戏居然赚了近千元。于是我明白了一个道理：同是在体制内干活，当编剧比写小说的人更幸福。后来我就当了编剧，也没再写过小说。

直到二十世纪九十年代的初期，省里面给了我一个很好的机会，到上海戏剧学院进修。在上戏我课上得比较少，但我看了一百多个舞台剧。上戏给了我很多东西，当时余秋雨先生正在当院长，我听过他二十四个小时的大课，受益匪浅。

如果我们说改革开放在二十世纪八十年代，是缓慢的、不为一般人所察觉的，那么，当改革开放进入了1990年代，则是一场暴风骤雨。突然一下，整个南方沸腾了，突然一下，成百万上千万的人下岗下海，大家奔向广东奔向海南，做生意赚大钱。我记得当时我们这些从事创作的都慌了，因为领导突然不要我们写作了，世界把我们忘了。1980年代文学艺术繁荣的景况，一下就变成过眼烟云。

因为我在上海看过小剧场话剧，于是我就想，我做不了生意赚钱，我可以做小剧场话剧。我写了与改革开放有关的第一个舞台大剧《走廊窄，走廊宽》，所有的戏集中在一条走廊里，筒子楼里住了几户工人，他们共用一条走廊，他们也共同担负着改革开放带来的下岗，以及没有工作没有钱的各种各样的苦恼。当时，我找了两家银行，各赞助两千块钱，我用四千块钱做了我的第一个话剧。我当了制作人，找了七个演员，再请了一个导演。导演没花钱，因为她是我老婆。就这么排了一个戏。在当时，我的这种做法是极其莽撞的，很不受领导喜欢。因为剧团都是国家养着的，干什么应该由国家安排。可是突然出现一个我，给演员们发点钱，就带着他们演戏去了，所以，当时的领导很不待见我。但有意思的是，我带着七个演员演了二十七场戏，两千元一场，

编剧导演入行经验谈

一共挣了五万多元。这是我第一次尝试自己做戏，自己当制作人。从1993年到1998年，我做了五个戏，每个戏能够挣到三万到五万不等。

记　者：那个时候三万到五万是很多钱呀。

袁克平：确实是很多钱，所以我很快乐呀。我的每一个戏必须保证质量，我给自己定下了规矩：只要观众进了剧场，我就得让他们能把戏看完再走。所以我要特别关注观众对戏剧的感受。观众关心什么、渴求什么、希望看到什么，等等。所以说，我写戏是把观众放在至高无上的地位的。

湖南有一群好编剧，还有一个编剧团体叫谷雨社。要进谷雨社只有一个标准，你创作的戏剧作品，必须获得过国家级奖项。凡谷雨社的编剧，湖南省文化厅每人每年给一万块钱。那个时候给一万块钱很多。但有一条，如果你三年没有好作品问世，那就请你自动退社，所以谷雨社在很长时间都没有突破十个人。湖南的编剧在戏剧界被称为戏剧湘军，在全国是进了前三的，编剧队伍非常强大。

所以在湖南想上一个戏，是很不容易的，想获一个奖则更加困难。因为这一群编剧确实厉害。幸运的是，1997年我的《走廊窄，走廊宽》在省里得了一等奖。第二年，这个戏就送到了北京参评全国"五个一"工程奖，我也就是因为这个戏，由业余编剧变成了专业编剧。

这时候长沙广电就来找我了，让我写了一个叫《少年王小锤》的三集短剧。写完以后央视播出，央视播出以后获了飞天奖。于是，我又从舞台剧圈子走进了电视剧圈子，并且从市里面调到了湖南省艺术研究院。后来，我就正式开始了电视剧创作。

记　者：是2000年？

袁克平：对，是2000年。但让我自己比较满意的作品是2003年写的《大清御史》。我写了一个非常有才华的人变坏以后，给社会带来的巨大影响。我写的这个人物叫李侍尧，他是清代上过凌烟阁的一个大臣，他多次贪污，多次被罢官，但又多次重新崛起。我觉得这个人物写得不错，哪怕是在今天，也对社会有着积极的意义。后来这个戏在央视八套播出，播了以后反响很好。

记　者：您能聊聊《下海》这部戏吗？

袁克平：我写《下海》这个戏，还有一个小故事。写《下海》之前，我正在写反映三峡移民的《国家行动》，因为是封闭写作，参与创作的电视人每天都在一起吃饭。有一次吃饭时我就说，我想写一个当下的戏，写现在的人怎么去广东打拼。谁知我说的话，没有引起桌上三个制片人的注意，却引起了一个小策划的关注，过了半年，这个小策划给我介绍了一个刚刚跨入影视界的地产老板。这个老板很不错，他拿了一笔钱给我，说你写，你随便写，按你的意思写。于是，我就写了《下海》。

《下海》这个戏我写得很苦，整整写了两年，六十集，如果按现在的拍法，很可能超过七十集。这个戏是2007年写完的，但因为这个老板是以房地产开发为主，他的影视公司没有专业的人，他们说这个戏卖不掉，没人拍，剧本不好。于是这个戏就被搁置起来。

当时我很沮丧，也没什么能力把这个戏推出去。我女儿当时刚刚进入这个行业，她坚定地认为《下海》写得非常好，于是她就找到湖南电视台。湖南电视台看了，他们很喜欢这个戏，还建了组，准备拍《下海》，但是正值领导班子换届，这个戏自然也就停摆了。《下海》一停就停到了2010年。这个时候有一个姑娘是《蜗居》的发行，她刚刚发行了《蜗居》，反响不错。他们这一行是谁找来的剧本，谁就容易得到发行权，她事业心很强，到处找剧本。她曾经在那个地产老板的公司里做过几个月，于是她就想起了《下海》。她打电话问老板，老板说戏是写完了，但是没卖掉。她说她想看看，老板就把剧本给了这个姑娘。姑娘请了一个好朋友，两个女孩在宾馆里面看了一天一夜，把自己看得痛哭流涕，觉得非常好，第二天就送到一家影视公司。

这家公司在八一厂里面，老板做过很多戏，很有点名气。他拿到剧本看了以后，立马复印了两份，一份送到中宣部，一份就送了央视。中宣部反应最快，四五天以后就给他打电话：你们影视公司马上去广东，找广东省委宣传部。前后大概不到十天，《下海》就正式建组。《下海》播出的情况也很出人意料，2011年收视率第一，引起了方方面面的关注。正午阳光来找我写《大江大河》，也是因为他们觉得《下海》写得好，是他们看到的写得最好的改革开放的戏。

《下海》写了四家人从全国各地来到广东，讲述了他们的努力拼搏和他们的悲欢离合。但当时央视有规定，剧不能超过三十五集，然后我就无穷无尽地修改，把一个多线发展的戏，改成了一个以一条主线发展的戏，其他的戏就只能砍掉了。我很遗憾，并且遗憾了很多年。

其实我还想写《下海》的第二部，当然这只是一个想法。我写《下海》的时候，每一个主要人物都是有原型的，现在的生活发生了很大变化，我真的想知道我曾经写过的那些人，现在生活得怎么样，他们在想什么，做什么？当然有一点是肯定的，他们的生活一定比我写的电视剧精彩得多。

记　者：《下海》的原型都是些什么人？您还能找到他们吗？

袁克平：当然能找到。我为了写这个戏，在广东走了几个月，见过许多让我感动的人，我永远忘不了他们。直到现在，我和他们还有联系。《下海》是我最有感情的一个戏，演员也很不错，张嘉译的男一号，刘蓓的女一号，还有范明，看来好戏还是得有好演员。

记　者：能谈谈《大江大河》吗？

袁克平：《下海》播出以后，我好几年没写戏。突然正午阳光来找我，我觉得奇怪，我问他们，是不是因为我女儿写了《欢乐颂》，所以你们来找我？他们说：我们是因为喜欢你的《下海》才来找你的。我们希望你能接下《大江大河》这个戏。

我以前从来没改编过别人的小说，我写的戏都是原创。所以，正午阳光的邀约让我很犹豫。后来我看完了《大江大河》，我觉得写得不错。几个人物都很鲜活，特别是其中的杨巡，是一个非常独特的个体户，他可以进现代中国文学的人物画廊。但遗憾的是，后来拍出来的戏，杨巡的戏砍得太多太惨，这个人物失去了丰满和精彩。因为小说不错，我接下了《大江大河》。

孔笙导演给我印象最深的是他的内敛。我们写戏的人常说一句话：宁可写不到，也不可写过头。孔导比我们更明白这个道理。他拍的戏真实自然，浑圆流畅，写戏的人能碰上这么好的导演和正午阳光这么好的团队，都是运气。运气来了，成功自然也就来了。

记　者：您编剧的经验对您女儿的成长有什么借鉴意义吗？

袁克平：我女儿在大学期间没有从事创作，甚至她去上海找工作，也是做广告策划，和写戏没关系。我一些朋友的儿女很多都当编剧，但我并不希望我女儿当编剧。如果不是我女儿自己愿意干这一行，我是绝不会勉强的。因为我看到我很多朋友的儿女当编剧当得很吃力、很辛苦。他们写出来的初稿很糟糕，然后当爸的或者当妈的来重新写，这种情况很多。正因为看到这种现象，我们从来不让孩子为难，孩子愿意做什么就做什么。比如她大学毕业以后，我也可以把她留在湖南省艺术研究院，工资不高但很悠闲自在，很适合女孩，可她自己不愿意，就跑到上海去了。干了一段时间广告不想干了，她就问我，老爸你那边有没有什么工作可以做？正好我有个朋友搞策划，他们公司当时有一个作品叫《郁达夫》，请了湖南本地的作家在写。可能因为是写小说的作家，刚当编剧还有些不适应，公司对写出来的剧本不满意，所以想另外找人来写，但是要看了稿子才定编剧。我女儿袁子弹就花了一个晚上写了六七千字，她把稿子直接发给了我的策划朋友，并且用的是笔名。等我和朋友见面，朋友就问我你推荐的编剧在哪儿？你叫她过来签合同。于是我就通知子弹从上海回长沙签合同。《郁达夫》是女儿签的第一个合同，也是她写的第一个电视剧。子弹签完合同我就对她说，今后我不会给你写一个字。你要真能当编剧，你就吃这碗饭。你要当不了，我宁可养着你也不让你当假编剧。当假编剧太吃力、太痛苦了。

记　者：你们两父女的分工是怎样的？

袁克平：没有分工，她写她的，我写我的。但她的作品写完后都会给我看。我会提出一些具体意见，她再去写。女儿能当编剧，主要靠坚持。她是个特别能咬牙坚持的人，而且还总是能咬住。其实我觉得当编剧很苦，而且不是一般的苦。每逢写不出来的时候，想死的心都有。

记　者：当编剧很寂寞对吗？

袁克平：对。很孤独！很寂寞！经常被关起来一天一天地写，一年一年地写，没有强大的毅力，四五十集的电视剧是写不出来的。我反正经常拖稿，也经常被人催稿。面对老板经常不好意思。

记　者：是不是写完戏就解放了？没压力了？

袁克平：不是这样的，完全不是。编剧刚接下活儿的时候，都兴奋得不得了，计划得很好，仿佛马上就要写出大作了，马上就要获奖了，马上就要到人生巅峰了……接下来却是被打趴在地。因为有太多的不确定性：老板突然出事停止投资了；制片方觉得你写得不好、没完没了地改得你想死；还有等你写完了，准备开机了，演员又出问题了。总之，意料之外的事情太多了。

记　者：您想给刚入行的编剧新人，或者是正在读编剧专业的学生什么样的建议呢？

袁克平：第一，我不写我不熟悉的生活，这一点是很重要的。正因为如此，我不会接很多戏，自己不熟悉的写不好。而且一个人不可能什么都经历过。我在写作中很注意一件事，尽可能把剧拉入熟悉的生活环境中来。一旦进入自己熟悉的环境，写起来就会栩栩如生，更有自信一些。第二，我觉得一个作者，不管年龄大小，起码心里面要保留一份善良。看到那些受不了的人和事，虽然不说拍案而起，挺身而出，但是至少心里面是分明的，热爱那些善良的美好的事物。另外，我觉得一个编剧最好能保留一点点童真，一点点傻气。如果失去了对生活的那份童稚和热情，就很难与生活中人物、故事、道理产生应有的联系，这是我对生活的一些理解。

一个好编剧，就是要用真诚的态度去写真实的生活。只有这样，你的作品才会引起观众的共鸣。当然，作品是各种各样的，观众也各有审美。作为编剧，要努力去了解观众的需求，努力让更多的观众认可你。这不是迎合观众，而是因为我们的戏本来就是为观众写的。没人看的戏是没意思的。

现在观众的文化层次都很高，很多观众的文化素养，甚至比我们编剧还高。他们懂得的、知道的、理解的，远远超出了我们编剧的想象。为什么很多的戏红了、爆了、扑了，我们做戏的人常常觉得莫名其妙，这说明现在的观众很难被我们诱导，理解观众和认识观众，是做编剧很重要的课题。

（记者：霍驰）

袁子弹

作品：电视剧《欢乐颂》《下海》等。

简介：作家、编剧。毕业于武汉大学中文系。

记　者：您是如何入行的?

袁子弹：我的情况和编导专业院校毕业学生的经历不一样。我是常规读完大学，偶然的机会入行的。

我在武汉大学中文系毕业之后去广告公司打过三到四年的工，当时我二十岁大学毕业之后很迷茫，很长一段时间不知道干吗，进入广告业也是误打误撞。我那个时候在上海的中信泰富大楼的A级写字楼上班，有一天突然觉得，大楼里面每天进进出出好多人，我就是那上万人中间的一个，感慨自己特别平庸，觉得这个生活不太是我想要的，但是又确实不知道该怎么办好，也确实没有别的方向。就好像很努力也就只是这样的生活，所以在那个时候就一直很希望有个什么事，能够让我不那么跟别人一样，就是这个想法特别强烈。还有一个刺激我寻求变化的原因是我当时对工作产生了一种恐惧，这种周而复始的工作，没有终点可言。其他事情都有个时间节点的，比如说高考，考过了就行了，不管你考得好坏，它是有个节点的，但是工作大约半年以后，我意识到，从今以后就要无数年地这样工作了，一直到六十岁才结束，突然就觉得很恐惧，觉得人生就这样了吗？这两个恐惧让我既困惑又无力，没有办法脱身而出，所以那段时间一直很迷惘。

这中间确实出现了一个很难得的机遇，可能跟别的人不太一样，因为我的父亲是这一行的，他也是编剧，他看见我当时焦躁的状态后，对我说，有个朋友的戏砸了，因为剧本不太行，决定把项目停掉，问我要不要试一下，也没钱，也没答应什么，就是先试试再说。我就想行吧那就试一下，也没多想。当时这个找我的人是我爸的朋友，他怕别人说因为是我爸的关系推荐我，万一我要不行他要担责任，所以我当时用了我人生唯一一个笔名叫"许可"，制片人并不知道是我，然后就写了。我那个时候正是最忙的状态，广告公司上班很辛苦，经常加班到十点，我花了一个星期，真不知道本子怎么写，我也不知道本子长什么样子。我问我爸要了一个他电视剧脚本的范本，问他一集有多少字，我爸说一万三千字左右，我只写了六千字到七千字，我爹说人家着急，你行不行，不行赶紧交吧，反正早死早超生（笑），我就交稿了。大概不到一个星期，就接到片方邀请我去签正式合同的通知，这是我的第一个戏。当时合作的制片人是《雍正王朝》《恰同学少年》的制片人，是我们湖南很有名的制片人，也是我从业的第一个贵人。

我写的第一个戏叫《郁达夫》，其实评价很好，因为各种原因最后没有拍，挺可惜的，但是这个戏为我换来了后来的一系列机会。我也感谢我的父亲，在这行给了我一个可能性。也要感谢郁达夫，因为你知道，新人遇到最大的问题是很难编好一个故事，但是郁达夫度过了很精彩的一生，他作为一个人物很有魅力，我跟他内心来说很有共鸣，他偏文人风格，他的人生很风流，同时又有很单纯和执着的东西在，所以我写起来觉得很顺手，从某种程度上他为我构思了第一个故事。因为他用他的人生构思了整个故事，使我创作第一个作品的难度大大降低了，风格也比较合适我，所以就挺运气地误打误撞入行了。

记　者：那时候是多大呢？

袁子弹： 那时候我真的是很年轻，二十二三岁。我十六岁上了大学，二十岁大学毕业，学习上是蛮顺利的，虽然没考上我想考的北大，但是武大也确实是一所很好的大学，某种意义上来说，它自由的学习氛围更适合我。

记　者： 有好多人觉得学霸没烦恼，您有没有特别迷茫的时候？

袁子弹： 很多烦恼，促使我走入这行的就是迷惘。当时想找到自己想要的状态，我觉得其实刚刚进社会你会发现你所学的东西一文不值，会很困惑，我到底是个什么样的人，我想过什么样的一生？当然有些人这个困惑来得晚一点，我是非常早就有这个困惑，大学开始就有点儿困惑。我大学生活并不出彩，我的中学挺出彩的，成绩很好，老师们都很喜欢我。但是到了大学，因为我年龄很小，家在湖南，从家里终于放出来了去武汉读书，觉得好开心啊，没人管了也不用功了，每天都去玩，打游戏，玩通宵，反正玩得很开心，除了谈恋爱什么都搞了（笑）。玩了四年，真的一边玩一边想："我到底该怎么样呢？"其实我挺想证明自己是一个很优秀的人，但是大学的时候就变得很迷惘，因为中学只有一个标准——成绩好就好。进入大学后，单纯成绩好是没有用的，大家都有不同的方向，有些人可能在一开始就在为转专业做努力，有些人很早就开始谋篇布局自己将来的工作和人生。我那个时候太小了，什么都不懂，感觉自己想要什么，但是具体想要什么又说不清楚，就是那种状态。所以我毕业工作之后压力非常大，感觉到自己目前的状况不是自己想要的，但是又不知道自己到底想要什么。

一直到我进入编剧这行后，焦虑感才缓解。所以这点也是奉劝和我当年一样的年轻人，其实你还是要花更多时间找到那个属于自己的方向，因为我的感觉是找到方向之后事半功倍。一般选择一个职业或选择一种生涯无非是两个原因，要么你很爱，要么你擅长，两样都没有，那就算了吧。我运气比较好，经过一次尝试就找到了爱好和能力的结合点。写东西我既擅长又喜欢，所以迅速地进到了这个职业里。

记　者：有一个现状是，很多人还是知道自己想要什么的，但是从事现在不想从事的工作也是因为要养家糊口，迫不得已。

袁子弹：我其实觉得真正的爱好并不太受这个约束。这么讲吧，除非家里特别贫困，那你首先确实要考虑生存问题，但是现在大部分年轻人，尤其是国家强盛的这种情况下，我觉得只要是还没有饿死，就要尽可能地选择自己想要的。宁可最开始的收入少一点，也要选对方向。当然我也很认同找这个方向要稳妥，比如我是坚持写了两年戏之后，写完我第一个戏并且接到我第二部戏之后，再三衡量才辞职的。事实上我那时在上海当白领的时候，一个月一万多的工资，也还不错，辞职也挺舍不得的，担心辞了职能不能做得更好，尤其从经济的角度来说，写东西收入不稳定。

记　者：当白领那个阶段是如何平衡时间的，白天工作，晚上再写东西？

袁子弹：那时候很辛苦，是至今为止最辛苦的阶段。我的时间安排是工作回家后洗个澡，吃点儿东西，马上睡觉，设定三个闹钟在凌晨三点左右叫醒。一到凌晨三点，三个闹钟轮番响，我睡前把闹钟放到一个躺着很难够得着的地方，这样能够迫使我起床来找它们。把闹钟关了，洗个澡开始写东西，写到早上八点出门。基本上平均每天睡四个小时左右吧，坚持了大约半年。

记　者：那您的身体能受得了吗？

袁子弹：我觉得身体不行的话就不要进这行了，这行耗得很厉害。坦率来讲我肯定是靠过人的精力才混到今天的，并不是靠所谓才华！（笑）开玩笑啊，不过这行的才华是建立在过人的精力基础上的。身体不行的话入这行真的是折磨，因为编剧这行是体力活加脑力活的结合，它有很大的精神压力。我算是对精神压力很不敏感的人，性格比较开朗，有时候都会感觉到压力很大。我觉得如果身体不好，这种压力会进一步放大。我在三十岁之前从来没有体会到没有精力是一种什么样的感觉，我确实是身体棒棒的！（笑）

记　者：精神压力源自哪里？

袁子弹：来源于各个方面，举个例子，你写个剧本出来，大家干的第一件事就是挑刺儿。除了在签合同之前，可能会听到一些称赞，"老师啊，真不错，我们觉得你是最合适的人选……"从开始写，大家就开始挑刺儿，因为所有人那时候干的唯一的工作就是针对你做的工作提意见。总不可能大家都集中起来就是为了表扬你吧！所以大部分时间你会发现，原来你认为你已经做得很好的事，有这么多人觉得不对，A也不对，B也不对，那个时候就会觉得很焦躁，一个人老是被否定都会很郁闷的，何况你还那么认真，那么努力。结果大家说："唉，这不行，你得这样；那不行，你得那样。"你会很发愁，再说还有那种确实是写不动，或者你自己知道不好，就不敢拿出来的情况。这时片方又很急，片方可能签了不错的演员，是需要协调档期，他们也承受着巨大的资金压力，导演也在等你。你就会产生那种"天，我怎么就写不动呢"的质疑，但是你确实就写不动。此外有时还有很多别的事情，比如赶稿子的时候，娃生病了，或者你生病了，人生就是这样。我觉得人一旦在那种高压下，会发现更加写不动。人压力大的时候更容易生病，更容易焦急，没法保证一个平衡的创作心态。

记　者：这是一个常态吗？

袁子弹：对，这真是没办法，所以为什么我刚才说入这行第一身体要好，第二抗压力要强，抗压不强的话可能就特别愤世嫉俗，很难合作。时间长了会把自己憋坏了，真的很辛苦的。我见到好多同行就是怨气很重，总觉得谁都不理解自己。看起来他们比一般人的工作报酬更高，时间也相对自由，为什么他们那么痛苦？很简单，因为长期状态就是每天自己一个人坐在桌子前，一顿猛写，猛写之后，拿出来就被一群人否定。这样反复之后，不自觉地会对自己产生怀疑，到底是我不行，还是怎样？但事实上，艺术创作不像做题目，没有一个标准答案，不同的人会有完全不同的观感。如

编剧导演入行经验谈

果你真的选择编剧这行，会发现怎么去面对这种不同是一个非常重要的事，要掌握合作的技巧。编剧确实是既要有底线，又要有沟通的技巧，同时你也要能接受别人的意见。

我自己刚开始写剧本的时候，经常会有一种错觉，会觉得我的方案是天底下最好的方案，再也不可能有比这个更好的了，但事实上是我经过了几次非常煎熬的创作后发现，被否定掉一个方案之后，如果心态不那么焦躁，更平和地去思索，也不是没有别的方式和道路。简单点说，戏可以这样写，也可以那样写，有时候就是想法、切入点或者是思路的不同，但是对于编剧来讲，这都是实实在在的工作，就会很烦。而且你去让一个人全盘接受别人的意见是很困难的，尤其是编剧，因为我们是创作第一环，编剧是这个创意的原始孕育者，塑造的是它最初始的样子，所以一旦塑造好之后，就像生了个娃，特别烦别人说娃长得不对，你想说哪里不对了?! 明明很对。而且有很多人其实不理解，编剧写出来这个方案，一定是他当时认为最好的方案，所以说你想让他接受新的方案，其实这也有一个技巧问题，怎么去说服他，但很多时候大家不考虑这个问题，大家默认编剧应该能消化。另一方面，年轻人心态要更放松一点，要做好被挑剔的准备。不做事的人永远不会被指责，做事的人才会被挑剔。他们那都不是挑剔，有时候都是在帮你的忙。但是年纪轻的时候很难这么想，就觉得我都做得这么好了，我都这么勤奋了，为什么还这样？你还啥都没干呢，特别容易被这种思维困住。

但是反过来想想，这是分属工作的不同阶段，等编剧做完不就该导演干了吗？就该演员干了吗？其他人也会就他们的工作来提出想法和要求。很多时候他还真不是挑刺儿，但是当时你可能站在你的角度很难接受。包括有些别的考量，比如，导演会考量这场戏拍得值不值得，难度有多大；制片人会考虑成本，包括这场戏事实上呈现出来是一个什么状态。但最开始创作的时候，尤其是年轻编剧，很难去想到这些问题，因为他更多会想，我创作的这个作品那么牛，为什么你就是感受不到呢？（笑）很多新入行的编剧没有接触过这个行当里面更多的部门，所以很容易以自我为中心，希望文本是完美的，事实上你得明白一点，既然选择了当编剧，你的文本很难跟大众见面，大众见到的都是成品。所以说作为一个编剧，首先你要保证你的剧本活着，被拍出来，被看见；第二才是在这中间坚持你该坚持的，尽可能地去找一个大家都能接受的平衡点，这是挺需要技巧的。有些编剧全盘放弃，这个也是不行的，我觉得你是它最初的塑造者，多少都是有一些思路的，当发现思路完全彼此无法协调的时候，其实你应该放弃这个项目，节省大家的时间，而不是说全盘地修改。作为一个编剧接收到的意见是方方面面的，你听谁不听谁呢？你没有自己的取舍，这个作品很快就会面目全非。

当然年轻人选择比较少，但是接一个戏之前确实是要深度考量你跟这个项目是否合适、你的合作方是否靠谱。你的合作方越专业，你走的弯路就越少，因为他能理解你的困扰，也能理解你想要坚持的东西，他也会有个取舍，哪些东西是我来配合你，哪些东西是我绝对不能接受，沟通越简洁高效，越顺利。很多项目，很多人就觉

编剧导演入行经验谈

得，我很骄傲，我几易其稿，我改了好多好多年。坦白地讲我见到大部分改了好多年的项目都死掉了，加入的人越多，死得越快。编剧栏上面如果写着十多个人的话，光想着统一思想就很困难了，且不说风格、台词是否流畅等问题。电视剧就两个最重要的部分，一个故事情节、动作，另一个就是语言，你想十多个人的语言能不打架吗？太困难了。所以总体来说压力肯定都有，而且我觉得压力都是多方面的。确实是要有自己的爱好，才能在这行坚持得更久。

记　者：爱好指的是什么呢？

袁子弹：我觉得是确实要喜欢创作本身。我得到的最大的快乐不在于红的那一下或者拿到奖，虽然钱也好、名也好，这都是很实在的快乐。我得到的最大快乐就是写一场戏，自己被自己打动了，觉得写得太好了。你知道人都很贱的，我是那种很乖的女孩子，乖宝宝。一路老老实实该读书读书，该考学考学，恋爱也谈得很传统。做编剧或者从事写作工作，至少证明一点是你还有倾吐欲，你想表达，你有对这个世界的观感。然后第二点就是可以在创作中让剧中人去过你不敢过的人生，你潜意识里想要做却不能做的事，你会觉得好嗨哦！有时候你会觉得，哇！他这么高尚，他这么激情澎湃，这些东西是你在日常的生活中很难体会的。比如，我写过一个作品叫《国歌》，中间有写到田汉和聂耳去考歌舞团，那一段我就觉得很心潮澎湃，包括带着女朋友去山上听声音，听这种世界的声响，那时候觉得好浪漫。现实中你其实过不了那样的生活，你也不是那样的艺术家性格，你也未必有那样惺惺相惜的朋友，但是这些在写作当中都能体验，这就像谈恋爱一样，你足够投入，它就会反馈给你巨大的情感体验。我觉得这个对于创作者是难以拒绝的，这太愉悦了。有些人体会不到这种愉悦，如果你能体会到，那么多少你就是这行的人了。我觉得只要有这个快乐在，你就能忍受很多无聊、枯燥、痛苦、乏味的日子，要不然会很难忍受！

当然我觉得你世俗的欲望特别强烈也是可以的，比如说你就想出名、想赚钱。不管是对创作成就感的单纯快感，还是说金钱的诱惑，还是说想要成名的欲望，只要有一样足够强烈，你都能坚持得更久。如果都没有，你又特别佛系，很淡然，你入这行干吗呢？这行肯定就是一个有表达欲的行业。你没有这个要求，那就歇菜吧，我觉得你自己一个人嗨就行了，不用入行。作为一个职业选择都有一定的严肃性，所以你得确保你确实爱。我自己就是这样，忍受一百个无聊的日子，就是为了那一天的兴奋。

记　者：您这一路走来也是遇见了很多贵人吧？

袁子弹：我觉得遇见贵人有遇见贵人的痛苦，没遇见贵人有没遇见贵人的痛苦。没遇见贵人的际遇大家也都知道了，既没机会又出不了名，经常被剽窃，谈合同也很弱势，收入经常被剥夺，诸如此类。遇见贵人有别的痛苦，比如说你觉得你的才华跟不上他的要求，你心里很忐忑，别人看来你也许很轻松就做到了，其实，我跟他说我能行的时候，自己心里都虚（笑）。当我回去写的时候发现自己不行，然后一边跟人家说，真的可以了，别担心，我在做了；一边对着稿子，真的写不出（笑），那个时候也很想死。我写《欢乐颂》的时候就写得很慢，大家一直在等我，真正动笔之前，花了很长时间去思考。我感觉确实五线并行还是挺难的，需要分配比重，而且它的线很琐细，作为一个电视剧是很要命的，它没有一个清晰的主线。包括当时保留五线这个设置，很多人也觉得这个不符合电视剧的规律，正常都会收拢到两到三个人，而且那一阵已经好久没有女性群戏了。我当时写了一年多，好不容易终于写了十五集。

记　者：一年多写了十五集？

袁子弹：（笑）真的是写得慢，找这个语境和人物状态找了比较长时间。然后就开会，片方就想着让孔导（孔笙）来导，还担心电视台不收，因为那时候电视台都喜欢那种有大咖男女主的戏。这个剧就是担心电视台不一定会买，所以就想让孔导来拍，因为孔导真的是公司的"定海神针"，但孔导不是什么戏都接的，就是公司内部做好的本子给他，他也经常拒掉。我们当时觉得说服他很难，因为这是一个女性戏，又很年轻，和孔导以前那种比较厚重的，有文化气息、有民族使命感的作品不太一样，挺担心他不会接的。为了让孔导接这部剧，公司找了十多个业内的女性一起来开会讨论这十多集剧本，一上来就被大家一通狂说，说这不对，那也不对，说五线肯定不行，至少要砍掉两三条之类的。总之就是搞了一场大批判，然后我也阐述了一下我的想法，我为什么要五线的理由。反对的意见占了百分之八十，那时候我都写了一半了，因为我每集剧本写得比较长和扎实，其实是三十集的剧本，最后拍出来是四十多集。当时开完会就觉得完蛋了。最有趣的是开了这个神奇的会之后孔导决定接了（笑），所以我只能说在行业内有突出地位的人，真的是有独特的眼光和前瞻性的。我都不知道那个点上是什么东西打动了孔导让他决定接，而且事实上电视剧基本上就是按照剧本来的，改动并不大，所以肯定是孔导和侯总看到了我们看不到的东西。尽管我当时竭力地去辩解了，但那个时候我其实是蛮心虚的，毕竟我那时候真是没什么名气。

记　者：您接《欢乐颂》这个项目机缘是什么呢？

袁子弹：当时其实蛮好玩的，我去参加了广电总局的青年编剧培训班。我报名后就入选了，因为那个时候我已经有几个戏在中央台播了，有《国歌》还有《下海》等。特好笑，我接到广电总局上课通知时，我正好赶稿，我说我写不完，要不我不去了吧。我们那个班主任，也是现在广电总局的领导劝我说你还是过来吧，这个机会很难得的，狂劝我一通，我觉得挺不好意思的，就去了，去了之后发现，真的遇到很多很棒的同行，比如说《伪装者》的张勇老师，还有陆维，他是来找编剧的。他们看了《下海》，觉得不错就联络了我，彼此有合作的意向。过了没多久陆维就递了《欢乐颂》过来，问我有没有兴趣。我开始觉得《欢乐颂》太厚了，真是有点看不动，那个封面又设计得比较没有魅力（笑），我好长时间都没有看。有一天晚上就想，不行，得给陆维一个答复啊，我就把那个书翻开，看了一晚上，一气儿看完了。我飞快地看，因为很想看到后面，觉得人物写得很好。

小说作者阿耐真的很擅长写人物，人物很特别，很别致。我第一次感觉到这个人物很像我生活当中真实遇见的人。因为我是"80后"嘛，以前看都市剧，会觉得都市剧跟我生活没什么关系，因为那个时候都市剧要么就是很悬浮，要么就是那种纯家庭剧，家长里短、婆媳纠纷。我两边都不沾，那时候我既没结婚，长得又没那么漂亮，偶像剧的桥段从来不会发生在我身上。看《欢乐颂》不一样，就觉得很像我的人生，里面每个人的困扰都很现实，可能安迪稍微会远一些，但是另外四个我在生活中都能找到，尤其是2202的三个，我身边太多这样的人了，觉得我的生活经历完全能跟上。我就跟侯总说这个我能行，跟侯总聊了半个小时，我说第一我挺喜欢的，第二我说我打算怎么改。我俩其实最大的一个争议点是是否保留五线。其实当时很多人拿到这本书第一观感可能是保留安迪这条线、樊胜美这条线，然后别的人就做配角写一下。我有不同的想法，我觉得它可以有更大的空间。第一样本越大，越可能打动广泛的女性；第二我认为它可以写成中国城市化的一个断面。中国这十多年都市化的进程，使很多原来小城市、农村出身的女孩子有机会来到大城市，这导致了很多现代女性的这种爱情和家庭问题，深度有发挥空间。所以我想保留五线，而且我希望把这几个人的身份、年龄，包括她们遇到的问题，最大程度地差异化和层级化。我们聊完之后就定下来了，这也是我至今为止觉得最幸福的合作。

我其实运气很好，出道以来合作过不少优秀的制片方，但侯总的团队是我合作过的最专业、最有效率的一个，也最稳定，让合作编剧很有安全感。编剧作为前端最担心的就是不稳定，因为你不知道你写出来的剧本最终会变成什么样子。在侯总这个团队，减分是最少的，不是说我们剧本的分数有多高，而是你做出来一个哪怕是七十分的本子，后续就是减分的过程。文字是可以没有边界的，影像是有边界的。你在剧本里面可以写这个女孩倾国倾城，找来的演员是否倾国倾城呢？包括你描写的大场面，有多少可以实现呢？（笑）这些都是不断折损的过程。我们最担心的就是，我在前端做的事在后端是否能实现。

有很多影视爱好者愿意拿国剧和美剧比较，其实我想说这个差别是在各个环节的，不是在哪一个环节，你可能美术也不到位，可能服化道也不到位，可能编剧也不到位。你比如我们一集的信息量可能都不到美剧的三分之二，或者一半。比如说导演一个镜头里面的丰富性，包括所传达的美学风格是否具备，真的是每个环节的差距导致作品的减分。所以我觉得影视从业者也好，同行也好，努力的方向不一定是每次都要做出多么特别、跟以前百分百不一样的作品，这样开创性的作品毕竟是少有的。很多作品它都有相似性，但是怎么能够把这个作品完成度做得更高一点，我认为这个是行业内需要认真思索的。如果每个行当能把自己工作的完成性提高到五个点左右，这个作品就可以成为一个很优秀的作品。为什么说侯总的团队很珍贵，就在于各个部门都不减分，或减的分比较少。还有一个就是他们团队确实也是给编剧很大的自主权，让编剧尽可能地独立去创作，对于编剧来讲这就挺幸福的，你受到的干扰意见比较少。剧本一旦定下来，基本上会按照本子去拍，临场去调整的相对比较少。

记　者：当时写了三十集，拍成四十二集？

袁子弹：我单集字数多，干货也多，描述性文字比较少。其实成功的作品是会加深主创之间的感情的，因为这件事很愉悦，大家都愉悦。但是同样的，有时候失败的作品或者是说得到过深刻教训的作品，也会让大家感情很深刻，因为这个时候你最能看清楚你的合作方是什么样的品质。当这个作品没那么顺利，没有所设想的那么大成果的时候，大家是否承担各自该承担的责任，是否能够产生一个有效的反思，能够在下次创作中去规避，这个其实是更有价值的部分。而且能火的作品是少的，大部分作品可能你做得很认真，但是结果却不如所愿。原因是多方面的，一定不是单方的。能否在这个过程中进行反省，找到自己的不足之处，很重要。我的合作方都是很正规的，即使这样，也还是有那种我自己觉得做得不够好，或是一开始选题不错，做着做着就感觉有问题的项目，有的做到中途就终止了。这时候特别感谢我遇到的那些合作方，大部分都体谅了我的难处，当然我也尽我所能，尽量地做到每个项目能够让合作方不吃亏，首先项目能够跟大家见面，其次是能得到比较不错的评价，继而当然希望它能播火，但是不可以把这个作为目标。

我们刚刚讲了，遇到贵人的好处就是没有那么多苦难。但是遇到贵人也会有难处，一方面是我刚刚说的你可能达不到他的要求，第二点是事实上我以前就是小编剧的时候，拿的价码很低，压力很小。因为那时候人家来找我，期待的就是一个普通的剧。现在人家来找我，期待很可能会更高一些。而对于编剧来说，不是每一个作品都能发挥得那么好的，所以我现在跟我的合作方会再三强调，作品可能变不成下一个《欢乐颂》。即使你再三提醒他，他的期待值也会很高，这样子的话就需要你去不断地提升自己。而且坦率来讲，我也不知道自己还有没有下一个比较火的作品，如果一直没有，那么怎么去适应这个情况？如何继续认真地在这行工作？这是一个挺难的部分，我一直觉得有时候慢慢地到达那个最棒的点是最好的。这就跟爬山差不多，你很早就到一个比较高的点，可能后面很长时间会一路往下滑，相反那个慢慢往上爬的人，他也许很辛苦，但他始终不停地进步。比如我在《欢乐颂》之前，对自己的期待也没有那么高，会想我慢慢来吧，因为我还年轻嘛，我可以慢慢爬嘛，无所谓的，我今天比昨天做得好一点就行了。但是一旦有了一个比较好的作品之后，大家认知了你，这个作品其实也就变成了你的下一个挑战，你如果超不过它，后续你会觉得你一直在走下坡路，即使你的创作水平也许在提升。坦白讲有时候也不是这个作品越好，它就越火的，这里面有很多别的因素，但是再多客观的解释也掩饰不了你的失落，你一定会失落的，真的是这样子。然后你既担心令旁边的人失望，让合作者失望，又会担心自己确实还有才华吗？我能做到更好吗？还是这就是我的巅峰了？会有一个自我怀疑的过程。而且你会发现你的资源比以前好，会有机会去合作一些非常好的团队，会很希望对得起他们的期待。

记　　者：您现在是在改编呢，还是在原创呢？

袁子弹：我最开始是写原创的，后来因为资本市场的关系，影视公司他们希望有一个被证明了是成功的作品、相对更有依据一点才敢动。另外因为我们剧本创作是有时长的，大概是在一年时间，这对于投资方来说是很难等的，所以说改编会比较多，但最近我也有自己原创的剧在做。

我之前与新丽合作了《新天龙八部》，因为我还蛮喜欢的，我小时候是武侠迷，这本书是我最爱的武侠书，所以我就接了。现在是拍完了在排播的状态。然后近期跟正午阳光有一个合作，改编鲍鲸鲸的《我的超级英雄》，其实是《我的盖世英雄》现在改了个名字叫《我的超级英雄》，自己也在做一个都市职场项目。我刚进这行的时候大家都做原创的，现在真的是给我们的空间有限，挺遗憾的。说实话，有些改编的项目也没太大价值。

记　　者：编剧大多不愿意做改编的。

袁子弹：我还好啦！改编首先要选择和你调性符合的作品，不排斥它，如果说你从原始创意或者风格上就排斥它就不要接了，因为真的很难融合。其次就是不要追热门IP，说句不怕得罪人的话，热门IP有很多确实没有价值，因为第一现在很多网文有大量的描写，大量的重复，结构都是不太严谨的，就是你正儿八经把它做成一个电视剧，其实能用的东西很有限。第二，我们还有大量的审查的风险，政策上的风险，这些都难以预料。包括它中间有一些东西，可能在粉丝看来觉得没有问题，比如像耽美之类都是难以处理的。所以我认为制片方不要太过迷信大IP，少量的IP也许有价值，但是大部分的网络IP转换成影视作品并没有多少价值，只能算是买个知名度吧。

记　　者：还是要回到故事本身。

袁子弹：没错。改编它是否有价值，比方说《红楼梦》肯定是有价值的，它也是改编。不是说改编就不好，《琅琊榜》就很成功啊，当然《琅琊榜》我觉得剧本可以做得更好一点，那个时候海晏也刚开始做，如果今天她来做一定会做得更好，因为她本身就很有才。比如刘和平老师的《雍正王朝》就改编自二月河的小说，可以这样说，二月河的小说厥功甚伟。像这种改编就很成功。很难说原创和改编哪个更好，因为很多优秀的原创，比如《大明宫词》《大宅门》，简直太棒了。这些戏都很棒，但是你不能说原创就一定更好，或者改编就一定怎样。当然作为一个编剧而言，谁都想原创一把嘛，因为原创从头到尾都是你的，可能就不存在改编这种我要去适应它，或者我要尽量去保留它的问题。两个人频率再接近也不可能完全同频，跟完全是一个人创作相比，肯定还是有差异的。

袁媛

作品：电影《滚蛋吧！肿瘤君》《后来的我们》。

简介：编剧、导演。中国传媒大学影视艺术学院电影硕士导演专业毕业，毕业后专职从事影视剧创作。

记　者：您是如何入行的？怎么走上编剧这条路的？

袁　媛：也是很偶然的。之前对自己的要求和定位是要做一个
　　　　导演，这源于小时候看的电影特别多，就觉得电影是
　　　　导演做出来的，当时的概念里导演和编剧好像是一回
　　　　事儿，认为一定是导演想出来的故事，有这样的误解。
　　　　上大学的时候学的是新闻系，因为家里当时的条件也一
　　　　般，小地方对艺术院校是不太了解的。尤其是家里也没
　　　　有搞艺术的长辈，觉得电影之类离自己特别远，那些只
　　　　能在电视上或者电影院里才能看得到的东西，你不会觉
　　　　得和你的生活还有工作有什么实际的联系。我当时的生
　　　　活氛围里，父母对孩子的期望依然是当个会计，或者老
　　　　师，有一个固定的单位。所以他们不会去培养，不拦着
　　　　子女去做这种尝试的都很少。当时我生活的环境里，好
　　　　多人想做点儿自己感兴趣的事情，第一道关就是先要接
　　　　受和父母谈条件，甚至到了决裂的程度，才可能走到这
　　　　条道路上来，我几乎也是。高考的时候就已经因为专业
　　　　的事情和家里闹了一次，只不过那一次是妥协屈服了，
　　　　因为毕竟没有什么经济来源，还是需要家里的支持。
　　　　上大学选择专业的想法就是如何能离电影近一些呢？当
　　　　时比较年轻，还是很幼稚的想法，觉得电视应该离电影
　　　　不远吧，新闻应该也离电视不远，靠近一个东西的时候
　　　　先走到它的边缘也是一种方法，但实际上完全不是那么
　　　　回事儿，完全是两种行业。一直到考研的时候，才开始
　　　　有自觉的意识，有掌控自己生活的意识，把考研设定成
　　　　了第二次接近梦想的机会，选择了报考中国传媒大学的
　　　　导演系。像电影学院和中戏这种专业院校我当时都不敢
　　　　想，因为没有相关的学习基础，很难想象直接奔专业核

心，当时还是很有自知之明的。报考中国传媒大学还有一个原因是看到了招生简章中的必读书目，发现这些书上大学的时候基本上都读过了，虽然我大学不是这个专业，但是源于对电影的热爱，我几乎把我们学校图书馆有关电影方面的书籍和杂志都看过了。我抱着历年的杂志去阅读，《环球银幕》《电影世界》等等，有很多电影我没有看过，就是通过这些文字知道了它们都讲述了什么故事。我又发现学校历年考题，都是比较基础的电影知识，虽然我没有系统学习过，但好多知识基本都会，所以主观上觉得这个学校好像看上去很好考的样子，就考了，分数还挺高。然后我就进入传媒大学的导演系学习，我当时想考的导师游飞老师的一本书是在必读书目中，叫《世界电影理论思潮》，带着一种朝圣的心理我就给他写了一封信，和他探讨了一下关于这方面的知识理论，后来就很顺利地成了他的学生。我的导师除了比较注重介绍关于电影导演的理论实践知识外，还非常注重一个电影导演自己必须具备一定的写作能力，这个是成为一个好导演的最重要的条件之一，任何一个好导演都是一个不差的编剧，这个是他提倡的。再加上我们当时受的教育都是艺术大师导演的教育，因为学校不会传授你一些类型片应该如何去做，当时也没有所谓的类型的概念，至少没有形成一个体系，这个体系完全是从美国好莱坞沿袭过来的。

记　者：类型片是随着商业发展而来的概念吗？

袁　媛：类型是在20世纪30年代初开始形成的，就是从有电影开始，它不是一个自觉的行为，是一个慢慢养成的行为，它会发现观众喜欢哪种东西，就会倾向于拍摄哪些方面的故事。观众喜欢爱情，那我就多拍些爱情片，观众喜欢看歌舞片，那我就多做些歌舞片。这些类型片都具有一些相似性，有一些固定的元素、公式，固定的套路，甚至固定的演员形象，都是在那个时期形成的，只有他们是真正把电影当成一个商品，工业化流水线生产出来的商品，这个其实在其他国家都不太存在，因为没有达到那个级别，你都谈不上什么流水线，哪来这些呢？美国当时是已经形成了一个属于自己独有的体系。我读研的时候，有个课题就是研究美国电影艺术史，我们五个研究生，就把美国从有电影到当下这一百多年来的电影史分成五段，我负责的就是研究好莱坞经典类型片的时期，从1930年到1945年间。当时要写这一章的内容，所以看有关于这一时期的书籍和电影是必备基础，其实当时不是特别情愿看这些电影，因为有些还是默片，觉得现在的彩色片子都已经把默片里的技巧转换了好几轮了，还要倒回去看这些东西原来的面貌，会感觉到有一些过时了，太老套了，没什么值得学习的。但是，做完了这些功课之后，我还是挺欣喜的，我从来都没想过原来这么老的电影里面包含了所有类型最原始的模样，才是最值得学习的，后面虽然是千变万化的，又有了多处创新，但是还是万变不离其宗，都能在过去的同样的类型片里找到原有的根基，这个根基才是最值得去好好研究的，才能发现为什么会形成所谓的类型，在电影里导演是用了何种手段能让他的类型在这么长的历史中占据一席之地，成为经典。这方面的学习工作，当时感受不到会对日后有什么影响，毕业之后实践中，才发现这个影响是深远的。你会发现理论和实践结合是多么神奇的一件事。

记　者：毕业之后的情形是怎样的呢？

袁　媛：毕业之后，总会有一段时间是不知道天高地厚的，会有一种心态是自己充满了才华却只能孤芳自赏，这基本上是年轻人的通病，也是必须要经历的阶段，等到这个阶段过去之后，再成熟一些的时候，会觉得可笑，但是你当时身处其中的时候会觉得痛苦，会觉得自己怀才不遇，各种觉得整个社会都在和自己作对，觉得天天忙忙碌碌，但是一事无成。这在我们这个行业尤其明显，因为我们这个行业本身成材率、成功率就比较低，万里挑一。在这种情况下，每个人的耐心或者自信心都会被打击，被消磨，大部分人都会经历这样的一个时期。当时也问过老师，怎么办啊，当导演肯定是不可能的了，还能做些什么呢？当时都已经想好了，就从最底层做起，做个场工，在剧组里打任何工。

记　者：是场记吗？

袁　媛：场记都没敢想。觉得跟组就行，剧组能分一点儿活干就很好了。当时毕业两三年了，还是这样的想法，大概是2009年间，影视行业本身也没有现在好，不像2013年后这么火。我的很多同学，一毕业就改行了，因为没有就业机会，投简历都没地方投。公司养导演是不太可能的。

记　者：当时您毕业的时候也没有进组的机会吗？

袁　媛：没有。基本上都是因为有老师在，老师接到的项目愿意带着学生做，才有机会能跟这个行业产生一些接触。也是我的老师做一个电视剧的导演，我来做了这个剧的编剧，总算是写了一部作品，这个项目拍摄了一半，就不了了之了。

记　者：您觉得现在导演专业的学生毕业后前景乐观吗？

袁　媛：感觉现在的学生毕业后也不乐观。

记　者：**有的导演系学生反映**，毕业一两年都找不到工作。

袁　媛：这很正常。这个行业拼的还真不是谁才华特别出众之类的，还真是看谁能撑到最后。没有任何一个人是被击败的，都是他自己主动放弃的。没有人会说，你不能干这个，没有人逼你离开，是你自己主动放弃的。

记　者：您那个时候焦躁吗？有经济压力吗？

袁　媛：当然有了，随时处于那种在温饱线上挣扎的状态，也就是没饿死而已。自己打零工，必须要靠干别的事情来养活当时的自己，因为当时自己喜欢从事的事情不足以养活自己。没办法，那个就是现实，不能说等着饿死。

记　者：什么时候发生了转机呢？

袁　媛：在写完老师介绍的那个项目之后，好转了一点点。就是不用算计着我这个月的花销控制在什么范围以内，我才能保证我下个月还能在北京待着。

你将来的样子

记　者：怎样才能让年轻导演在有成功作品之前，日子好过一点呢？

袁　媛：这要看自己怎么来衡量了。有些导演会想，我不管，我就杠在那儿，我就是要拍摄一个好的作品，只要生活能维持下去，就是要等一个片儿。但是假使没有家里人支持，只有自己支持自己的时候，你又一门心思地不放弃，就需要找到一个能养活自己，也能继续支持梦想的事情。我当时就是和一个同学，她是办晚会的，一年也就办几场，会叫我去帮忙，也赚不了多少钱。年收入估计和别人月收入差不多，就这样坚持下来了。

虽然当时很难，我还是很相信自己的，这些困难都是暂时的。我不相信一个人一辈子都是一个状态，每个人都有波峰波谷嘛，我就和自己说，这就是你的波谷而已，你的波峰还没有来到呢！我心态比较好。

记　者：您身边有没有朋友为梦想一直坚持？

袁　媛：有，我的一个朋友，在地方上做记者，做了五六年后，觉得不能再这样下去了，毅然决然地来到了北京，光找工作就找了七八个月，现在已经慢慢步入正轨了。很多事情就是要看有没有那么大的决心来做，有决心做的话，所遇见的障碍不是障碍，你会觉得那是对自己的磨炼。我是不给自己留退路的人，退路就相当于失败。我觉得这个世界上最残忍的事情莫过于你放弃了你最想要的东西。

记　者：坚持的过程中没有想放弃的时候吗？

袁　媛：中间有过挣扎的时候，有过撑不下去的感受。一年两年对于一个人来讲，可能还是比较容易坚持的，还是有劲儿的，但是真的到了五年或者七年的时候，大部分人都会选择放弃了。我后来也是下了很大的决心的，就算是坚持了一辈子如果一事无成，最起码也是一直在追逐自己想要的东西，也无怨无悔，作破釜沉舟的一个决定吧，告诉自己这辈子只有这条路可走。

记　者：然后机会来了。

袁　媛：对，2013年，也就是我毕业五年后我才开始写《滚蛋吧！肿瘤君》，2015年这个戏才上映。《滚蛋吧！肿瘤君》就是几个一事无成的小伙伴在一起完成的一件事儿。其实漫画的知名度有限，我的一个朋友看中了这个漫画的前景，他愿意买下来做成一个电影。他和另外两个朋友说开发出来，大半年后也没有太好的方向，找到了我，我们之前合作过一个项目，虽然后来也不了了之了。

记　者：不了了之的项目太多了。

袁　媛：感觉这个圈子里面，十个项目有九个都做不成。大家要认清楚这就是现实，别太执着，对，心态放平和，真的说哪个项目成了，是要觉得不可思议的。所以我对我自己的要求就是对待一些项目不要有太高期待，但是不意味着不去全身心地努力，要尽人事听天命。这个是我做事情的心态，该做的努力必须要做，但是项目能走到哪一步是它自己的命。

记　者：您心态很好，另外就是您很谦虚。

袁　媛：当《滚蛋吧！肿瘤君》找到我问我愿不愿意去写的时候，我的真实心理状态就是，这我还有的挑吗？我作为一个没有什么作品的人，找我来写，我就已经很高兴了，已经是对我莫大的肯定了。

记　者：您当时对稿酬有具体的要求吗？

袁　媛：没有，他们当时说让我报价，我真是努力地说了一个价钱，还在后面加了一句："我要的多不多？"他们赶紧说不多不多，挺正常的。然后我才放下心来。

记　者：报酬的评价标准就是名气。

袁　媛：这个行业本身就是一个名利场，它评价的标准就是你做过什么。根据你写的东西来给你定价嘛，所以我觉得大多数编剧在有自己的代表作之前的经济状况都会一塌糊涂。

记　者：这个就不是一个正常的评判标准，前几年互联网、资金涌入进来更加夯实了这种名声的判断标准，但是这个行业有大部分的创作力不是来源于已经大有名气的主创，那怎么去校正这个现象，让年轻主创的生存环境能更好呢？

袁　媛：很简单啊，最好是这个行业的人都是专业的。只有懂内容的人才能看到"金子"，才能当一个伯乐，不懂内容的人就会乱来。这对导演来讲还好很多，但对编剧，大家都认为门槛很低，谁都想上来试一下，谁都想对编剧指手画脚，发表自己的独特见解，觉得自己的建议特别好。

记　　者：您在《滚蛋吧！肿瘤君》之后感觉机会多起来了吗？

袁　　媛：当然，大家都是冲着你的代表作，觉得挺好的。

记　　者：分享一下《滚蛋吧！肿瘤君》的创作过程吧。

袁　　媛：那个时候的写作还是相对比较轻松的。我们那个项目背后没有资金上的压力，就是没有大公司或者资方催着我们快点儿开机，还是处在一个在等剧本写好了后再出去商谈其他事务的阶段，所以是在比较宽松的状态下一点点完成的。也没有走多少弯路，剧本没找几家就落到了万达，然后他们定下了演员和导演，就开机了。

记　　者：导演对您的剧本改动大吗？

袁　　媛：不大，导演从来都没有因为需要修改剧本和我见面，他和我开的最长的一次会是让我跟他一场一场地把剧本从头捋到尾，就是我向他讲述这场戏我是怎么想的，他听我的意图和构思，和他差不多捋清楚后，我的工作就完成了。

记　　者：那您当时没想您也是导演，也可以做一些导演的工作？

袁　　媛：不可能。我当时已经将做导演这个事情往后放了，先把写剧本这个任务完成。因为我如果要是执导这个项目，那这个项目就又是无止境的商谈，不会那么快进入拍摄日程。

记　　者：您为什么不借这次机会对韩导说，我也是学导演的，那我们就一起导吧？

袁　媛：我觉得这是一种自取其辱的方式，我不会让大家陷入尴尬。

记　者：什么时候开始觉得准备好了做导演呢？

袁　媛：2017开始有了想法，2018年开始执行。

记　者：您觉得已经准备好了是吗？

袁　媛：其实没有，因为当你越了解这个行业，见的越多，越觉得好难啊。可能和个人性格也有关系，因为编剧的世界还是相对比较小的，对接的人也有限，对接导演、制片人，有的时候还有演员而已。剩下的很多工作都是个人或者小团队的人可以完成的。但是导演工作，不是一个人可以完成的，你只是一个大脑，你还需要四肢等等。需要所有的东西协调到位才可以完成，协调到位的前提是你自己必须具备非常好的沟通能力、良好的执行能力和所谓的领袖魅力，这些能力你都要具备才可能完成这项工作。我还没有下定决心来做导演时，首先我觉得我不具备领袖能力，我是一个很好的执行者，就是别人告诉我要做什么，我会很准确地完成我该完成的事情，我只需要负责这一小块内容，但是变成了别人都来向你负责，需要你来决定很多事情的时候，这个压力很大，当时还不具备承担这种压力的能力。当然了，决定做导演还有一个很现实的原因是，年纪也不小了，看到电影行业的繁荣，也很难判断这个行业的黄金时间会不会很快就过去了，抓紧时间来转型。很多人做导演的时候都会觉得，我要万事俱备，连东风也不能欠，就是所有的东西都要准备好，就等着你去实施的时候才采取行动，但是我觉得没有完美时机。

记　者：不单单是做导演，很多事情都是永远没有准备完备的时候。

袁　媛：对对对，如果你不给自己施加限定，想等到完美的开机时刻，是没有这个时刻的。

记　者：怎么给自己强制施压的？

袁　媛：我说我想要导戏了，我和好多人都说了，也是在用一种舆论压力让自己没有退路。大家都知道我要导戏了，如果我还是没有动作的话，那么多年过去了，别人问起来我会很尴尬，这也是在逼自己，因为知道的人见面都会询问：哎，你上次说的那个戏怎么样了？你还想不想做导演了？直接横下一条心开干就得了，也别管干好干坏，你就去做就行了，好坏那是后面的事儿，还是尽人事，听天命。

记　者：您有特别想要拍摄的片子或者是类型、风格吗？

袁　媛：有。我们去台湾找廖青松老师剪片子的时候，他就和我们说过，他觉得所有的导演基本上是在第三部电影开始真正做一个导演，虽然前面的两部电影也算是电影，但是多数都是和自己相关的，可能第一部拍摄的是《童年往事》，第二部是《恋恋风尘》，就是讲述自己的故事。我希望我未来的片子，不用类型化的东西去界定，就是不去判断是文艺片还是商业片，我还是想让它能具备一定的文学性，同时努力追求大家喜闻乐见的属性。

记　者：开始准备了吗？

袁　媛：一直都在酝酿，还是需要时间。

记　者：考虑拍摄电视剧吗？

袁　媛：还不太考虑，我觉得电视剧是编剧的工作要发挥作用更多，导演在这上面发挥的价值有限。另外电视剧的艺术价值相比电影来讲，还是有限的，电视剧面对的群体和讲述方式注定最好不要让自己太曲高和寡，所以它有一定局限性。

记　者：那您还会承接一些电视剧剧本的写作吗？

袁　媛：会的，而且我也会带着我的一些编剧小伙伴，也给他们创造多一点机会。因为我自己从这条道路上走过来很艰苦，太知道在有代表作之前是过着怎样的生活，所以等到自己具备一定能力的时候，也想为一些新编剧做些事情。也许不会让他们挣到多少钱，或者是给他们一个知名作品，但最起码让他们一直能在这个行业里有事干，不至于远离这个行业。

记　者：您接下来的规划是什么？

袁　媛：就是希望自己能导出来一个很好的作品，这是个长远的规划。

记　者：您的金钱观是怎样的？如何看待功名才气和梦想的关系？

袁　媛：我认为有梦想的人，只要不是那种梦想挣大钱的人，都不会把金钱放在第一位的，他会觉得实现梦想这个事情会更让自己感到富足。金钱一定是梦想带来的附属品，它有多少就是多少，你只要接受就行。

记　者：您最期待的行业资源是什么？

袁　媛：我期待这个行业每一个在其位的人都能够匹配上专业能力，相应位置上的人专业能力无法匹配的话，实际上对这个行业的长远发展都不太好。

记　者：您遇见过不专业且无能的甲方吗？

袁　媛：太多了。尽量不和这种人合作。

记　者：有些甲方会拿很多不专业的问题来拖编剧，让他们不断修改，您如何解决？

袁　媛：我也会一直拖。

记　者：那合同上会有一些约定条款，比如到什么时间必须要完成剧本交付，如果您也用这种拖的办法，延迟剧本交付时间怎么办？

袁　媛：我可以交付啊，我可以交付一个我已经修改过的，但是如果你觉得不满意就不是我的问题了，我可以继续改，你也可以一直提意见。因为满意不满意是你来决定的，这个并不是说我来决定的。我觉得没有在指定日期完成的合同，并不是编剧自己主观上想要拖期，大部分原因都是甲方觉得不满意，是坚持要修改，这没办法，这个是属于双方的原因，并不是编剧在指定时间没有完成自己的任务。这就要看甲方是否需要反思一下自己的要求是不是有问题了。

记　者：您给年轻编剧什么建议呢？

袁　媛：也不要天天坐在家里看书、看电影，当然，这个很有必
　　　　要，是必须要具备的基础。更多的还是要出去接触人，
　　　　观察人，观察这个社会，观察生活，多思考。在你还在
　　　　积累自己力量的时候，培养一种独特的思考能力。

高群书

作品：电影《东京审判》《千钧一发》《风声》《神探亨特张》
等；电视剧《征服》《父亲的身份》等。

简介：导演、监制、制片人。毕业于河北大学新闻系。

记　　者：您是新闻专业出身，后来也在电视台工作，是什么机
　　　　　缘促使您走上导演这条道路的呢？

高群书：我是中文系新闻专业的，新闻专业对我的影响比较大。
　　　　　电视台对我的影响没有那么大，电视台的工作环境比
　　　　　较无聊，每天就是拍拍日常新闻和领导讲话，做一些
　　　　　如何开展农耕之类的报道，地方电视台当时也没有深
　　　　　度报道。为什么能成为导演呢，有两个契机，当时我
　　　　　在石家庄广播电视局直属的电视中心，工作环境比较
　　　　　自由。一是觉得当时的导演都太差了，刺激了自己上
　　　　　手试试的想法。另一个原因是上大学时一心想当作家
　　　　　和诗人，没当成，想那就当导演算了。

记　　者：不是科班出身的您，当决定进入导演这一行的时候自
　　　　　己又做了哪些准备呢？

高群书：没啥准备，就是看电影。我上学的时候就喜欢看电影，
　　　　　看了很多片子，就想有个机会自己做导演，可以把之前
　　　　　所看到的别人的方法放在自己的拍摄之中。当时不知道
　　　　　怎么用，反正就瞎用。其实那个年代啊，不像现在的年
　　　　　轻人，现在年轻人机会很多。

记　　者：当年决定拍摄《命案十三宗》的时候，您是怎么想开
　　　　　风气之先的？

高群书：先从《中国大案录》说吧，这个系列就是一次文本实
　　　　　验，当时我还在《戏剧电影报》上写了一版导演阐述。
　　　　　我大学毕业的论文主题是文学和新闻的融合，实际上
　　　　　就是报告文学。我的片子直到现在可能和所有人都不
　　　　　一样的地方就是带有一种现实性或者是新闻色彩。

你将来的样子

1994年我从石家庄电视台辞职，之前在电视台电视剧部，每天上班就是一群人都在喝茶，我不想这一辈子就这样过去了。那年我三十一岁，这之前已经拍摄过一些东西了，歌颂交通战线的好人好事，等等。那个时候是没有电视剧的商业运作的，能在央视播出是最好的出路了，省级台播出、地方台播出就够可以的了。我从电视台辞职后，就想尝试电视剧的商业化运作，正好有一个机会是到公安部去做大案录，当时有一个电视剧叫《9·18大案侦破纪实》，导演是陈胜利，当时陈胜利导演如日中天，相当于今天最火的电视剧导演。他叫我去参与，做制片人，用全纪实的方法，全部用当时的办案人员本色出演。《9·18大案侦破纪实》男主角是武和平，是当时的开封市公安局局长。这个片子播出的时候特别火，我打电话祝贺陈胜利的时候，他问我近况，我说我辞职了。他说那你赶紧来北京啊，我们一块儿接着做。之后我们就开始选全国范围内的类似于9·18这样的真案子，用纪实的方式拍摄。

当时我们选择的是商业操作，卖给各个电视台，他是总导演，我是总制片人。所有的导演、编剧都是我在找。后来我也拍摄了两个案子，我拍摄的就比较新闻化，用了中央电视台焦点访谈的形式，大屏幕／主持人／评说，王刚做主持人。我们当时最大胆的尝试是用非职业演员出演，播出效果还不错，开创了一个由警察本色出演的警匪纪实电视剧。我们当时计划拍摄《百集大案录》，但是当我们拍摄到了二十多集的时候，全国各地都一拥而上，纷纷效仿，涌现出了一大批纪实警匪电视剧。

我们是开创者，开创了警匪剧的商业化操作先河，其他当时比较有名气的还有刘惠宁的《西安1·21枪案》等，带动了一批这样的作品。这之后呢，我们就另辟蹊径，开辟小人物犯罪故事，这个就是《命案十三宗》，当时我们的副标题是"讲述老百姓的杀人故事"，这源于一次我去石家庄某派出所的采访，我说你们这儿有多少死刑犯啊，他们说有十几个，然后我说，那你把他们都叫过来，我挨个聊聊天儿呗。一聊起来，就觉得挺有意思的，因为这些人都是平常的老实人，由于各种原因成了杀人犯了。我觉得这个现象好可怕，是什么原因使得这些老实人成为杀人犯呢？杀人犯在我们眼里是多么可怕的一个群体啊。我连夜打电话把武汉的作家方方请来做编剧，一起来采访。之后方方根据这些案子写了好多获奖的小说。那个片子我们一共花了不到一百万，但是卖了四百多万。就这样，又开辟了一个小人物犯罪的路线。后来的《红蜘蛛》也都是跟我们学的。

我们在拍摄《命案十三宗》的时候是很严肃的，我们探讨的是一个社会问题。片子在北京地区收视率第一，当时挺火，也是用非专业演员。这个片子好多老太太爱看，老太太爱看的原因，是这里面反映的事情和她们的生活环境很接近，和自己的邻居都很像。我当时说这个片子给两种人看，唯独不给专业人士看。两种观众，一种是没有文化的老百姓，另外一种是特别有文化的知识分子。陈丹青就特别喜欢这个戏，因为他从里面看到了很多人生和社会深层的东西。老百姓关注的点是一个这么好的人怎么就成为杀人犯了呢？这种惋惜和共鸣是能够达到的。当时很多专家嘲笑我们，说有个叫高群书的，五万块钱一集就开始拍摄电视剧，光也不打，扛着机器就拍了，镜头都是黑乎乎的。我们这一路是被中国电视剧的行家看不起的，说太不正规了，瞎拍。事实上，有些技巧不是不会，而是这个就是我们的路子，为什么一定要把光打成什么样呢？这个题材、这种生活也不适合整得那么漂亮。

后来就拍摄了《征服》，第一次用职业演员。还启用了明星，当时的明星不是孙红雷，是江珊，当时江珊特别火。这个剧很好莱坞化，是情节剧，采用好莱坞惯用的双雄设置，受《盗火线》的影响很大。《征服》从写完剧本到拍摄一直到刚播完的时候大家都不看好。刚开始没人投资，好不容易找够了钱拍完，电视台的购片专家天天来给我上课，说我拍错了，说纪实不是纪实，电视剧又不是电视剧。而且剧里从头到尾音乐不间断，以前没有人这样用过音乐，其实这个在好莱坞电影里是比较常规的操作方式。我记得江苏台的一位同事和我聊起来说，导演你这音乐把我心脏病都快弄出来了。《征服》播出的时候，江苏台和南京台打擂，江苏台播的是《射雕英雄传》，南京台播出的是《征服》，我们赢了。这个剧也是在不被看好和压制下火的，所以有些想法还是要坚定。

记　者：在这种压力下，您是怎么坚持下来的，怎么这么坚定呢？很多年轻导演可能就放弃了，坚持不下来。

高群书：所以说年轻人讲究的不仅仅是技巧或者技术，要具备思想、认识能力和世界观，了解社会才能够懂得人心。最后见真章的是和人心的交流，而不是技术。决定胜利的不是武器，而是使用武器的人。好多年轻人就是特别注重技术，没有思想，对生活没有感受，这个是成功不了的根本性原因。当对生活有足够深度思考的时候，那些技术都不重要，我们拿着灯泡就拍了，观众也愿意看，这个是最重要的。对于年轻人来讲，我始终对他们说，首先要拍摄自己真正有感受的东西。好多导演没有办法拍出有感受的东西，看了几个韩剧或者美剧，就开始学习人家，殊不知体制、社会迥异，人家可以的东西，放我们这里就很扯淡。不清楚中国的社会环境，包括警察的生存环境和国外的都不一样，导致很多人拍出来的犯罪电影很有范儿但很假。包括现在有些特别火的网剧，也都是学习国外的套路。你要知道每一个国家或者每一个民族都有自己的特性，首先要了解中国是一个什么样的国家，中国警察是一群什么样的人，中国的罪犯是一群什么样的人，要研究中国的犯罪本质是什么。看了《神探夏洛克》就开始按照这种路数来想象中国的犯罪推理，很假。

记　者：导演需要具备怎样的素质？

高群书：首先，要有足够的认识能力，价值观、世界观是什么，这个要明确。上大学不是去单纯学习知识，上大学是让你形成一种比较成熟的思维方式，培养自己的思考能力。前几天有个评论文章写得很好，作者说自己一个侄女的考试题是：甲午海战发生在哪一年？你看，我们的考题是这种知识性的。而日本的考题就是类似于：假如甲午海战再次发生在今天，你会怎么想？国外的教育会问你这种问题，它会开发你对问题的思考能力、认识能力，而不是死记硬背。所以第一要具备思考能力，不要着急去学技术。

第二，你要懂得生活。你生活在一个什么样的国家、什么样的环境，体制是什么样的。一、二线城市的人们都在想什么，这几线城市的区别在哪儿，城市和农村的差别是什么等等，如果不能清楚这些东西，是做不成一个好导演的。会有偶尔成功的可能，但是不会长久。电影或者电视剧都是导演和观众之间的交流，大的方向来看，电影分为两种，第一种是自说自话，允许自说自话，说得特别厉害，说出了真知灼见了，也很牛。拿哲学家做比，如尼采、弗洛伊德等，都可以独树一帜。但是如果要自说自话的话，就不要奢望那么多人爱听，不要奢望票房好，要做好票房不佳的心理准备。另一种是可以和观众交流的影视作品，你需要触动观众，关心观众，需要说出观众想说的话。这个不是媚俗，因为你希望别人听到和看到你的作品后能激起情绪反应，如果你讲的故事和别人没有关系，怎么会激起对方情绪反应呢？所以，不要分艺术片或者是商业片。在美国电影的分法是这样的：超级大片，这种影片会投资一个亿以上，价值观必须是普世价值观。然后是剧情片，剧情片分类型，警匪、犯罪、爱情等。还有一种就是非主流的独立制作影片，类似于中国所说的艺术片，但是人家想象力好、自说自话得很精彩，让人觉得很新奇，类似于《两杆大烟枪》之类的，形成了自己的风格。第三，才是需要懂专业技术。当然，电影是必须要好的技术来支撑的一个行业。

记　者：您在创作的过程中，还需要应对资金方面的问题吗？

高群书：中国的导演和国外的导演不一样的地方，就是中国的导演必须要关注资金的问题。中国导演很多都是制片人，我们整个的影视工业的基础太差，制片队伍一般都是以省钱为主。

记　者：那对于青年导演来讲，要如何应对资金上的压力呢？

高群书：对于青年导演来讲，要会把钱用在最该用的地方，不要去过分计较其他的。比如说，你只有一百万拍片，非要用最好的机器，还要用特效，那肯定不行。很多年轻导演有这样的问题，他会说，没有这些配置，拍不好。这个时候，需要导演找到这个题材最根本的东西是什么，最应该花钱的地方必须花，剩下的部分再行分配。如果只有一个灯泡，能不能就不打灯了，因为要花钱租灯具，还要费时间，灯光还得好，要是没有那么多钱，怎么办？所以，一个青年导演，第一部戏最好就拿自己的钱去拍，甚至前三个戏都自己拿钱去拍，你自己拿钱去拍，就知道心疼了，拿着资方的钱，总是嫌不够。现在青年导演的环境好多了，一上手就有好几百万的资金呢。2007年的时候，我已经算是有影响力了，还依然拍摄三百万的电影。有很多人觉得钱太少了，不接。但是我觉得没有问题，三百万就拍三百万的电影，三千万就拍三千万的电影，三个亿就拍三个亿的电影。需要花三百万的时候，不可能给你三个亿。但是如果需要三个亿的时候，三千万是做不下来的，所以面临每一个你要做的事情的时候，需要有一个实事求是的核算。在美国如果想拍摄一个超级大片，没有一个亿下不来。但是《女巫布莱尔》用了五万美元，赚了一个亿，这个就是典型的例子，就是在五万的这个预算之内，如何一招制胜，如何想出来一个最牛的方式来让观众感兴趣。当然这个都是特例，大部分还是要走规律性路线。

记　者：导演的工种是具有特殊性的，需要和很多的工作人员打
　　　　交道，这个应该是很难的，这也是让很多新入行的导演
　　　　望而却步之处，针对这个问题，您在多年的实践中，有
　　　　什么心得体会呢？

高群书：这个确实是中国导演面临的一个必须要解决的问题。
　　　　需要的不单单是具备一定的专业性，更考验的是自身
　　　　的人际关系和组织管理能力，这是中国导演的特殊之
　　　　处。和其他主创人员沟通，首先要互相尊重，同时要
　　　　坚定自己的立场。只有导演自己心里最清楚这件事情
　　　　到底要怎么办才能走向成功，才能整体去思考这些事
　　　　情。因为中国的制片人都太业余了，所以导演就要思
　　　　考全局，导演不能任性，但同时又不能不坚持。

记　者：请您给年轻的导演一些建议吧。

高群书：一个导演一定要有一个长处，一个导演必须找到自己
　　　　最擅长之处，大家一起做同一个题材也要能发掘出你
　　　　的独特之处。要多看书，多关注社会，这是作为一个
　　　　导演最重要的。导演也是一个社会学家，你所有说的
　　　　话，必须要带有时代性，了解这个社会和时代很关键，
　　　　非知识性了解，而是要感受这个时代和社会的人在想
　　　　什么、关心什么。电影不是单纯的影像艺术，它是一
　　　　个综合体，所以导演拥有全面的素质很关键。

（记者：霍驰）

秦雯

作品：电视剧《我的前半生》《辣妈正传》等。

简介：编剧。毕业于中央戏剧学院文学系戏文专业。

记　者：您从什么时候开始创作的？

秦　雯：我在上大学期间开始创作，大三的时候就和老师一起写剧本。在临近毕业时，我已经与天津电视台的电视剧中心签约。在学校求学时，有好几位老师对我的影响比较大，到现在我还在沿用他们教导的方式方法来进行创作。中戏的汝明老师和杨健老师对我帮助都很大，在电视台工作时从张永琛老师那里也学到了很多知识。在大四的时候开始写《我们无处安放的青春》，虽然我年纪不大，但是从2004年写剧本至今，也有十多年的时间。

记　者：是什么样的机缘能在大四就接触这么好的作品呢？当时这个作品的影响很大，直到现在也算得上是青春片的佳作。

秦　雯：当时我们老师找了班上的几个同学搭了一个抢工的编剧团队，是写别的题材的戏。陈道明老师当时也在场，他对我们几个人说，有一本小说看看是否有兴趣写一下剧本，如果写得好呢，我们就用胶片把它拍出来，写得一般就用机器拍，写得不好就不拍了。正巧沈严导演刚刚做完《中国式离婚》，他和陈道明老师两个人就和我聊起这个项目。剧本写得不错，于是用胶片拍了全片。当时《我们无处安放的青春》由于审查的原因没有上黄金档，但是在大学生群体中引发了很大的反响，口碑不错。

记　者：在天津台工作了很久吗？

秦　雯：我很快就离开了。因为当时在修高铁，交通很不方便。

《我的前半生》里罗子君在暴雨里打黑车回家，就是我的亲身经历。那个时候往返京津还是比较麻烦的，一年后我就离开了。

记　者：那您的创作风格是一种巧合形成的，还是有意要偏向什么样的风格呢？

秦　雯：我其实没有特别计划的。我觉得兴趣是首要的，有了兴趣后就要认真做下去，认真好好做是很重要的。我不会考虑手头这个事情没有做完，下一个要怎么做的问题。我一般是不太愿意做续集的。我就是想认认真真把手里的一个事情做完，然后再重新开始一个新的起点。

记　者：有些项目是制片方找到您，还是您有什么想法去找合作方？

秦　雯：大多数情况下是制片方有项目约我来做，看我是否感兴趣。但是也会有我自己的创意，比如《辣妈正传》，当时我和导演见面后，导演问我最近想写些什么。我当时刚生完小孩，导演建议要不要写关于小孩儿的戏。我不爱写婆婆妈妈、家长里短的戏，导演建议说，不写婆妈剧，就写妈本身。我结合刚生完小孩的各种纠结的情绪和矛盾写了《辣妈正传》。

记　者：写作节奏是怎么安排的？

秦　雯：我觉得平均两年一部戏的节奏是正常的写作速度。现在有些编剧一年恨不得写个两三部，那一般不是他自己写的。其实两年一部是一个正常速度，但是大家反而觉得这个速度不正常了。我没有找过枪手给我写戏，一是写不来，二是写不到一起去。尤其不能写情感戏，因为情感的东西太微妙了，如果做情节剧还是可以有团队作业的可能。这是两种工作方式，一种是个人型、更加作者化的工作方式，一种是团队型、商业化的工作方式。我倒没觉得哪种是好的哪种不好，只有哪一种更加适合自己的问题。我尝试过商业化的工作方式，但并没有找到它的窍门。我对第一种工作方式更有经验，可以有自我表达的东西在里面。也许我会尝试商业化模式的合作方式在其他类型剧上，但是在情感题材的剧里，我还是很难去那么做。

其实编剧需要考虑的是提升单位时间的工作价值，写好了一部戏，下一部戏会达到更高的价值，而不要靠数量累计来提升自己的价值，否则的话会把自己搞得越来越忙。如果能在刚刚开始的时候耐得住一点点寂寞，把手里的一个活儿充分地做好。这样的话，工作量没有变，但是单位价值提升了，原来的生活节奏没有被打破，也会保持良好的生活状态。

记　者：大部分的编剧在成名前都会经历一个跑数量的状态吧？

秦　雯：编剧有很多写着写着就黄了的项目，所以钱也拿不到，这个还是比较常见的。跑数量也是有前提的，年轻的时候，没有小孩，会有很多时间用来工作，体力也好，一天写上一集剧本都不是事儿，但是这个状态不会持续太久。一旦结婚生子，父母、家庭的问题也会出现，工作时间是大大缩短的。就算是跑量也不要很大，也要岔开来做，别一下子两三部一起来做，那样也会把自己拖垮。

有的编剧问我，为什么自己接到的项目都是烂货，三个一起都黄掉了？我回答说，第一要有乐观的心态，可能真的是公司不靠谱，不是编剧个人的问题。第二要有客观的心态，也要审视一下自己的原因，可能真的是自己没有写好，没能化腐朽为神奇。我接《我的前半生》时，制片人也很坦率地讲，好多更加知名的编剧都没有接受约稿，才到我这里。我考虑的问题就是如何把一个不太好的项目转化成一个成功的东西，这是办事的第一步。如果说烂活儿到你手上还是个烂活儿，那人家下次也不会再找你了，更别提涨价了。尽人事的地方就是要把一个烂活儿办成一个好活儿。失败的项目或者是在自己手上流产的项目，要考虑是不是自己努力不够、勤奋不够。

现在一些年轻编剧特别在乎投入产出比。他们有这样的心理：写了一稿大纲，当公司或者制片机构提意见的时候，考虑的不是把大纲改得更好，而是如何改得更少，否则就不划算了，考虑的是写大纲给我这么点儿钱，来回地修改，我得花多少精力啊，太不划算了。有这种想法的编剧不太可能把手里的活儿做好，我们以前写戏的时候就没有算计过这些。

记　者：每天写作的时间是如何分配的，有固定的安排吗？

秦　雯：我还是比较散漫的，忙的时候会比较灵活。我属于读书时比较听话的学生，所以不会出现拖稿的情况，总有一根弦绷着——到什么时候就不能再拖了。因为我家里有小朋友，白天就没有办法投入工作，晚上会在孩子睡觉后工作到一点钟，习惯晚上办公，晚饭后或者下午会安排一场运动。

记　者：编剧的身体很重要，如何安排运动的？

秦　雯：在上学的时候，我的老师就和我说，编剧写到后来是个体力活，所以编剧首先要身体好，我当时就记住了。我很重视身体的保养，其实每天安排一个小时运动没有那么难，运动和旅行一样，难就难在决定要这么干。一旦你开始动身去运动，走在路上了，约好教练了，进了场馆了，练完后一定是感叹："还好我来了！"一定是不会后悔的。越忙越要运动，因为运动会带来更好的状态，比在家里赖上一天写不出东西要强多了。我练瑜伽有十几年了，从大学时候就开始练习。

记　者：对于饮食有什么特别的爱好吗？

秦　雯：我喜欢吃肉。上瑜伽课的时候，有素食流派，我都不会太执拗自己的选择。编剧要对自己好一点，爱惜身体，身体状态好才能带来更好的工作状态。

记　者：很多编剧是很焦虑的，尤其是经济上的焦虑，您如何看待？

秦　雯：有一个问题我觉得需要思考清楚：作为编剧，多少钱觉得足够？作为普通编剧来讲，不要和特别有钱的编剧去比。心里要有数，而且要有知足的心态。我还是比较爱惜自己，喜欢什么都会不吝惜去买。和以前的同学聊天还提起，在学生时代得过生日的时候才能去高档的饭店吃上一顿。如果经常和自己的过去比，现

你将来的样子

在应该就会很满足了。我也会经常听到朋友讲，谁谁谁一集戏都多少钱了，在哪哪哪又买了房子之类的话，反正我没有什么眼红的，我就是觉得现在的生活已经挺好的。人越是往高处走的时候，越要珍惜今天得到的所有的东西，要懂得惜福。因为有这样的心态，我就没有什么焦虑的状态，也很满意两年一部戏的节奏。

记　者：谈稿酬时，会有不好意思的感觉吗？

秦　雯：有时候会，现在好了很多。中国人喜欢谦虚，不能表现太爱钱啊。还是要看自己的心态，有个坦诚的谈稿酬的态度，然后遵守契约精神。

记　者：您是怎么和王导认识的呢？

秦　雯：我先生那个时候在北影厂有家公司，我大学毕业之后，老师介绍我过去见他聊项目，我看见他们公司门口在招演员，我当时觉得一个小公司还招演员，一般就是骗子公司。他有四川口音，也和很多香港人合作，以至于我以为他是个香港骗子。他用不标准的普通话和我聊剧本，脾气还特别好，好多问题都是怎么着都行，我认为这样的人一般都是不靠谱的。后来关于先出大纲还是先给定金的问题发生了分歧，公司的制片人说要先出大纲再给钱，我坚持需要先支付定金，于是吵了起来，还是他从中缓解了矛盾。我离开之前，他给了一张名片，那是我们第一次见面。我回去之后对大家讲我的遭遇，说我遇到了一个骗子，拿着他的名片还和朋友们说这个人是骗大纲的，大家都小心点儿。朋友看了名片之后，说是王光利导演，还比较知名，不是骗子。我才知道是误会了他。在以后合作的时候，他还是很认同我比较认真的态度。我们两人脾气不同，他很温和，我还是比较暴躁的。我们从认识到走到一起也就不到半年的时间。

记　　者：接下来的规划是怎样的？

秦　　雯：我和我先生合作了一部戏，是关于上海都市四个性格不同的女性的戏，跳出了婚姻，讲述三十岁左右的中产阶级女性的生活。我很喜欢浪漫简单的爱情小说，里面会有一些闪光的人物，提供了多方面的思路，小妞题材的类型，聚焦轻熟女时尚的生活方式，引导当代女性的生活方式，打造一些时尚的偶像，比如唐晶这样的角色。我倾向于小妞电影，因为美国发展到现在这个阶段的时候，就有很多浪漫的青春的小妞电影，特别喜欢《诺丁山》。

我也特别喜欢武侠，是看香港武侠长大的，也想尝试着写些武侠方面的作品，但是会做得慢一点，我需要做很多案头功课，做好准备。比如《我的前半生》中贺涵的人物形象，会在读了很多书和看了很多影像资料后，准备好了，才开始立起来。关于武侠题材，也在谈一些版权，找到一个好看和有趣的点。

记　　者：因为《我的前半生》改编后引发很大争议，下一部作品还会考虑改编吗？

秦　　雯：我不会因为被人家非议就不坚持自己的选择，改编与否，看项目本身，我对项目感兴趣是出发点，而不是以是否改编为出发点。

记　者： 面对一些质疑的声音，怎么看？

秦　雯： 首先要知道，不会所有的人都爱你。我和我喜欢的人，做喜欢的戏，至于评价怎样，我作为创作者是控制不了的。

记　者： 与合作方产生过分歧吗？在剧作会上有争执的状况吗？

秦　雯： 我们开会是比较开心的，大家会针对一些问题发表很实质性的想法，提出针对性的解决方案。黄澜就曾经说过我是一个特别不吝惜修改自己剧本的人。基本上不会出现说我写得不好，我和对方使劲掰扯的问题。有个人喜好的现象很正常，这也是有团队的必要性，当分歧产生的时候，大家可以讨论。我合作的团队也很专业，有些问题是团队帮我发现的，我反而觉得会很好。比如我对唐晶的塑造，有很多时候就陷入了这个角色中，因为我太喜欢这个角色，大家会适时把我拉出来，这对角色塑造很有帮助。

记　者： 如何看有些编剧不愿意让别人来修改自己的剧本，不愿意听否定的意见？

秦　雯： 剧本是一个商品，编剧是一整套工序中的第一个师傅而已，这是必须要有的一个正确想法，它可以端正某种姿态，因为剧本毕竟不是一个人的创作。编剧首先要有一个敞开的态度，先允许意见进来，然后自己有一个甄别的过程，之后是一个选择借鉴的过程。

记　者： 怎么看待编剧的保险？

秦　雯：保险的保障更多的是心理上的保障。自己可以买保险，不用感觉这个行业风险性很大。中国的体制化心理状态是一个国民现象，编剧这个职业真的可以更加灵活一些。

记　者：平时阅读习惯是怎样的？

秦　雯：我会经常看书，也会去香港和台湾买书，我还是很喜欢看英美小说。在往返北京和上海之间的高铁上就可以看一本书。所有的书都涉猎，近几年回归看一些经典的作品反而会更多。

记　者：喜欢看哪种电视剧？

秦　雯：我喜欢看美剧，不太喜欢日剧，基本上不怎么看国产剧。我也是希望能做出更好的国产剧，我觉得要承认美剧在故事性和剧情上更加有趣的现实，才会有更好的进步。

董润年

作品：电影《老炮儿》《疯狂的外星人》等。

简介：编剧、导演。先后毕业于中国传媒大学导演系影视导演专业（本科）、电影学（硕士）。

记　者：您是如何入行的？

董润年：在上大四的时候，我和同班的两个同学一起在校外租房子。我们那时候经常一起看DVD，接触到了很多美国的情景喜剧，包括《老友记》之类的，很受启发，也挺想做这样的情景喜剧，有了一些自己的想法和概念。后来我们给一位老师的短剧做副导演，因此结识了光线公司影视部的策划，跟他聊起来我们的想法，他也很感兴趣。于是我们这个团队就写了一个大纲，当时很幸运，资方看完之后就决定要投拍了。

这部剧写了半年多，三十集左右，每集二十五分钟。拍完后，在光线公司自己的平台——630剧场播放。这个剧场现在已经不存在了，在那个时候还是有点儿影响力的，每天六点半开始播放半个小时情景剧的一个平台。这部剧是古装的情景喜剧，2003年底播出，时间上还早于宁财神编剧的《武林外传》。

现在回忆一下，其实当时是很幸运的。编剧有了一部作品后，再找活儿就很容易了，相当于拿到了一张行业的入场券。

记　者：当时的稿酬是多少？

董润年：不太记得具体数字，但是记得当时的感受，感觉已经很不少了。

记　者：当时的两个伙伴，近况怎么样？

董润年：有一个和我搭伴还在继续创作，另外一个现在主要在制作节目，也做了很多近年来很有影响力的节目。

记　者：入行后，接下来的创作情况怎么样？

董润年：之后又写了一些情景喜剧，一直在写，一直在练习。在这个过程中最重要的，是清楚了自己写出来的东西什么样子是能拍的，什么样子是不能拍的，是一个从不会写，到摸索着敢于写再到一个懂得如何写作的过程。我之所以喜欢情景喜剧也是因为它是一种特别考验编剧能力的形式，它要求编剧在有限的时间里讲清楚故事，还要有那么多的情节点，抖那么多包袱，这个是需要大量技巧性的训练才能做得出来的，这也是我会频繁接情景喜剧工作的原因，借着机会把自己编剧的技巧锻炼娴熟。

记　者：情景喜剧是您的核心创作方向吗？

董润年：这倒不是。因为情景喜剧在中国现在已经没有什么市场了。近几年来看，也就是爱奇艺播放的《废柴兄弟》算是真正意义上的情景喜剧，但是市场空间真的有限。情景喜剧有两个重要的因素——剧本和演员。就像《我爱我家》，剧本是世界级别的好剧本，演员都是人艺的优秀话剧演员，演员功底很深。

中国的文化注重文以载道，导致对喜剧的重视度还是不够的，情景喜剧的发展空间也有限，但是我还是会做积极的尝试，这个类型是值得做的。

记　者：网络剧《后宫那些事儿》是您对情景喜剧的再一次尝试吗？

董润年：当时宫斗戏特别多，我在想宫斗戏都是从娘娘的角度来讲述这些故事，是悲观视角，如果要是从宫女、太监这样的角度来讲述宫里的事情，会不会更好玩儿。

我在2014年4月1日跟马东老师吃饭的时候，和他聊起了这个想法，他觉得很好。2014年8月就开机了，从构思到写剧本四个月的时间。其实这也是一个教训，因为当时平台都已经订好了2014年12月上线这样的一个档期，这是平台方硬性的要求。对剧本还是很满意的，但是筹备的时间确实是太紧张了，这个项目的教训就是还是要尊重创作制作的规律。我们是四个导演一起来做的这个项目，这个情景喜剧是我尝试着自己来做导演。一个人拍了五集，共二十集，厨师和交换身体的那几集是我来拍的。当时的剧本是三个人带着不同的编剧来写，是情景喜剧的传统的创作模式。

记　者：如何进行情景喜剧编剧团队作业的分工安排？

董润年：我还是尊重比较传统的情景喜剧的创作方式。拿《后宫那些事儿》举例子，整体的调子和人物设定由我们三个编剧发起来定，整体的样子定下了后，找到一些年轻的编剧来聊。

我们是先从提案开始的，大量的编剧去提案，因为最开始，不是二十个故事都是完整的，我们只有十个左右的故事，其他的故事，大量的编剧会根据类型和主题、人物和背景去提精彩的故事和设计，单集故事的构思，如果我们采用了，那么单集的这个构思的提出者就是这一集的主编剧，他来接着往下写剧本。初稿完后，我们再整体进行筛选。拍二十集剧，我们需要准备四十个左右的构思故事，当时我们准备了六十个，写出近三十集的剧本，我们几个核心编剧来改正二稿，我们围读剧本，定下方案再来修改。把二稿剧本分派给四个导演，再由导演来带着编剧继续修改，修改成可供拍摄的剧本。围读剧本用了三天，演员加入，很配合，然后进行修改。拍摄期在二十五天左右。

记　者：集体创作所面对的最大困难是什么？矛盾是什么？

董润年：困难主要是时间太紧张造成的，没有太多试错的机会。因为试错对于创作来讲是至关重要的，有些没有底的状态会产生，在实战的状态下来试错很关键。

其实矛盾并不大，因为在集体创作中，我不习惯用枪手，我愿意给年轻编剧署名，希望有更多的年轻编剧能出来。所以大家只要是真的写得好，都能获得尊重和利益，矛盾会很少。

记　者：从入行至今有多少年了？

董润年：十年多了。

记　者：经历了十多年的写作成长期，有过什么困境吗？

董润年：有，2007—2009年，这三年相对比较低谷，没有东西出来。开始怀疑自己，感觉到了迷茫，因为作品中往往自己认为最亮点的设计被人否定，而自己觉得不经意的点反倒成了亮点。当时有一个戏在杭州拍摄，就出现了这种情况。我去剧组改剧本，是蒋家骏导演的戏，这一个月的时间，我觉得自己的成长还是很快的，现在看来问题还是出在自己身上，有些设计是不能实现的，在现场明显感受到了。

量变会达成质变的，2009年在写一部公安戏的时候，突然有一天感觉自己通了，终于在开始写戏的六年后知道怎么写戏了，技巧和技术在单场戏上已经基本掌握了，接下来需要提升的就是深度和广度了。

记　者：“突然感觉自己通了，知道怎么写戏了”指的是什么？

董润年：应该是一种对戏的认识。在读书的时候，也包括在头几年写剧本的时候，我不太清楚为什么能写出来被人认可的东西，我不知道是怎么做到的，是一种蒙着的写作状态，对戏的认识不是一个有整体感知的状态。但是在2009年的时候，我就已经能明确地感知到有哪些我觉得好，别人也会觉得好的戏。编剧一定要看自己写出来的作品拍摄出来是怎样的。其实，新入行的编剧可以尝试着写些话剧，这样能看见现场观众对哪几场戏是有感觉的。

记　者：聊聊自己的编剧经纪公司吧。

董润年：当时设立的机缘是几个年轻的编剧朋友建议联合起来，做成一个公司统一发声。陈舒和丁小洋等都是我们代理的编剧。编剧有一个最大的软肋就是不愿意和人谈合同，都容易有一种被迫害妄想，看见甲方的合同后会恐慌。所以这个职业会需要一个经纪代理人。我和我太太也是为了多维护这些好友的利益，就成立了这个公司。

记　者：遭遇过被侵权的事情吗？

董润年：只有过一次，也不是对方公司恶意为之，而是因为公司资金上出现问题，并不是有意扣除我的稿酬。我还是比较幸运的，最开始合作的就是像光线这样的大公司，还是比较遵守合约的。后来和我的研究生导师周涌老师写东西，他人很好，一直给我署名。

记　　者：最喜欢自己的哪部作品？

董润年：都挺喜欢。《厨子戏子痞子》的剧本给自己的印象最深，
　　　　一是自己第一部被拍出来的电影剧本，二是那个剧本的
　　　　创作时间很紧，第一稿剧本耗时二十天左右，其实有时
　　　　候越是特别紧张的状态，越是让人有超常发挥。

记　　者：《厨子戏子痞子》的创作机缘是怎样的呢？

董润年：当时管虎导演在筹备一部电视剧《火线三兄弟》，其中
　　　　的三位主演是张涵予、黄渤和刘烨。管虎导演觉得这三
　　　　个男演员都是金马影帝，如果能在电视剧之外再一起演
　　　　一个电影就更好了。当时制片人就向管虎导演引荐了
　　　　我，我和导演聊了两个小时，他把他关于这个电影的很
　　　　多想法分享给我，我回去后用了一周的时间写了一个相
　　　　对比较详细的大纲，他看了后比较满意。我又用十几天
　　　　的时间完成了初稿，后来这部电影就顺利拍出来了。

记　　者：您认为自己区别于其他编剧的独特之处是什么？

董润年：我觉得我受的导演本科教育对我做编剧帮助很大。我
　　　　不是一个文学性很强的编剧，但是我受过的导演本科
　　　　教育帮助我培养了更强一些的画面感。加上后来的实
　　　　践，我写的剧本的操作性还是比较强的。

记　　者：《心花路放》的参与情况是怎样的？

董润年：我当时是在和宁浩导演合作另外一个项目，他有几个
　　　　项目都在同时推进剧本（其中也包括《疯狂的外星

人》）。当年七月份的时候他决定先集中力量做《心花路放》这部电影，当时就把我从另外那个项目调到了这个项目上。宁浩导演的特点是不停地磨剧本，他会和编剧集中起来，每天吃住在一起，每天十几个小时地聊戏、碰戏，甚至一起比画一起演。编剧要充分理解导演的意愿并有义务来配合导演在镜头上的实现。当时也是时间很紧的状态，十月份开机，中间也就两个多月的时间，我写了一稿大纲和三稿剧本，基本的拍摄稿。宁浩的特点和管虎的特点不一样，管虎会开短会，全部聊清楚，然后就开写，最后是管虎来定稿。

记　者：《老炮儿》的参与情况又是怎样的？

董润年：做完《厨子戏子痞子》之后，管虎导演就开始准备《老炮儿》这个剧本。但当时我在写别的项目，就没直接参与写。我看过那时候其他编剧写的剧本，都非常好。后来因为诸多原因，管虎导演想改变故事的方向，刚好那时候我空下来了，就跟管虎导演一起写了最终的版本，也就是大家在银幕上看到的《老炮儿》。

记　者：其实您的写作强度很大。

董润年：写电视剧锻炼出来的。真正意义上的电视剧剧本一万三千字就够了，一天写五千字，算是很大的创作强度了。当然和现在的网络小说作家们的写作强度不能比。

记　者：怎么看待现在的IP热、改编热？

董润年：不管叫不叫IP，其实本质上都是文学作品或者其他作品的影视化改编，这个从影视剧存在的那一天就有了。

原本是不太需要讨论的一个事情，这几年 IP 这个概念很火热，但我感觉很大程度上是被人为炒作出来的。商业片或者类型片它是有自己的一整套格式与模式的。小说是文字的而不是视觉的，不用受这种模式的影响，写作很自由。小说能否顺利变成电影，这个就需要做很大的取舍了。我个人感觉一流的文学作品是很难改编成经典的电影的，因为一流的文学作品之所以伟大，就是因为它的文字给读者带来的想象空间和情感冲击，以及哲学意味和思考，是无法影视化的。而能改编成好的电影的很多恰恰是三流的小说，比如《教父》，它的小说称不上经典，但是电影确实经典，小说原著提供的更多是特别有趣的人物关系和情节。特别好的文学作品带给读者的用文字传达出来的感受是用影视作品的语言表达不出来的，文学作品未必都适合视觉化的改编，这个应该是一个取舍问题。其实我们不谈 IP，文学作品的改编本来就是影视一个惯用的操作方式，国外在改编上比较成熟。

记　者：最喜欢哪位导演？

董润年：李安。可能因为人通常都会喜欢自己不具备的风格吧，他的《比利·林恩的中场战事》很真实，不像电影，能让人感受到特别奇怪的力量。对人的情感和情绪的表达特别直接，它应该不是一部所有人都喜欢的片子，我觉得美国人不太能看得懂，它的情感表达方式特别地中国化，情感还是很颠覆的。这个是我觉得一个电影最弥足珍贵之处——真实性。比如我们说美国电影已经套路化了，其实套路化就意味着不真实了，它在用戏剧的逻辑编织故事，不考虑现实性的东西。

记　　者：将来的拍片计划是怎样的呢？

董润年：我本身是科幻迷，以后可能会在这方面发展。我爱上电影就是因为科幻片，很小的时候，就被《超人》《未来世界》这样的电影震撼了。小学时通过录像带看到的《星球大战》三部曲更是改变了我的世界观，从此就对科幻电影特别有兴趣。真正立志来做电影是上初中的时候，当时国内刚开始引进美国分账大片，我连续看完了《亡命天涯》《阿甘正传》《狮子王》这三部电影，就想着如果以后能做电影就好了，初中毕业手册上写的理想就是"将来当导演"。

后来高中是在南开中学上的，学的理科。在我身边的那些同学好多都是天才，智商高达一百六的也有，跟他们比成绩真的是比不过啊。而且感觉理工科似乎也不是我真正喜欢的，当时对自己的未来很迷茫。高三的时候天天考试，压力特别大，就想着怎么才能摆脱这种生活。突然有一天，有一个同学拿来了一个电影学院的招生简章，那一年（1999年）最大的问题是电影学院不招导演，只招制片。这同时又看到了北京广播学院的招生简章，招导演，于是我就报名了，当时想的是就算是考不上，也可以当作出去放放风了，结果很幸运地被录取了。

记　　者：平时喜欢看什么类型的书？

董润年：我喜欢看书，平时买的书也比较多。各种各样的书都看，文学的、历史的、理科的甚至医学的都看，读的自然科学比较多一些。

简川訸

作品：电视剧：《好家伙》《欢乐颂2》《都挺好》等。

简介：导演、编剧。毕业于西安市艺术学校表演专业。

记　者：您是表演专业毕业的，早年也是以演员出道，那又是如何入行做导演的呢，是什么样的契机？

简川訸：我虽然是表演专业毕业的，相比做演员，导演这个职业更吸引我。我是从1998年开始从事导演部门的工作，做副导演和执行导演，真正自己独立导戏是在2005年。那年有机会拍了一部二十集的电视系列剧《欠债还钱》，讲的是有关经济纠纷的十个故事。整部剧的制作成本很低，也就是几十万的制作成本。那时候条件比较艰苦，各方面都比较简陋，灯光、摄影都从简，其他的更不用说了，整个剧组就一辆中巴车，所有剧组人员加上摄影灯光器材以及道具全靠这一辆车。剧组每个人都身兼数职，条件艰苦却很快乐，那年我三十多岁，第一次独立执导。

1998年我遇到了李京导演，拜他为师跟着他学习，是他带我入行的。2006年参与《闯关东》的时候，我认识了制片人侯鸿亮和孔笙导演。2009年制片人侯鸿亮和孔笙导演的《钢铁年代》，给我机会做导演。

记　者：拍完《欠债还钱》之后就跟组去了《闯关东》吗？

简川訸：对，跟《闯关东》那时候是负责找演员，刚开始去是想做现场的执行导演，可能包括侯总（侯鸿亮）也觉得我更适合于演员遴选这方面的工作。《闯关东》在当年算是国内电视剧顶级的大制作，拍摄转场四五个省市数十个拍摄地点，剧中有名有姓的角色就四五百个。那个时候还没有专门的选角导演组，我带了一个同学就我们两个人负责。找演员也没有现在这么方便，当时没有几个演员经纪公司。我在各个城市的剧团里找演员，记得当时在黑龙江省，除了漠河没有去，几乎都被我跑遍了。那个戏做完之后，就跟孔导拍了2008年的《生死线》，拍了一百七十三天。拍摄过程挺辛苦的，不过也很快乐，人与人之间都很纯粹。那戏之后是《钢铁年代》了，侯总和孔导给了我一个机会，让我拍B组。2010年又力荐我独立执导《智者无敌》，自此我开始正式做导演。

记　者：那您有明确的规划吗？就是在什么时间段考虑要去做什么事情的这种规划？

简川訸：没有特别地规划过。但是会想身边的这些导演，哪一个会是我学习的目标，想什么时候能努力做到像他们那样。比如像孔导（孔笙）那样，他从艺术造诣到为人，是我最能够去学习的一个榜样。电影导演就多了，中外的都有，我想能不能以后像他们那样，这可能就是我的规划吧。说到具体一段时间的规划，还真的没有给自己规定死。因为我觉得这种事情其实受影响的因素是很多的，不是说你单方面去努力就能做成的，尤其是一个影视项目，是一个群体的事情，不是说导演想要怎么做，就能如何。首先需要有合适的题材，有支持你的公司，还要有适合的演员，包括播出的时机也很重要，它一定要是因缘和合。我很感恩，一直说自己运气很好，每拍一部戏总能遇到一帮志同道合的伙伴。

记　者：有一个现象很有趣，现在很多优秀的导演都是学表演出身，这个概率好像很高。

简川訸：其实也还好，很多优秀的导演也有学摄影出身的，比如张艺谋导演。其实我觉得不在于学什么出身的。你看导演系毕业的人，他们这一派传承下来，有很系统的导演手法理论来支撑。学表演、学摄影或者学美术的刚开始都会侧重于某一方面，所侧重的点，就是优势，但我觉得一定需要突破。人都有一个比重问题，比如我是学表演出身，我可能更注重于表演。镜头、灯光、美术包括造型我都会和各部门沟通，提出我的要求达成共识。和专业的人在一起做事，各尽其职肯定能达到很好的效果。

记　者：您的专业会不会对您选演员有一些优势，您会更知道这个演员适合于什么角色。

简川訸：有挺大优势。我与侯总和孔导合作的两部戏，选角的时候，他们对我特别放心，而且我也选得很准确。因为我有自己的一套表演理念，我也有对剧本的读解。这个出身，在初期选择演员的时候是有一定的优势的，但是现在做导演了，我也尽量慢慢地往后退，还是希望少一点自己主观的东西，让大家提供更多的元素由我来选择，因为你要是着力于某一方面，你的视角肯定会窄。而且有这么多优秀的团队成员帮助导演一块儿做事情，要信任他们。

记　者：说到选角，前一阵刚播完的《都挺好》里倪大红饰演的苏大强特别火，这个角色当时是怎么考虑和选择的？

简川訸：我和倪大红老师第一次合作是在2008年的《生死线》。当时兰晓龙的剧本里面有一个叫高三宝的角色，我那时还不认识倪大红老师呢，我只是觉得他合适，然后就和侯总与孔导推荐了他，大家也都很赞同，这是第一次合作。第二次合作就是这次了，我拿到《都挺好》这个剧本时，在想父亲的样子。我觉得倪大红老师所呈现的这个父亲的角色是我所想的那种感觉，因为他有些幽默的东西加进去了，如果没有幽默的元素加入，那么这个戏看着就特别累。其实我们在讲故事的时候，很容易陷进去，我想讲故事的时候跳远一点，就像电影《肖申克的救赎》里讲到的，难过的事情，总有一天你会笑着说出来。

包括我身边也有这种类似苏大强的父亲。我的一个朋友，他爸比苏大强要十倍甚至百倍地那么作。五年前，他谈论他父亲的时候是咬牙切齿的，现在他再谈论他父亲的时候是笑着说的，因为他就是你的父亲，你没的选择。如果说我们的讲述方式，包括表演方式，按照五年前那种感情去做的话，也是个不错的讲故事方式。但四十六集的内容这样看下去会不会比较累？我觉得比较累。选择用五年后的这种感情来讲故事，讲述这个人物，就能稍微轻松一些。事儿就是那样的，就是要看对于这个事件的人的心态的变化，人的成长肯定是几年后看待之前的事情时会觉得当时说的话或者办的事儿是比较幼稚的。所以我为什么说《都挺好》是个成长的故事，其实成长不是说单指苏明玉成长，也包括苏明成、苏大强，所有人都在成长。姚晨也是我当时拿到剧本的时候觉得真的就是她了。为什么？我觉得因为我了解他们的表演。

父亲这个角色太重要了，他是一个戏眼，所有角色都要围绕他转。他要是有一点点偏差的话，会影响整个戏的气质。我脑子里过了这么多人后，真的觉得倪大红老师就是首选。而且倪大红老师也很配合，原计划戏是八月份拍，但那时剧本还没有调整到最佳状态，所以又往后推。我就跟倪大红老师说戏往后推了，可能到十一月份或者年底才能开拍。我们俩平常也没太多交流，他就发信息说让我好好弄剧本，档期没问题，放心。因为大家都知道，一个好的剧本是最关键的，有了这个好的基础后，我们再去发挥创造就是一个事半功倍的事情。如果基础不行，现场主创挠着头绕着圈再改剧本那就不好了。

记　者：剧本拿给您后，您陪着修改直到最终拍摄，这个过程大概多长时间？

简川訸：最开始拿到的是小说，从拿小说开始到2019年3月份播出，一共三年时间。我自己前期做案头工作到开拍是八个月。

记　者：那相当于这不是一个成熟的剧本拿过来，是一个小说给到您这边，您喜欢上这个小说才开始的？

简川訸：是小说。编剧老师写了一年多交稿，我再来进行剧本上的调整。从2017年的4月底5月初，我拿到完整稿，第一稿到2018年的1月17日开机，这期间我一直在不停地调整剧本。

记　者：这么长时间，您和编剧一直一起在打磨剧本？

简川訸：必需的，这个环节是很关键的。

记　者：那这近半年时间，期间您还在做别的工作吗？

简川訸：没有，就全部放在这个剧本上。出去过一次就是到苏州去看拍戏的景。我们当时定的是八月份开机，然后我说八月份开不了，得往后推。公司还挺支持我，因为大家都明白为什么推，我也想早点拍，不愿意跨春节拍这戏。我们是从一月份拍到五月，因为拍摄期遇到过春节很麻烦。很多地方都放假，买个东西都不方便。另外工作人员、演员请假，中间会停滞一段时间。虽然在时间上可能只停了一两天，但思路可能会停滞很久。

记　者：在这样的一个市场环境下，需要克服一些焦躁的情绪，才能够把事情做好。可能对一些导演来讲，在之前还是很好的市场环境里，恨不得一年拍两部戏。

简川訸：我愿意专注做好一件事情，环境跟我的创作理念和初衷是没有关系的，我也不会被左右。

记　者：那您在选材上有什么标准？当时为什么就选择了《都挺好》？

简川訸：以前是没有能力去选择，当我有能力去选择的时候，我就不太愿意重复自己。比如说，观众喜欢你这种题材，你也做得游刃有余，你可以去这样做，但我觉得那样的话自己可能会产生惰性，我想尝试新的题材。那种拍得比较擅长的戏，拍两三部之后，已经游刃有余了，像谍战剧的各种桥段，其实很多都是能套路出来的，所以动脑子的时候就少了。当然不会想去犯懒，但可能会身不由己地就松懈了。其实导演是拍一部戏少一部戏的，人生没有拍那么多戏的可能。你只要自己觉得自己做好就行了，至于结果，谁都无法去预测。就像当年拍《好家伙》费了很大的劲，四年以后才播，完全没有想到，但结果还不错，拿到了白玉兰奖，我觉得这是对我们创作的莫大安慰。

记　者：接下来可能还会有新题材类型的尝试？

简川訸：对，我这几年一直在拍现代戏。我现在对现代都市情感或者都市人际关系比较感兴趣，我觉得它离观众会比较近。当然有好的古装剧、谍战剧，我也不会排斥。但是能有选择，我可能还是想做离观众更近的故事。

记　者：《都挺好》的阐释方式和角度是很吸引人的。

简川訸：有些社会关系确实逃不了，夫妻之间的关系还是可以选择的，父母跟孩子之间的关系是选择不了的，你不可能逃避，它会追随你一辈子。不管你幸福还是不幸福，幸运还是不幸运，这一生它都会跟着你。不要以为可以很幼稚地说我们脱离了什么关系，如果这样写可能反而会有点不太真实了，还是要回归生活。

记　者：那您现在选剧的标准，是看这个故事能否打动自己，还是说也要去考虑一些市场的需求？

简川訸：首先，我选故事的标准就是喜欢，自己要是喜欢了，做的东西至少是自己满意的；要是不喜欢，我做得不满意的话，不敢保证观众也能够认同。第二，我想多尝试，还有很多类型值得去做，包括科幻剧等。市场需求也是需要引导的，导演把故事拍好看了自然就会有市场。只是单方面追逐市场需求，创作上去做迎合可能来不及吧。

记　者：做导演的时候会有一些瓶颈期，您觉得从业至今瓶颈期在哪儿？

简川訸：有两次瓶颈期。第一次是在拍《好家伙》之前，那时拍了两部谍战剧之后，我不知道该拍什么。这个还是要感谢侯总跟孔导，包括编剧兰晓龙推荐我去拍《好家伙》。张译在大年初二给我打电话说有一个兰晓龙的项目，你能回来吗？我说行，初五我就回来了。回来之后跟兰晓龙见面就开始进入创作了，包括李晨也过来做主演和监制。当时我觉得《好家伙》这么一个故事，需要从影像上用另外一种手法去诠释它。包括从各方形式感上包装，因为它本身是一个很主旋律的故事。它是革命者为了保存革命种子忘我牺牲的故事，故事核很好，还不同于以往那种革命故事，有点像公路片，一路从西北追到上海，最后完成了使命这么一个故事。所以它有着跟以往不太一样的语境和台词，包括表现方式也不同。那是我拍的最长的一个戏，连续拍了一百二十六天，又加上转场，从上海转到甘肃。那个戏拍完之后，其实我就渡过了那个瓶颈期，释放自己了。

第二个瓶颈期是在接《欢乐颂》之前。《王大花的革命生涯》播出后有很多类似的剧本找我，不想重复都拒绝了。其他题材的项目要么不成熟要么不喜欢，有近一年时间在这个瓶颈期里。这时又是侯总找我聊起《欢乐颂》的项目问我感不感兴趣，其实我以前挺直男的，而且我以前拍的戏挺狠的，比较硬核。我一看这个项目都是小女孩的生活，我也不懂，当时有几集剧本已经出来了，看了剧本，首先感觉这个戏不是套路化的产物，男女主也不是玛丽苏、霸道总裁之类的设定，是一帮女孩，有点像学生宿舍的感觉。虽然各个层面不一样，但是它用比较像在宿舍的一种相类似的呈现方法把她们几个聚在一起。关键是我没拍过，还可以跟孔导再近距离学习一次、补充一下，所以我就接了。《欢乐颂》播出效果还是挺好的，其实我也没想到，包括《都挺好》拍完，我都已经做好被人骂的准备了。但评论还是不错的，而且很多人跟我说，都是些"95后"的孩子看完之后让自己父母去看的。我原来以为定位就是像我这么大的，或者是我的父母这一辈人看的剧，没想到年轻人看的更多。

记　者：您之前也做过那种行业剧，其实现在整体来说，行业剧做得出色的没几个，您觉得这种类型剧在创作上有什么难点吗？

简川訸：我做过一个医疗行业剧《到爱的距离》。行业剧其实挺难拍的，从文本上来说的话，你得了解这个行业才能做，幸运的是，《到爱的距离》的编剧本身就是一名医生，她写的东西很特别。其实，行业剧我觉得最终有两个表现——一个是它在这个行业里的闪光点；另外也是最主要的，就是在人性上面和情感上的闪光点。这两点把握好，我觉得还是可以去做的。但是，基础是你拿到这个剧本不是外行写的，或者他虽然不是干这行的，但他特别了解这个行业。很多编剧愿意去为了剧中的人物职业，亲自去体验生活，比如有编剧为了写搬运工，真的去从事一段时间的搬运工作。行业剧其实挺有魅力的，但确实也挺难做。我们想要表现这个行业，也不是单纯地表现这个行业美好的地方，也有这个行业的艰难和生存的必要性和不可取代的地位，脱离行业后的这些人和我们是一样的，有喜怒哀乐，有真情实感，也有家庭烦恼、工作烦恼。我觉得抓住这点写的话就显得更鲜活一些，要把这些东西削弱的话，会比较单薄，可能就有些偏说教了。其实最好的故事就是你进入这个人物的时候，你了解他这个行业，然后你对这个行业有认知，甚至敬畏、肃然，这是一个很重要的点吧。

记　者：市面上也有很多伪行业剧，作为创作者，要怎样去制作真正意义上的行业剧呢？

简川訸：我们平常说的有些伪行业剧，它更像是一个情感剧，只是主角是这个职业的身份。这个身份笔墨重一点，就表现得更细致一点。笔墨轻一点，就说他是干什么的就可以了。纯行业剧是很难做的，需要把行业展现得很准确，而且只让你去看工作本身的话，是很枯燥的。通过你的行业、工作，引发出你的情感、生活边缘的东西，这个是很高级的。

不管是国产剧还是国外剧，有很多很出色的行业剧。我觉得作为创作者，编剧是必须得要懂，导演也要更加了解这个行业。包括《都挺好》，它不是行业剧，是一个家庭剧。里面苏明玉的行业戏写得那么丰富，更多是为了呈现她是一个很饱满的人。她在外面风生水起，回到家里就不是这样了。真是这样，现实中有太多这样的人了，不管在外面什么样，回家后是父亲还是儿子或是丈夫，这个角色是无法转换的，也需要面对很多生活琐事。

记　者：《都挺好》是一个商业剧，里面的线索比如蒙总的那一条线索，是为了凸显苏明玉的这个角色呢，还是另有意图？

简川訸：其实原著里就有这些素材，阿耐写商场戏，写得非常好，她本身也是在这个领域的。她处理公司里面上下级的关系是有余力的。是否有影射呢，也是有一点的，就像我刚才说的，在公司那么复杂的环境下，苏明玉都能把这些事情处理得很清楚，但是为什么亲人关系却处理不清楚？老蒙在剧里和苏明玉说：你最近变蠢了。其实就是明玉家里的事情很麻烦，导致她的一些行为失序。所谓家和万事兴讲的不就是这个道理吗？家里安定才能踏实工作。

记　者：其实您说的《都挺好》和之前的《欢乐颂》基本上都属于IP剧，您觉得像这种IP剧，优势和空间在哪里，在受众和故事上有没有优势？

简川訸：肯定有，影视公司看上这个IP的话第一肯定是因为它故事好，第二是因为有一部分人对这个内容是有认知的，是有一定期待的。但你拍出来的作品更多的不是面对书粉儿，而是所有的观众，所以这个平衡是很难的。这就需要更花心思做，你怎么又能让更多数的观众去接受它，也能够让原著粉对它达到一定程度的喜欢，这是很难的。

记　者：包括一些文字语言其实很难去影视化呈现，像《欢乐颂》《都挺好》在影视化呈现上会遇到哪些具体的难题？

简川訸：其实《欢乐颂》那时我会跟孔导聊，就是她们几个女孩子怎么能够迅速地融到一起？我们想到的方法就是利用电梯时间。举个例子，比如两个人不太熟，但哪怕在电梯里待了两分钟，都可能以后见面会点个头，就是要用这种形式把她们融在一起。包括安迪跟樊胜美第一次一起开着跑车出去吃饭。为什么？因为安迪家钥匙开不开门，刚好樊胜美说我有办法。其实特别是女孩之间，交流起来可能比男孩子更快，这就是男人跟女人不太相同的地方。

《都挺好》做的一些改编，更多是为了突出人物。原小说的前史其实就是一页纸。因为小说的文本，读者从头往后读，会有想象空间在。但在影视作品中，我不想让苏明玉这个人物，一上来让观众在头几集就不理解，然后很烦她。所以加重了苏明玉小时候经历的闪回，包括前几集苏明玉母亲死了，她的态度会让很多人觉得不可理解，在第一集的闪回之前，很多人都特别想抽她。有些事情就是要在当时把它讲明白，所以才会在前面设置很多闪回的剧情，包括第二集结尾用很多笔墨去呈现之前的故事。这个是一个很大的改变，其实就是让观众能够去接受或者理解她的一些所作所为，观众能明白这个是家庭遗留下来的在个体身上的问题，这些省略或放到五六集之后，可能会起到一些反感效果。

记　者：拍戏的时候会不会去担心一些资本上的问题？

简川訸：不会，因为我们做项目都很了解，侯总、孔导，我们
　　　　几个导演团队相互都比较了解，大家都是奔着去干成
　　　　一件事的方向去的，没有一些急功近利的行为，彼此
　　　　放心，大家是一个整体的团队，我们不管是哪个项目
　　　　出来，都是整体公司的一个品牌。个人力量其实是很
　　　　弱的，再做一些别的事情，可能会分心，也可能有做
　　　　得很从容的，但至少我不是那种很从容的人。我是个
　　　　手艺人，只想专心做我专业上面的事情。我看好的东
　　　　西，接受了，就专心打磨这个项目。当然在其他方面
　　　　我也会考虑，比如周期和成本。因为这些都需要有个
　　　　度，不能说三个月的周期照着半年拍，一千万的事儿
　　　　照着两千万去做。我拍戏的时候，对于一些所谓性价
　　　　比不高的戏，可能在剧本筛选层面就排除了，或者换
　　　　种方式去做，方式很多，因为你是给观众讲故事，而且
　　　　电视剧是更近距离地去讲故事。小屏幕上是达不到影院
　　　　的效果的，那种宏大的东西，有些效果是看不到的。如
　　　　果有一天我拍电影，那就会特别在乎视听上的要求了，
　　　　考虑问题的维度就变了。

记　　者：目前的节奏还是一年一部戏？
简川訸：现在可能会更慢一些了。因为你拿出去的东西，得对
　　　　自己、对公司，更主要的是对观众负责。

记　　者：您会带新人导演、培养新人吗？是怎样一种模式？
简川訸：会，而且到我这儿来的，基本上都已经是经过系统化
　　　　培训过的导演。比如在电影学院或者在国外专业学习
　　　　过的。他们学的更多的是那种理论上的东西，在国外

学可能学习很先进的观念，一些制作理念。但是到本土来的话，可能需要一个重新的梳理和调整，得适应水土不服的问题，不能直接用好莱坞那种概念和方式去拍，在国内不太现实。

记　者：像这种受过系统化培训的新人导演会比非系统化培训的导演受到固有模式或者理念的限制多一些吗？

简川訸：这种固化，可能前期是会有的，就像我刚开始做导演的时候，也有一个很偏重的方向。但系统培训过的导演可能在专业上有一定的优势。你在前期做的时候可能更重要的是积累经验，到你真的拿到一个剧本，第一次做导演的时候，你面对的可能跟你四年学的完全不一样。你会遇到很多在学校里没有遇到过的问题，这个时候就需要你自己去处理、去判断、去选择。该坚持的地方一定是要去坚持，该吸取好的也要吸取。不能说因为你是导演，你说什么就是什么。包括我现在的团队会提出他们认为合理的想法，好那我就用。电视剧的传播会更大众化一些，商业电影模式是最简单的。想表达独立思想的文艺片，是一个导演要完全坚持自己的东西的。文艺片是导演的艺术，成熟的商业电影或者是电视剧需要吸收更多人的智慧。因为每个人都有自己的短板，没有人是完美的，演员和导演都有自己擅长的和不擅长的。

记　者：那您觉得您的短板在哪儿？在导演的生涯中需要不断在哪些方面去突破？

简川訸：做导演久了觉得处处都是短板，需要花费更多时间和精力来充电。

记　者：您对新人导演有什么建议？

简川訸：多学习，多观察，能多拍就多拍。多拍也是一种积累实战经验的过程，多学习，争取去忘掉一些比较固化的东西。与社会上的剧组共事，肯定和学校里的沟通方式不一样，要去吸收、学习。

（记者：张新）

薛晓路

作品：电影《海洋天堂》《北京遇上西雅图》《北京遇上西雅图之不二情书》《我和我的祖国》《吹哨人》等；电视剧《和你在一起》《秋雨》《不要和陌生人说话》《孝子》等。

简介：作家、编剧、导演。北京电影学院文学系硕士毕业，北京电影学院电影文学系副教授。

记　者：薛老师，您这一路走来，遇见的最大困难是什么？

薛晓路：创作！这才是一个本体的问题，其他的比如资金等都是第二级的困难。创作上的困难是永远没有经验可循。一个新项目启动，它就是全新的状态，此时所有的技巧和经验全都清零，面对的还是平地起高楼从无到有的情况，这是一个很艰难的局面。因此，我坚决不想让我的亲人从事这个行业，这个行业太有挑战性了，永远要面对"下一个"的魔咒。不管曾经的项目做得多成功，都不可能复制到下一个，相反，下一个往往还要突破和回避上一个的创作经验。另一种压力，是技巧。技巧是把"双刃剑"，因为技巧是基于经验的，创作经验越丰富，技巧可能操练得越娴熟。但有时候技巧越娴熟，反而越束缚创作。反倒是一个年轻的创作者，条条框框少，更可能突破技巧。所以创作，自始至终都是最困难的。

记　者：如何能在作品上推陈出新？

薛晓路：需要有创新的意识、谦卑好学的态度。不管别人如何评价你的成绩，都要永远保持清醒的自我认识和踏实务实的创作态度。曾经赖以成功的经验，在某些时候会束缚自己。所以，对于创作上的创新，要始终保持开放的态度。另外，推陈出新一定是建立在某种视野之下的创新，不能闭门造车。否则，你以为的"新"很可能早就被无数次地尝试过了。因此，扩大视野，才能真正客观地衡量这个"新"的价值。广泛地涉猎，不断地学习和积累，可能是扩大视野的不二途径。

记　者：编剧要如何体验生活呢？如何才能了解作品中主人公在不同行业里的生活呢？

薛晓路：体验生活有两种方式。第一个是采访式的间接体验，这种方式相对来讲比较简单。比如，想写律师、医生，就去他的实际工作、生活环境中去体验。这种体验能够解决的往往是比较表层的问题，比如对方的工作流程、时间分配、大致工作范围、基本职业习惯、常用专业术语等等，这层采访和体验能够解决的是塑造出"像"这个人物的问题。

第二个是真实的生活体验。作品中重点体现的永远不是职业，而是人，是人的七情六欲和人生态度。人类的情感不会因为职业而发生巨大改变。人性的本质是点点滴滴隐藏在日常生活中的，因此创作者真实地活着，广泛地去体验和接触世界，谦卑地去认识和了解他人，这个是更根本的体验生活，也是随时随地应该进行的。

记　者：您同时兼具导演和编剧的职务，对于两者的差别有哪些更深的体会？

薛晓路：导演和编剧非常不同。导演是执行者，编剧是创作者。导演负责提出问题，编剧负责解决问题。编剧必须是精神意念极为强大的人，要不就死掉了，因为一次次从无到有的过程太艰难了。当然，导演也有很多工作是编剧不能取代的，他直接决定了影片的风格和完成的质量。

一个故事从剧本到拍摄完成，被改变的可能性处处存在，一句台词的念法、断句不同，都会对剧情和这个人物产生影响，更不要说其他更大的变化了。我第一

411

次当导演，拍摄《海洋天堂》的时候，这个体会最深。身兼编剧和导演，可能有机会做到所有的细节尽量如其所愿。

记　者：《北京遇上西雅图》里的这些演员都会很配合您的创作吗？

薛晓路：我们配合得很好，但是并不意味着会淹没不同的想法。我们也在争论，只有在争论的时候才会有更多建设性的好建议。对大方向不变的细微调整，我都会持有很开放的态度。影片开始，男主去机场接女主的那场戏，一个细节是男主的车上放着一笼小老鼠，女主看见后惊叫。原来设计是，女主一拉开车门看见了就尖叫，但是拍摄过程中，演员走戏，提出女主上了车关上门再叫更有喜剧效果，对比两种方案，确实觉得第二个方案好，于是就采用了这一种。结尾男主在纽约街头有一场戏，原始的设定是他被碰倒，摔坏了手机，才促成他要跑回帝国大厦，但是拍摄中演员觉得被碰一下，摔坏手机就可以，不一定需要摔倒，我们拍摄了两个方案，最终还是采用了原来摔倒在地的处理，因为摔倒把这个男人的可爱与执拗劲儿展现得更好。我很感恩，碰到的所有演员都是很好的创作者，我也很愿意去接受他们的建议或者某些发挥。比如汤唯开场过海关时候的那首 Single Lady 的歌曲，就是现场演员自由发挥的结果，剧本里没有。这种惊喜和现场的创作感，是只有当了导演才能够体会到的。

记　者：在拍摄上有过争执和矛盾吗？

你将来的样子

薛晓路：有过争执，但没有矛盾。我相信一切争执都是大家为
　　　　戏而做的阐述，总有办法找到最合适的一个解决方案。

记　者：一路走来，很多人帮助您，您认为自己幸运吗？
薛晓路：我很幸运，我遇见了信任我的人。但同时，我也承受
　　　　了很多其他创作者不一定愿意承受的压力。比如严格
　　　　的周期和预算管理，根据前期筹备而确定下来的每天
　　　　拍摄安排基本不能有变化，更不能完不成。偶尔听到
　　　　有创作者说到现场大家讨论剧本，重新改剧本，改拍
　　　　摄方案，讨论不顺就暂停不拍一天或半天，这在我的
　　　　创作中是不可想象的。因此前期对于剧本的打磨和固
　　　　定，各部门筹备的精准和严格是必须完成的功课。
　　　　确实有压力，但是谁没有呢？我相信这个行业，没人没
　　　　有压力。
　　　　我一直觉得有片子让我来拍我就很感恩了，这种心态我
　　　　希望和年轻人共勉。

图书在版编目（CIP）数据

你将来的样子/盛千珊主编.-- 北京：作家出版社，2020.9
ISBN 978-7-5212-0785-9

Ⅰ.①你… Ⅱ.①盛… Ⅲ.①编剧－文艺工作者－访问记－中国－当代 ②导演－访问记－中国－当代 Ⅳ.①K825.78

中国版本图书馆CIP数据核字（2019）第274522号

你将来的样子

主　　编：盛千珊
责任编辑：丁文梅
装帧设计：张丽娜
出版发行：作家出版社有限公司
社　　址：北京农展馆南里10号　　邮　　编：100125
电话传真：86-10-65067186（发行中心及邮购部）
　　　　　86-10-65004079（总编室）
E-mail:zuojia@zuojia.net.cn
http://www.zuojiachubanshe.com
印　　刷：玉田县嘉德印刷有限公司
成品尺寸：152×230
字　　数：270千
印　　张：26.5
版　　次：2020年9月第1版
印　　次：2020年9月第1次印刷
ISBN 978-7-5212-0785-9
定　　价：56.00元

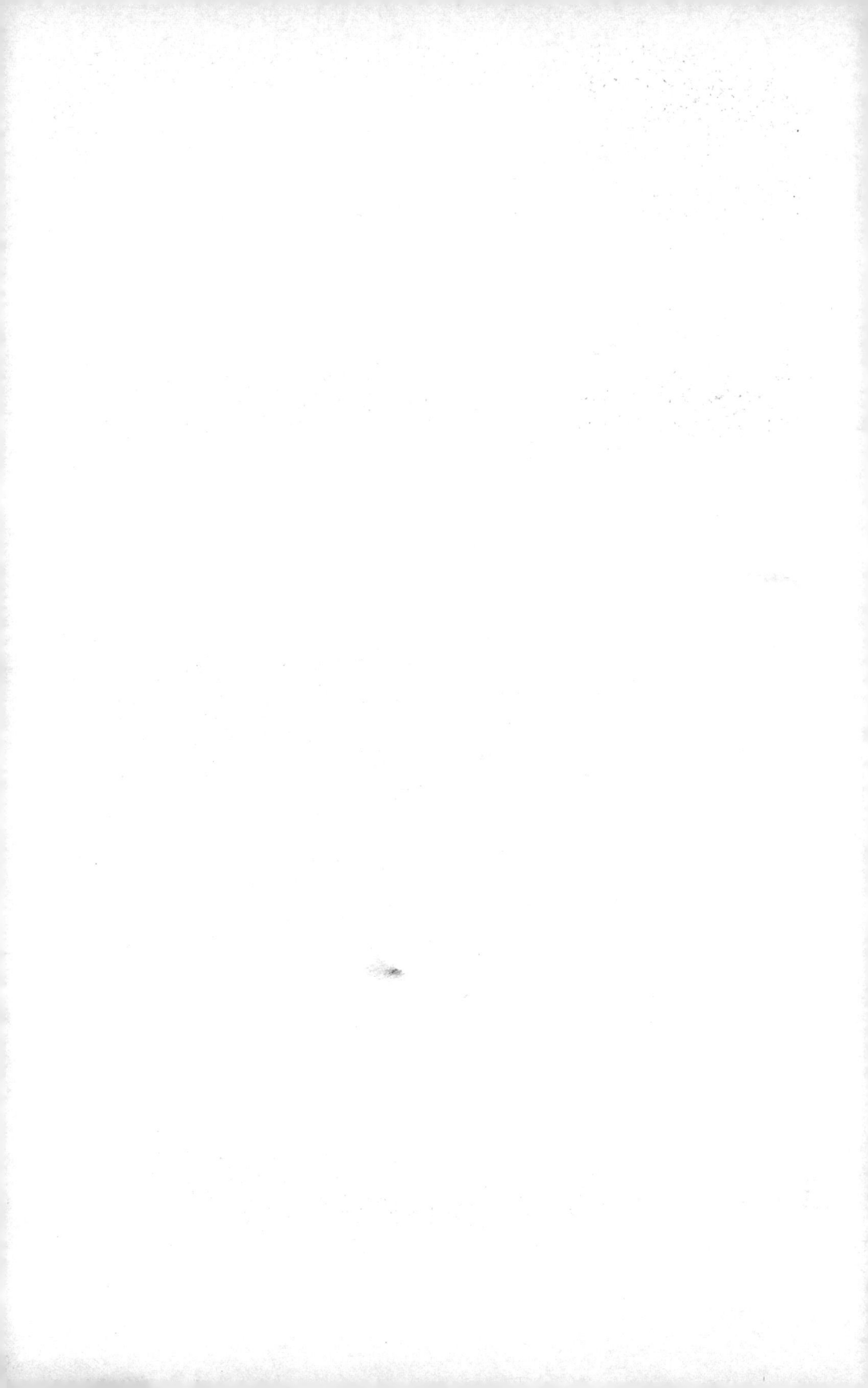